田荣富　王晓庆　著

日本护理服务业的经济特性与资源配置

RIBEN HULI FUWUYE DE
JINGJI TEXING YU ZIYUAN PEIZHI

中国财经出版传媒集团
经济科学出版社
Economic Science Press
·北京·

图书在版编目（CIP）数据

日本护理服务业的经济特性与资源配置／田荣富，
王晓庆著 . -- 北京：经济科学出版社，2024.3
ISBN 978 - 7 - 5218 - 5481 - 7

Ⅰ. ①日… Ⅱ. ①田… ②王… Ⅲ. ①护理 - 保险制
度 - 研究 - 日本 Ⅳ. ①F843. 136. 25

中国国家版本馆 CIP 数据核字（2024）第 004499 号

责任编辑：周胜婷
责任校对：杨　海
责任印制：张佳裕

日本护理服务业的经济特性与资源配置

RIBEN HULI FUWUYE DE JINGJI TEXING YU ZIYUAN PEIZHI

田荣富　王晓庆　著

经济科学出版社出版、发行　新华书店经销
社址：北京市海淀区阜成路甲 28 号　邮编：100142
总编部电话：010 - 88191217　发行部电话：010 - 88191522
网址：www. esp. com. cn
电子邮箱：esp@ esp. com. cn
天猫网店：经济科学出版社旗舰店
网址：http：//jjkxcbs. tmall. com
固安华明印业有限公司印装
710 × 1000　16 开　19.5 印张　330000 字
2024 年 3 月第 1 版　2024 年 3 月第 1 次印刷
ISBN 978 - 7 - 5218 - 5481 - 7　定价：96.00 元

致谢：本书在国家社会科学基金一般项目"老龄化背景下消费偏好变化对劳动生产率的影响效应研究（17BJY043）"部分最终研究成果的基础上做了数据和内容的更新。同时本书也获得宁波市哲学与社会科学重点研究基地"数字经济创新与枢纽自贸区联动研究基地"的部分资助，在此深表感谢！

P 前言
reface

　　当下，人口老龄化已成为一个世界性趋势。2022 年末，我国 60 岁、65 岁及以上的老年人口总数分别为 2.8 亿人和 2.1 亿人，占总人口比重分别为 19.8% 和 14.9%，相比 2021 年分别上升 0.9 个和 0.7 个百分点。在人口老龄化加剧、家庭结构多样化的背景下，养老护理服务的社会化生产提供成为一种趋势。为了积极应对人口老龄化，2022 年 2 月 21 日国务院公布了《"十四五"国家老龄事业发展和养老服务体系规划》，在该规划中明确了稳步建立长期护理保险制度，协同促进长期照护服务体系建设，健全长期护理保险经办服务体系的方针。

　　日本是世界上老龄化最严重的国家，长期护理保险制度自 2000 年开始实施至今已 23 年，是日本第五大社会保险制度，成为支撑日本深度老龄化社会和谐发展的重要支柱。虽然我国学界针对日本长期护理保险制度的研究已经积累了较为丰富的研究文献，但是先前研究主要针对以下方面：日本长期护理保险内容、现状和问题分析；护理保险制度实施后对护理服务业发展的促进作用以及影响；针对制度的设计理念、目标等事后的验证分析，以及对其可持续性的质疑等。然而，鲜有针对护理保险制度的框架内容、制度运营内在机制、护理服务业经济特性、资源配置与劳动生产率、制度实施的成本—收益等进行全方面、整合性的研究。

　　基于上述问题，本书以日本护理保险制度为切入点，运用详细资料数据分析该制度的框架内容及运营状况，论证该制度至今平稳运营的内在机制；验证制度实施与护理服务业发展之间的内在联系，通过测算护理服务业劳动生产率，证明该行业的快速发展引起的就业结构变化以及劳动力资源的逆向配置，并量化对宏观劳动生产率的影响程度；结合准市场的特征，探析在价格规制下护理服务市场的均衡及供需调整过程，以及准市场弊端如何影响护理劳动力市场；借用消费内生化Ⅰ－Ｏ模型重新评估护理服务业对就业、经济的直接和间接拉动效应，提供分析福祉事业经济效应的新视角；通过对护理保险制度实施后的直接成本和效益进行评估，重新审视促进护理保险制度等福祉事业发展的必要性，为我国构建护理服务体系提供有意义的借鉴。

本书主要特色有以下三点：首先，从多维度对日本护理服务业进行全方位的整合性分析；其次，每一个章节都运用详尽资料围绕一个主题展开论证分析，各章内容可以独立成篇；最后，极力避免受先入为主影响，运用客观数据资料从多个维度重新审视护理服务业的经济特性。本书的分析内容及结论有助于从多个视角理解护理服务业，该行业的发展是维系快速人口老龄化背景下社会和谐发展的重要"稳定装置"。此外，本书的分析内容及结论也为我国构建全国护理服务体系提供了一定的借鉴。

目录
Contents

第1章　日本老年人福祉和《护理保险法》制定背景

　　根据日本总务省统计局公布的数据，1970 年日本 65 岁及以上人口占总人口比重超过 7%，进入老龄化社会；1994 年该指标超过 14%，迈入老龄社会。在此期间，生活质量提升和医疗技术的进步进一步促进了平均寿命增长，导致老年人口总量大幅增加，在此状况下老年人相关的护理服务需求也快速增长。然而，家庭人员结构变化以及家庭的小规模化，老年夫妇家庭和独居老年人家庭的增加，原有的家庭养老护理功能被大幅削弱，一般家庭很难承受护理家人带来的沉重负担。因此，老年人护理服务的社会化生产供给是在人口结构和家庭结构变化下的必然选择。此外，20 世纪 90 年代初期日本泡沫经济崩溃之后，日本政府在应对经济难题的同时，通过大规模扩大财政支出以提供必要的护理服务满足急剧增加的护理需求已经不太现实。在此状况下，依托原有老年人福祉制度，日本社会已经无法提供足够的护理服务满足老年人需求。此外，根据人口结构变化趋势以及平均寿命增长现象，老年人护理的长期化是一种必然趋势。在原有福祉制度基础上构建一个更加稳定、涉及面更加广泛的护理服务体系，是实现护理服务社会化的一种途径。同时也是积极应对人口老龄化的一种选择。在此社会经济背景下，日本政府于 1997 年 12 月 17 日颁布《护理保险法》，并于 2000 年 4 月 1 日开始正式实施。护理保险是日本医疗保险、养老保险、失业保险、劳动灾害补偿保险之后的第五大社会保险制度，成为支撑日本深度老龄化社会和谐发展的重要支柱。

　　本章内容安排如下：首先，针对日本护理保险制度实施之前的老年人福祉政策变迁以及与老年人护理相关的内容进行简要介绍与评述；其次，从社会经济背景层面，分析日本《护理保险法》制定实施的主要因素；最后作简要的概括。

1.1 日本老年福祉的历史

1.1.1 日本老年福祉制度变迁

1946 年颁布的日本宪法第 25 条明确规定了"保障生存权"，根据此规定日本的社会福祉进入了新的里程碑。1950 年日本的《生活保障法》制定之后，生活贫困老人可以申请养老设施接受养老护理服务。但这实际上就是一种贫困救济政策，并不属于普惠性的老年人福祉制度。1961 年以全民保险、全民年金制度的实施为契机，社会福祉相关的法律得以制定，并陆续实施。1960～2000 年初的老年福祉根据人口老龄化进展状况和经济发展历程可以划分为 4 个阶段（见表 1.1）。第一阶段，日本经济高度成长期间的老年人福祉政策；第二阶段，经济稳定增长期间的老年人福祉政策；第三阶段，泡沫经济期间的老年人福祉政策；第四阶段，泡沫经济崩溃后经济低增长期间的老年人福祉政策。

表 1.1　　　　　　　护理保险制度实施前的日本老年福祉

阶段	开始时间	老龄化率	政策内容	
第一阶段：老年人福祉政策的开始	1960 年	5.7% (1960 年)	1962 年	设立户访护理（家庭护理员服务）事业
			1963 年	制定老年人福祉法；设立特别养护老年人之家；户访护理的法制化
第二阶段：增加老年人医疗费	1970 年	7.1% (1970 年)	1973 年	老年人免费医疗开始实施
			1978 年	设立短期入住生活护理事业
			1979 年	设立日托护理事业
第三阶段：社会性住院和卧床不起老人问题的社会化	1980 年	9.1% (1980 年)	1982 年	制定老年人保健法；老年人医疗费一定额度负担的导入
			1987 年	老年人保健法的修改（设立老人保健设施）
			1989 年	制定"黄金计划"（老年人保健福祉推进 10 年战略）；福祉设施紧急整建和居家福祉的推进

续表

阶段	开始时间	老龄化率	政策内容
第四阶段："黄金计划"的推进、护理保险制度的准备	1990年	12.0%（1990年）	1990年 修改福祉八法；福祉服务由市町村统一管理；老年人保健福祉计划 1992年 修改老年人保健法，设立老年人户访护理制度 1994年 在劳动省设置老年人护理对策本部；制定新"黄金计划"（提高整建目标） 1996年 关于设立护理保险制度，联合执政的3党达成政策共识 1997年 《护理保险法》成立

资料来源：日本厚生劳动省。

1.1.1.1 经济高度增长期

如表1.1所示，在20世纪60年代日本老年人福祉政策开始陆续实施。随着国民经济的高速增长，日本于1964年成功进入发达国家俱乐部。在经济快速增长、国家经济实力进一步增强的背景下，面对日益增加的老年人口，日本政府设立了户访护理事业。由市（区）町村地方政府进行运营，为居家老年人提供必要的护理服务。然而，户访护理事业提供的服务无法完全满足日益增加的老年人护理需求，在此状况下，日本政府于1963年7月颁布了《老人福祉法》，对老年人福祉进行相应的充实和完善。作为日本老年人福祉政策的基本法，该法律将老年人定义为65岁及以上老人，以维护老年人身心健康和保障老年人生活稳定等为目标，旨在增进老年人社会福祉；并且还明确了促进老年人参与社会活动是增进老年人福祉的重要一环。随着该法律的制定实施，老年人福祉从《生活保障法》中剥离，服务对象扩展到全部老年人。

《老人福祉法》的公布对加强老年人福祉相关设施的扩充和完善发挥了积极作用。根据日本《老人福祉法》第5条第3项，陆续将日托中心、短期入住设施、养护老人院、特别养护老人院、经济型老人院、老人福祉中心以及居家护理支援中心的七大设施指定为"老人福祉设施"。在此期间设立的特别养护老人院是针对65岁及以上老年人、身心有显著残疾且时常需要护理但是在家接受护理服务困难人员提供的。在"老人居家生活事业"为中心的相关老年人福祉（护理等）服务内容得到充实的同时，《老人福祉法》还进一步将户访护理法制化。

1.1.1.2　经济稳定增长期

1970 年日本老龄化率达到 7.1%①，日本经济从高速增长阶段进入稳定增长阶段。随着老年人口的增加，失能老人问题逐渐显著化，出现老年人大病难治导致家庭负担过重等问题。为了应对上述问题和促进老年人福祉提升，日本政府于 1972 年在《老人福祉法》中新设了"老年人医疗费支付制度"，推出老年人医疗费全部由医疗保险和公费投入负担，并于 1973 年开始实施老年人免费医疗制度，同时还导入养老金和物价联动制度。这一年是日本社会福祉大踏步推进的一年，在历史上被称为"日本福祉元年"。然而，针对 65 岁及以上老年人的医疗费用全额免除措施，导致老年人医疗费用大幅度增加。老年人医疗费给付在 1973 ~ 1979 年度，从 4289 亿日元增加到 18503 亿日元，增加了 331.4%。②

此外，随着老龄化的进展，面对日益增加的护理需求，日本政府扩充了护理服务种类及服务内容。在 1978 年增设了短期入住生活护理事业，1979 年加设日托护理事业，来满足日益多样化的护理服务需求。短期入住生活护理事业主要是针对居家护理服务利用者，根据本人身心状况，以及家人生病、红白喜事、出差等原因，或者从减轻家人精神负担角度，对暂时无法接受居家护理服务的老年人允许使用临时性入住护理设施，给予必要的护理服务和生活上的照护，服务对象主要是卧床老人。日托护理事业则是对日常无法自理生活的老年人，给予助浴、提供餐饮、身体功能训练服务，接受护理方法、生活等相关问题的咨询，并提供建议、健康诊断等服务。在此期间，老年人福祉服务给付从 1973 年度的 596 亿日元上升到 1979 年度的 2306 亿日元，增加幅度为 286.9%。③

1.1.1.3　泡沫经济期

1980 年日本老龄化率达到 9.1%，人口老龄化进入快速加剧阶段，65 岁及以上人口总量从 1064.7 万人增加到 1989 年的 1429.2 万人，增加了

---

① 资料来源：日本总务省统计局。
②③ 资料来源：日本国立社会保障与人口问题研究所的《社会保障费用统计（令和 3 年度）》。

34.2%。① 由于老年人口急剧增加，老年人医疗和护理问题开始逐渐显露。在此期间"社会性住院"占用医疗资源问题日益严重，家庭人员结构变化以及家庭成员人数减少，导致家庭成员的护理负担加剧，卧床老人问题成为社会性问题。针对"社会性住院"和卧床老人照护等问题，日本政府增强了完善福祉设施和推进居家护理服务的力度。

为了应对急剧增加的老年人医疗费用，日本政府于1982年制定《老人保健法》，明确规定一定额度的老年人医疗费用由患者本人负担，至此老年人医疗由公费负担转为社会保险制度。针对"社会性住院"和卧床老人照护问题，1987年通过修订《老人保健法》新设立了老人保健设施。对于疾病和残疾处于稳定状态，不需要继续住院或增加治疗，但又无法在家里安心生活的老年人，可以接受老人保健设施提供的以康复为主的医疗护理和日常性看护、护理服务。其最终目标就是促使患者早日康复，回归原有家庭生活。该法律提出"为零卧床老人而努力"口号，从预防的角度充实各种预防服务。

1989年又制定了"黄金计划"，正式名称为"老年人保健福祉推进10年战略"，紧急扩建福祉设施和推进居家福祉事业，应对快速人口老龄化产生的护理需求。在全国范围设定护理设施的具体建设目标是该计划最大特色。根据老龄化动向，计划在10年之内新增特别养护老人院24万床位、老人保健设施28万床位等目标，并增加户访护理员（家庭护理员）的培养计划，具体数值如表1.2所示。

表1.2　　　　　　　　黄金计划和新黄金计划内容

项目	黄金计划（1989年）	新黄金计划（1994年）
（1）居家护理服务：		
家庭护理员	10万人	17万人
家庭护理员站点		1万所
短期入住护理	5万床	6万床
日托服务/日托护理	1万所	1.7万所
居家护理支援中心	1万所	1万所
老年人户访看护站		5000所

---

① 资料来源：日本总务省统计局。

续表

项目	黄金计划（1989 年）	新黄金计划（1994 年）
（2）设施护理服务：		
特别养护老人院	24 万床	29 万床
老人保健设施	28 万床	28 万床
老年人生活福祉中心	400 所	400 所
护理院	10 万人	10 万人
（3）人才培养保证：		
寮长、护理员工		20 万人
看护员工等		10 万人
OT/PT		1.5 万人

注：OT/PT 是作业疗法士和理学疗法士的简称。

资料来源：日本厚生劳动省。

1980～1989 年度，日本老年人医疗费从 21269 亿日元增加到 53730 亿日元，老年人福祉服务支出从 2570 亿日元上升到 5706 亿日元，增加幅度分别是 152.6% 和 122.0%。[①] 快速增加的老年人相关费用支出，给政府财政带来一定的压力，日本政府为了增加税收来源，于 1989 年导入消费税，税率为 3%。

1.1.1.4　经济低增长期

进入 20 世纪 90 年代之后，少子化日趋显著，进一步加速老龄化的进程，老龄化率每年以 0.5 个百分点以上的速度增长。泡沫经济崩溃后的债务处理导致日本经济进入长期的资产负债表收缩式衰退。[②] 在经济增长停滞的背景下，一般预算税收从 1990 年度的 60.1 万亿日元减少到 1999 年度的 47.2 万亿日元，下降幅度为 21.5%。[③] 财政支出从 69.3 万亿日元增加到 89

---

① 资料来源：日本国立社会保障与人口问题研究所的《社会保障费用统计（令和 3 年度）》。

② 日本在经济泡沫崩溃之后，日本银行为了处理不良债权，充实自有资本（参与国际业务的银行根据 BIS 规则自有资本比率不得低于 8%，仅从事国内业务的银行为不低于 4%），出现了惜贷、抽贷等现象，导致发生连锁倒闭潮，在一段时期银行越是加大处理不良债权力度，结果不良债权不仅没有减少，反而出现增加现象。这主要是因为银行加大处理不良债权导致经济出现进一步衰退，促使不良债权进一步增加的连锁反应。这实际上就是资产负债表收缩式衰退的体现。

③ 1996 年 4 月 1 日开始消费税从 3% 提高至 5%，并没能抑制税收的减少。

万亿日元，增加了 28.4%，导致财政赤字大幅度扩大，日本政府的财政状况已经难以应对日益增长的老年人医疗和护理服务需求。为了能够及时应对护理需求，降低运营成本，日本政府于 1990 年修订福祉法，护理福祉由市町村行政单位①统一管理运营，并积极推行制订老年保健福祉计划，增进老年人福祉。

　　在财政的捉襟见肘和护理需求增加的双重挤压下，日本于 1992 年修订《老人保健法》，设立老年人户访护理制度，强化居家护理功能，减轻因设施护理需求导致财政支出增加的压力。1994 年，日本老龄化率达到 14%，老龄化的速度远超其他发达国家，为了应对此局势，日本政府在劳动省设置老年人护理对策本部，重新制定"黄金计划"，大幅提高护理福祉设施的扩建目标，进一步提高护理人才的培养目标。

　　尽管日本政府采取了修订相关福祉法，推进扩充护理设施，充实护理服务的提供内容，加强地方政府根据具体情况进行统一管理等措施，但是现有护理服务制度已无法满足快速增加的护理服务需求，政府主导提供服务的现行制度已经达到极限，无法应对护理服务需求社会化的转变。增加护理服务供给的多元化和扩充护理财源是当务之急，于是日本政府在 1997 年制定并公布了《护理保险法》。以法律的形式对护理服务进行法制化、制度化，以社会保险强制加入的方式确保护理服务的财政来源，推动护理保险制度成为日本社会保障体系的一个重要支柱。

　　在《护理保险法》制定公布之后，日本政府于 1999 年又发布了"黄金计划 21"。1989 年的"黄金计划"和 1994 年的"新黄金计划"主要是设施建设数量、家庭护理员、护理员工等的数值目标；"黄金计划 21"将数字目标切换为概念目标，例如维护老年人尊严、构建互助型社区、开设获得利用人信赖的护理服务等。这些概念的宣传与推广，对于护理保险制度的顺利实施发挥出一定的宣传效应。

　　综上所述，在 2000 年 4 月《护理保险法》实施之前，日本老年人相关的社会福祉制度已经较为完善。对于老年人长期护理的意识观念，从家庭成员相互支撑逐步转变为由全社会支撑的观念逐渐成为一种社会共识。这种意识观念的转变，有利于采用社会保险方式的《护理保险法》的制定与

———————————

①　市町村是日本的地方行政单位，日本实施的是三级行政单位制，即中央、都道府县、市町村。

实施。以特别养护老人院、老人保健设施等为中心的设施服务以及居家护理服务等施政思想，进一步由《护理保险法》继续继承，成为护理保险制度的核心。

1.1.2 护理保险制度之前的护理服务

1.1.2.1 社会福祉制度

1. 措置制度

在护理保险制度实施之前，护理相关的福祉服务主要依据 1963 年制定的《老人福祉法》和 1982 年制定的《老人保健法》，由地方行政单位组织运营提供。以《老人福祉法》为中心的老人福祉制度提供的相关护理服务主要是通过"措置制度"实施。措置制度是指由地方行政单位判断福祉服务需求对象是否需要该项服务，是否满足服务利用条件，决定服务利用人可利用服务类型以及实际利用数量。在护理保险制度实施以前，通过措置制度为老年人提供入住特别养护老人院、户访护理等各种类型的护理服务。措置制度中措置决定权、对象人以及被委托人，三者之间的关系如图 1.1 所示。

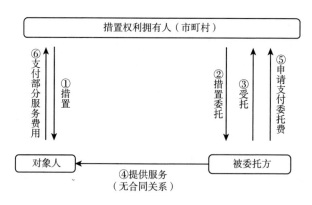

图 1.1 措置制度结构

资料来源：日本厚生劳动省。

2. 措置制度的特征和问题点

如表 1.3 所示，护理服务的利用可否、服务类型、利用数量以及服务提供方都是由地方行政部门决定，护理服务利用人没有选择的权利。护理服务利用人本人负担部分采用"应能负担"方式（根据支付能力决定支付金额），具体负担金额根据利用人和家庭成员的收入状况决定，即：完全相同内容的护理服务，家庭收入越高本人负担金额越高。例如，护理保险实施之前的1999年，特别养护老人院的本人费用负担金额为0～24万日元不等，护理服务利用人的费用支付对象是市町村，而非护理设施。市町村以"措置委托费"的形式向服务提供方支付服务利用费用，包含服务利用人的护理费用和餐饮费。

表1.3 措置制度的特征和问题点

序号	措置制度的特征	问题点
1	服务内容和提供期间以及提供数量由市町村行政部门判断决定之后提供	利用人很难对服务内容进行选择
2	制度的实施主体是市町村，由市町村直接或者委托第三方提供服务	竞争原理无法发挥功能，服务内容过于同质化
3	服务费用由公费（财政）和利用者负担部分构成。利用者本人或抚养义务人根据年收入负担一部分服务费用	中高等收入群体负担较重
4	利用服务的前提条件是必须先接受相关部门关于工资收入等的家庭收入调查	利用人容易产生心理抵触情绪
5	服务利用不是作为利用人的权利享受，而是行政决定的结果	利用人的权利保障不充分

资料来源：日本厚生劳动省。

在措置制度下，养护老人院的运营费用全额由市町村地方行政单位负担。因此，在地方政府预算不足，提供服务数量受到限制的情形下，由相关行政部门决定护理服务优先利用对象。并且，关于申请人是否有必要接受护理服务，并非通过专业人员判断，而是由地方政府的行政人员根据申请人的身心状况、家庭情况、收入状况为依据决定是否提供服务给付。结果低收入家庭会被优先考虑。因此，措置制度下的护理服务，存在一定程度针对低收入阶层的扶助性质。

1.1.2.2　老人保健制度

在护理保险制度实施之前，老人保健制度是以老年人医疗为中心，提供相关护理服务。除福祉制度下的特别养护设施，65 岁及以上老年人还可以入住老人保健设施和老人医院（护理疗养型医疗设施）接受护理服务。老人保健制度属于医疗保险范畴，护理服务利用人可以通过医疗保险利用护理服务。

在老人保健制度下，护理服务利用人可以选择老人保健设施或老人医院直接申请入住，由设施的医生根据具体状况判断是否需要入住设施接受服务。老人保健设施或老人医院接受护理等服务时，本人负担部分由服务利用人直接支付给服务提供设施，剩余部分的费用由服务设施向市町村申请支付，市町村经过核对后向服务提供方支付费用金额。1996 年度在老人保健设施的服务利用人平均负担金额约为每月 6 万日元，老人病院为月平均 5.3 万日元。虽然老人保健制度也是市町村地方政府主导运营，但是市町村并不参与服务利用可否的审核与提供服务，仅在事后支付阶段出现。老人保健制度的运营框架结构如图 1.2 所示。老人保健制度的运营费用由公费投入的 50%（中央 33.4%，都道府县 8.3%，市町村 8.3%）和各个医疗保险基金提供经费的 50% 构成。

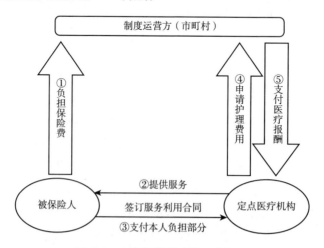

图 1.2　老人保健制度的运营框架

资料来源：日本厚生劳动省。

1.2　护理保险制度制定实施背景

对于日本护理保险制度诞生的背景，众多研究者认为与 20 世纪 80 年代在英国兴起的经济自由化、公共部门民营化思潮有关（佐藤孝弘、高桥孝治，2015；冈崎祐司，2006；真野俊树，2012）。该自由化潮流主要体现为通过实施公共部门的民营化，替代由政府部门提供的各类公共服务，并且采用一定的制度设定，导入市场竞争机制，实现由各类法人进行供给，通过竞争改变垄断部门的非效率性。不可否认，日本的护理保险制度在制度设计层面会受到自由化思潮的一些影响。笔者认为日本社会结构的变化，即人口结构的老龄化和家庭规模缩小无法承受家庭护理的重压，对护理社会化需求的高涨等社会背景，经济增长低迷、财政赤字增加等经济背景，以及随着老龄化的加剧措置制度本身局限性问题开始暴露，等等，是促使护理保险制度制定实施的重要原因。

1.2.1　社会背景

1.2.1.1　人口结构变化

人口结构的变化主要体现为少子老龄化。人口老龄化主要源于两个方面：一是平均寿命增长会导致老年人口总量的增加，这是社会经济发展导致生活水平提高和医疗技术进步的结果；二是少子化，人口出生数急剧减少也会促使老龄化的加剧，其结果是一种被动推进老龄化的作用。如表 1.4 和表 1.5 所示，平均寿命增长以及急剧少子化都加快了老龄化的进程，导致老年化指数快速上升。日本从 1970 年进入老龄化社会后，总人口为 10372 万人，2000 年增加到 12693 万人，增加了 22.4%；65 岁及以上人口从 733 万人增加到 2201 万人，增加了 200.3%。65 岁及以上老年人口的大幅增加也导致护理需求的增加。随着人口老龄化的加剧，需要护理人数的大幅增加以及护理期间的长期化成为一种趋势。如表 1.5 所示，男女平均寿命的大幅增长，进一步促进了护理期间长期化的趋势。

表1.4　　　　　　　　　　人口年龄结构和抚养负担结构指标

年度	占总人口比率（%）		平均年龄（岁）	中位数年龄（岁）	从属人口指数			老年化指数
	0～14岁	65岁及以上			总比率	少儿	老年人	
1960	30.0	5.7	29.1	25.6	55.7	46.8	8.9	19.1
1965	25.6	6.3	30.4	27.5	46.8	37.6	9.2	24.6
1970	23.9	7.1	31.5	29.1	44.9	34.7	10.2	29.5
1975	24.3	7.9	32.5	30.6	47.6	35.9	11.7	32.6
1980	23.5	9.1	33.9	32.5	48.4	34.9	13.5	38.7
1985	21.5	10.3	35.7	35.2	46.7	31.6	15.1	47.9
1990	18.2	12.1	37.6	37.7	43.5	26.2	17.3	66.2
1995	16.0	14.6	39.6	39.7	43.9	23.0	20.9	91.2
2000	14.6	17.4	41.4	41.5	46.9	21.4	25.5	119.1

注：平均年龄和中位数年龄根据各年龄人口计算。老年化指数是指65岁及以上老年人口对少儿人口的比率值。

资料来源：日本国立社会保障与人口问题研究所。

表1.5　　　　　　　　　　男女平均寿命的变化

期间	男性平均寿命（年）		女性平均寿命（年）	
	期首年	增长年数	期首年	增长年数
1960～1970年	65.32	3.99	70.19	4.46
1970～1980年	69.31	4.04	74.66	4.11
1980～1990年	73.35	2.57	78.76	3.14
1990～2000年	75.92	1.80	81.90	2.70
2000～2010年	77.72	1.83	84.60	1.70
2010～2015年	79.55	1.20	86.30	0.69

资料来源：日本厚生劳动省政策统括官。

1.2.1.2　家庭结构变化

家庭结构变化主要来自两方面。一方面，社会经济发展过程中出现"核家庭化"现象，即每个家庭平均人口数发生大幅减少的现象。如表1.6所示，家庭平均人数由1960年的4.61人减少到2000年的2.66人。另一方面，人口加速老龄化过程中，单身老年人家庭和老年夫妇家庭数量大幅增加。65岁及以上夫妇家庭以及65岁及以上单身家庭分别从1975年的42.7万户和

62.5 万户增加到 1995 年的 203.9 万户和 220.2 万户。单身老年人家庭以及老年夫妇家庭大量增加（见表 1.7）意味着护理的潜在需求在大幅增加。①

表 1.6　　　　　　　65 岁及以上人口和家庭平均人数变化趋势

年度	人口（万人）		年平均增长率（%）		家庭平均人数（人）
	总人口	65 岁及以上	总人口	65 岁及以上	
1960	9341.9	535.0	0.91	2.42	4.61
1965	9827.5	618.1	1.02	2.93	4.03
1970	10372.0	733.1	1.08	3.47	3.55
1975	11194.0	886.5	1.54	3.87	3.33
1980	11706.0	1064.7	0.90	3.73	3.24
1985	12104.9	1246.8	0.67	3.21	3.12
1990	12361.1	1489.5	0.42	3.62	2.98
1995	12557.0	1826.1	0.31	4.16	2.82
2000	12692.6	2204.1	0.21	3.80	2.66

资料来源：日本国立社会保障与人口问题研究所。

表 1.7　　　　　　　　65 岁及以上老年人家庭状况

年度	家庭数（万户）	老年人家庭（万户）	老年人家庭比率（%）	夫妇家庭比率（%）	单身家庭比率（%）
1975	3287.7	108.9	3.3	1.3	1.9
1980	3533.8	168.4	4.8	2	2.6
1985	3722.6	219.2	5.9	2.7	3
1990	4027.3	311.3	7.7	3.5	4
1995	4077.0	439.0	10.8	5	5.4
2000	4554.5	626.1	13.7	6.5	6.8

注：老年人家庭中包括未婚子女与老年人同住家庭，因此老年夫妇家庭和单身老年人家庭的比率之和不等于老年人家庭占家庭总数的比率。

资料来源：日本国立社会保障与人口问题研究所。

家庭人口数量的减少，以及老年人家庭数量大幅增加导致为家人提供护理服务的家庭成员不足，或者家庭成员的老龄化导致"老老护理"现象。

_____

① 中村二朗、菅原慎失（2016）的研究发现，与家人同住的老年人家庭比例并没有大幅减少，然而单身老年人以及无子女老年人家庭在大幅增加，这些群体将来需要社会护理的概率大幅高于与家人同住的老年人，因此是护理需求的主要潜在对象。

说明原来由家庭成员承担、属于家庭内劳动的护理在家庭结构变化的背景下很难维持。通过护理服务的社会化生产提供逐步取代家庭为主的护理供给方式是家庭结构变化下的一种必然选择。

1.2.1.3 社会性住院

"社会性住院"是指根据医学判断病状处于稳定状态，不需要住院治疗，但因为没有照护人等"社会性"原因，需要护理的老年人在普通医院长期住院的现象。发生社会性住院主要有以下原因：

（1）家庭护理功能的衰退。

（2）当前老年人福祉服务相关基础设施发展较缓慢，供给体制不太充实；相对而言，医疗体系的供给体制非常完善，老年人利用方便。

（3）以老人保健制度和社会福祉制度为依据提供的护理服务内容与费用之间存在不匹配问题。

（4）因为历史原因，人们将利用社会福祉服务和接受低保混同，认为利用社会福祉不体面，存在心理抵触情绪，特别是老年人反应强烈。

在上述社会性住院原因中，第（3）点是主要的。如前文所说，在护理保险实施之前，护理服务主要是通过老人保健制度和社会福祉制度给付，不同制度之间提供的服务内容和费用负担存在较大差异。例如，同样身体状况的老年人，在老人医院住院和入住特别养护老人院相比较，在医院提供服务内容的重心是医疗服务而非护理服务，虽然住院的实际成本要大幅高于特别养护老人院的成本，但是医疗保险采用的是社会保险方式，实行的是"应益负担"（根据受益程度负担相应费用）而非"应能负担"，对于中高收入阶层而言，本人实际负担的费用要低于入住特别养护老人院的费用。

因此，选择哪种福祉制度体系接受护理服务，老人不是根据自身的身心状况，而是与其负担的多寡和有无心理抵触情绪等因素密切相关。最终，本应入住特别养护老人院接受护理服务的老年人，却因为住院费用较低和没有心理抵触的原因而选择住院，导致住院接受服务的利用人数大幅增加。医院原本是伤病治疗场所，不具备为老年人长期提供护理服务的条件，从护理和生活的视角而言，提供的服务质量较低；并且不需要治疗的老年人长期住院，占据了大量的医疗资源，降低了医疗资源的利用效率，导致医疗费用大幅增加。1997年度，日本老年人医疗给付费金额达到96392亿日元，是 1980 年度的 4.5 倍，占该年度全国医疗费用的 35.4%。[①] 这种社会性住院现象成为当时的一个社会问题，亟须用一种新的制度来解决社会性住院导致医疗费增加的问题。

1.2.1.4　护理离职

"护理离职"是指因为家人需要长期护理，又没有其他途径解决照护问题，在职人员为了长期照护家人不得不辞去现有正式工作的社会现象。根据日本总务省的《劳动力调查》数据显示，在护理保险制度实施前，每年因护理离职的人数大约超过 10 万人，据推测直接造成的经济损失超过 6500亿日元。[②] 一旦因护理原因辞职之后，人们很难再找到正式就业机会，只能从事非正规就业的工作，收入要大幅低于前职。并且非正规就业本身就处于一种不稳定的职业状态，经济不景气或工作减少时，企业会优先考虑裁减非正规雇佣人员，因此收入也很不稳定，生活处于一种不安定状态。而且，存在老年赡养以及年金不足的问题，会潜在性地增加政府在最低生活保障方面的财政支出。

上述护理离职问题，不仅是劳动力资源的一种浪费，而且部分护理离职家庭因为收入原因不得不申请最低生活保障（低保），最终导致社会保障相关的社会福祉支出增加，增加政府财政负担。解决护理离职问题，首先要构建一个覆盖面广、可持续的护理服务提供体系，以减少因为家人需要护理而离职的人数。这也是当时日本政府面临的一个重要难题。

1.2.2　经济背景

1.2.2.1　经济持续恶化

1989 年 12 月日本股市泡沫崩溃之后，1990 年房地产泡沫也开始崩溃。股市楼市泡沫的陆续崩溃对日本经济增长产生重大影响。如表 1.8 所示，日本的名义经济增长率从 1990 年的 8.6%（实际增长率为 5.9%）下降到

---

① 资料来源：日本国立社会保障与人口问题研究所的《社会保障费用统计（令和 3 年度）》。
② 日本经济产业省根据 2017 年《劳动力调查》数据的推测结果显示，因为家人需要护理而离职每年导致的直接经济损失约为 6500 亿日元（增加值）。

1997 年的 0.9% （实际增长率为 - 0.2%），名义经济增长率的低迷，必然影响税收；日本的一般预算税收在 1990 年达到 60.1 万亿日元的峰值后，开始持续减少，然而一般预算支出在持续增加的背景下，不得不依靠发行国债来筹集资金。

表 1.8　　　　　　　　　　日本 1990～1997 财年经济状况

项目	1990 年	1991 年	1992 年	1993 年	1994 年	1995 年	1996 年	1997 年
名义经济增长率（%）	8.6	4.9	2	- 0.1	1.4	1.7	2.3	0.9
实际经济增长率（%）	5.9	1.7	0.8	- 0.6	1.3	1.8	2.5	- 0.2
CPI 上升率（%）	3.1	3.3	1.6	1.3	0.7	- 0.1	0.1	1.8
一般预算支出（万亿日元）	69.3	70.5	70.5	75.1	73.6	75.9	78.8	78.5
一般预算税收（万亿日元）	60.1	59.8	54.4	54.1	51	51.9	52.1	53.9
国债发行规模（万亿日元）	7.3	6.7	9.5	16.2	16.5	21.2	21.7	18.5

注：实际经济增长率以 2000 年价格为基准。
资料来源：日本内阁府；日本总务省；日本财务省。

1997 年亚洲金融危机爆发，已经疲惫的日本经济再次遭到沉重打击，山一证券（负债金额 35085 亿日元）、北海道拓殖银行（负债金额 23433 亿日元）等大型证券银行的破产给整个经济造成了巨大冲击。经济状况的急剧恶化，不仅导致税收减少，还促使政府为了刺激经济增长被迫扩大政府财政支出，陷入财政收支加剧恶化的恶性循环。在此背景下，即使日本政府在 1996 年将消费税从 3% 提高至 5%，也并没有能促进税收大幅增加。在经济增长低迷、财政收支恶化的状况下，面对日益严重的人口老龄化导致的医疗护理需求的大幅增加，必须寻求一种能够获得稳定财源支撑并且具备一定可持续性的解决方案。

1.2.2.2　促进就业

20 世纪 90 年代在日本经济增长乏力的背景下，失业率逐渐上升。如图 1.3 所示，失业率从 1990 年度的 2.1% 上升到 1997 年《护理保险法》制定公布时的 3.4%，随着亚洲金融危机影响的扩大，失业人口处于大幅增加之中，有效求人倍率也呈大幅下降趋势。企业大幅度裁员，特别是针对 50 岁以上员工的裁员，导致失业自杀者大幅增加。男性总的自杀人数从 1990 年度的 12316 人增加到 2000 年度的 21656 人，每 10 万人自杀人数从20.9人上升到34.9人。男性自杀人数的上升和失业率上升之间存在较强的正相关性（见图1.4）。促进就业降低失业率，是当时日本政府的首要任务。

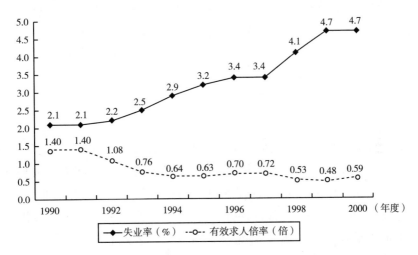

图1.3　1990~1997年度日本的失业率和有效求人倍率

资料来源：日本总务省；日本厚生劳动省。

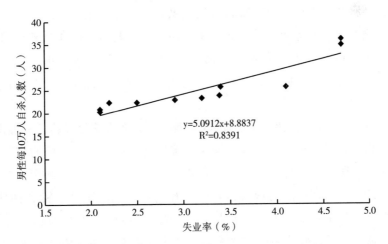

$y=5.0912x+8.8837$
$R^2=0.8391$

图1.4　男性自杀率与失业率的关系（1990~2000年度）

资料来源：日本总务省；日本厚生劳动省。

护理服务是典型的对人服务行业，服务供给量的增加非常依赖于劳动投入。增加护理服务的供给，既可以满足快速增加的老年人护理需求，又可以创造就业岗位。日本政府对加速养老护理行业的产业化、成为经济增长的新动力、促进就业方面给予较高的期待。事实上，根据日本厚生劳动省公布的资料，从 2000 年日本护理保险制度实施之后，护理服务业从业人员从 98 万人，增加到 2021 年的 315.4 万人，在此期间日本的总就业人数增加了 239.6 万人，护理服务业对就业的促进作用是非常显著的。

1.3 总   结

在护理保险制度实施之前，老年人相关的福祉法律的制定与实施，已经构成了日本较为完善的老年人福祉体系。在此期间，老年人相关护理福祉服务的提供与运营主要是依据老年人福祉制度和老年人保健制度提供的。

以 1963 年制定的《老人福祉法》为中心的老人福祉制度，在提供护理服务时主要是采用"措置制度"实施。作为老人福祉所提供的养老护理服务主要有特别养护老人院、家庭护理服务、日托护理等服务内容。护理服务内容以及服务提供方都是由市町村决定，利用者无权进行选择。并且，护理服务基本上是由市町村直接提供或者委托第三方提供，缺乏市场竞争机制，导致服务内容单一化，服务质量难以改善。护理服务利用费用采用的是"应能负担"方式，根据利用者本人和有抚养义务人的收入决定利用者负担金额，收入越高本人负担越大，对于中高等收入者而言负担过重。

保健制度下的老人医疗所提供的服务主要有老人保健设施、一般医疗、户访护理、日托护理等。中高等收入者接受老人医疗提供服务的实际负担要小于福祉服务，并且福祉服务存在基础设施不完备问题，出现以护理为由在一般医院长期住院的现象，并成为社会性问题。这种"社会性住院"成本要高于特别养护老人院、老人保健设施，导致医疗费用大幅增加。① 而且，医院主要是治疗为主，在人员配置以及生活环境方面并不具备提供长期护理服务的条件。

随着人口老龄化的加剧，特别是进入 20 世纪 90 年代之后，日本老龄

---

① 关于"社会性住院"方面的实证研究，具体内容参照岸田研作（2016）。

化率年平均以 0.5 个百分点以上的速度增长，给日本社会经济带来了巨大冲击。老年人口的大幅增加以及少子化造成家庭成员人数的减少，老年夫妇家庭和单身老年人家庭数量的急剧增加，严重削弱了原有的家庭养老护理功能，平均寿命增长也导致护理的长期化。在这样的背景下，"卧床不起老年人"的照护问题、"护理离职"问题以及"社会性住院"问题越发突出，成为当时社会的新问题。然而面对需护理人数大幅增加、护理长期化倾向、家庭护理功能减弱现象，原有护理服务提供制度缺乏稳定财源的同时也存在制度之间不整合的制度性问题，无法提供足够数量的护理服务，以满足多样化的护理需求。护理服务社会化的必要性越来越高。

此外，随着 90 年代初期日本泡沫经济的崩溃，经济增长持续低迷，税收减少、财政支出增加导致政府财政收支大幅恶化。如何确保护理财源、减轻政府财政压力、提供稳定的护理服务是当时日本政府亟须解决的问题。另外，经济的持续恶化也导致失业率的大幅上升。创造经济新的增长点，促进就业减少失业人数，是当时经济政策的重点问题。若能促进护理服务业的发展，那么既可以解决老年人的护理需求，也可以促进经济增长创造就业岗位。

基于上述问题以及社会经济背景，必须构建一个新的护理服务制度体系替代原有护理服务体系。通过稳定护理财源提供数量充足、多元化的护理服务，满足日益多样化的护理需求，实现护理服务的社会化是一种必然的选择。日本护理保险制度就是构建并支撑护理服务社会化运营的社会保障制度。采用社会保险方式将老年人的长期护理由整个社会互助支撑，加强世代之间的协助，有利于深度高龄化社会的和谐发展。

日本政府在《护理保险法》制定之前，长期通过各种方式吸取社会建议，经过多种类型的专家评审论证会，最终于 1997 年 12 月通过国家议会决议，并予以公布。正式实施时间是 2000 年 4 月 1 日。法案公布与实施之间留有 2 年多的时间，保证政府和民间有足够的时间进行准备，确保护理保险制度得以顺利实施。

第2章　日本护理保险制度的主要内容及运营概况

本章首先以日本护理保险制度的三个主体：保险人（保险运营主体）、被保险人（参保人）、事业者（护理服务供应商）为切入点，结合最新内容介绍日本护理保险制度的主要框架结构和运营体系。其次，运用近期护理服务相关数据，概览日本护理保险服务发展现状。最后，对日本护理保险制度进行简要评述。此外，在日本除了依据《护理保险法》提供的护理保险，还存在私营保险公司提供的护理保险。但限于篇幅，本书所讨论的护理服务仅限于根据《护理保险法》提供的护理服务。民营护理保险提供的护理服务或者护理保险之外的护理服务，若无特别说明，不在本书的分析范围之内。

2.1　日本护理保险的主要结构

2.1.1　主体关系

日本护理保险称为"介护保险"，于 2000 年 4 月 1 日正式开始实施，截至 2023 年 3 月末已经运营 23 年，作为日本第五大社会保险的地位日趋突出。护理保险的主体分为保险人、被保险人和事业者（护理服务供应商），三者之间的关系如图 2.1 所示。关于保险人、被保险人的权利和义务，以及三者在护理保险中的关系将在下文详细论述。日本的《护理保险法》是保障护理保险制度平稳运营的核心，为了适应社会经济及人口动态变化趋势，该法律原则上五年修订一次。历经数次修改后，法律内容更加完善和成体系化的同时，法律本身也趋于复杂化。

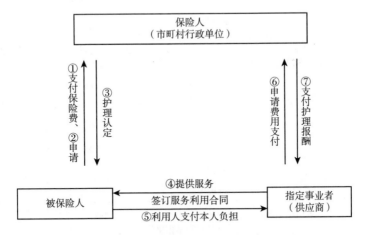

图 2.1　护理保险制度中的主体关系

资料来源：日本厚生劳动省。

2.1.2　财源结构

2.1.2.1　护理财源的负担设定

日本护理保险制度下的护理总费用由护理给付和本人负担共同构成。其中，护理给付所需资金全部由护理保险财政承担。《护理保险法》明确规定，护理保险财政的财源结构由公费 50% 和护理保险费 50% 构成。公费是指以税收为财源的中央政府和地方政府的负担金额。在公费负担的 50% 之中，中央政府、都道府县、市町村三级政府各自负担居家护理服务给付费的 25%、12.5% 和 12.5%；三级政府还各自负担护理保险设施等给付费的 20%、17.5% 和 12.5%（见表 2.1）。此外，中央政府负担的 25% 或 20% 的给付费中，有 5% 作为调剂转移支付转拨给符合要求的市町村保险人。转移支付调剂主要用于补贴第 1 号被保险人（被保险人分类见本书 2.2.2 节的表 2.3）中 75 岁及以上人口占比高的地区以及优惠低收入阶层的保险费等，通过该方式来调剂不同地区之间保险费的负担差距。

表 2.1　　　　　2021～2023 年日本护理给付费的整体负担比例结构

公费	50% （中央政府和 地方政府）	中央政府	25%（居家服务）	
			20%（设施服务等）	
			其中：固定比例	20%（居家服务）
				15%（设施服务等）
			其中：调剂转移支付	5%
		都道府县	12.5%（居家服务）	
			17.5%（设施服务等）	
		市町村	12.5%（居家服务）	
			12.5%（设施服务等）	
保险费	50% （被保险人保险费）	第 1 号被保险人	23%	
		第 2 号被保险人	27%	

注：设施服务等是指各个都道府县知事拥有设置许可权限的护理老人福祉设施、护理老人保健设施、护理疗养型医疗设施、护理医院以及特定设施提供的护理服务。居家服务包括设施服务等以外的护理服务。表中数值为各级政府负担相应服务给付费用的比例，比例值为占整体费用的比例。

资料来源：椋野美智子和田中根太郎（2018）以及日本厚生劳动省。

另外护理给付费用的 50% 是由第 1 号（65 岁及以上）和第 2 号（40～64 岁）被保险人缴纳保险费分担。根据每三年制订一次的护理保险事业计划，按照人口比例来决定两者的保险费负担比例。例如《第 1 期护理保险事业计划》中，第 1 号被保险人负担的保险费占护理总财源的 17%，第 2 号被保险人是 33%。随着人口老龄化加剧，第 1 号被保险人人数大幅增加，在《第 8 期护理保险事业计划》期间（2021～2023 年度）两者的负担比例分别为 23% 和 27%（见表 2.1）。根据人口比例决定保险费负担，能够及时反映人口结构变化的影响，确保第 1 号和第 2 号被保险人的人均保险费维持在同等水平。因此，使用该种方式决定保险费负担，在一定程度上体现了保险负担的公平性。

2.1.2.2　2023 年度护理给付财源规模

如图 2.2 所示，2023 年度（2023 年 4 月～2024 年 3 月）护理费用预算案总规模是 13.7 万亿日元，其中护理给付费预算为 12.8 万亿日元，利用者本人负担 0.9 万亿。在 50% 的公费负担中，中央财政负担 2.56 万亿日元，都道府县政府负担 1.6 万亿日元，市町村地方行政单位承担 1.6 万亿日元。另外，中央财政负担 0.64 万亿日元（约占 5%）作为调剂转移支付。保险费由第 1 号被保险人的 2.94 万亿日元和第 2 号被保险人的 3.46 万亿日元构成。其中，为了减轻第 1 号、第 2 号低收入被保险人的保险费负担，中央政府各给予约 0.16 万亿日元和 0.26 万亿日元的财政补贴。护理给付费从 2000 年度的 3.2 万亿日元增加到 2023 年度的 12.8 万亿日元（预算计划），增幅达到 300%。今后随着人口老龄化的加剧，护理给付费的提高将进一步增加日本政府的财政负担和被保险人的护理保险费负担。

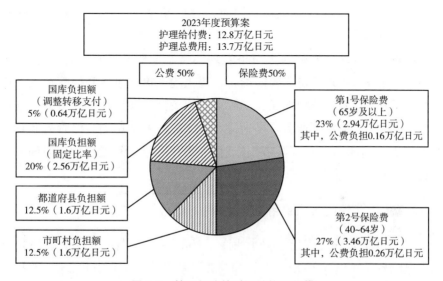

图 2.2　护理保险的财源结构及规模

注：因小数四舍五入护理给付费加总金额与总数不一致。第 1 号、第 2 号保险费的公费负担额是用于降低低收入者的保险费负担的公费支出。

资料来源：日本厚生劳动省老健局。

2.2　护理保险制度的主要内容

2.2.1　运营主体

2.2.1.1　保险人

日本护理保险中的保险人是指护理保险的运营主体，由市町村地方政府负责。日本护理保险针对的服务对象主体是 65 岁及以上的老年人，根据《护理保险法》的规定，在日本国内任一地区居住的被保险人（参保人）都享有接受同一保险制度提供护理服务的权利。护理保险和医疗保险相似，当保险人（保险运营主体）群体过于庞大时，很难提供细致贴心的服务。护理服务主要是以老年人为对象提供的基础性服务，由贴近居民生活社区的地方行政单位主导运营更容易满足被保险人的实际护理服务需求。因此，采用市町村为保险人，作为护理保险运营主体的第一责任人，具有一定的合理性。同时，这也导致在同一种制度下存在多个保险人的现象。

保险人主要从事被保险人资格管理、第 1 号被保险人保险费的征收、提供支援服务、护理认定、保险给付、提供地区援助事业和保险福祉事业相关的服务，以及涉及护理保险制度运营相关制度条例规定的事务等与护理保险事业相关的各项业务。受地方行政单位撤并的影响，保险人数量会发生变动，《第 8 期护理保险事业计划》（2021～2023 年度）中记载的保险人数量为 1571 家。

2.2.1.2 保险人的费用负担比率

在《第 8 期护理保险事业计划》（2021～2023 年度），护理保险财源中保险费负担的 50% 由第 1 号和第 2 号被保险人分别负担 23% 和 27%（见表 2.1）。然而，对于各个保险人而言，其保险财源中第 1 号的保险费负担是否为 23%，还要根据中央政府的调剂转移支付金 α 的多少而定。如表 2.2 所示，作为保险人的各个市町村，根据护理保险特别会计准则，行政管辖区域内居家给付费的 20%、设施等给付费的 15% 来自中央政府财政拨款，居家给付费的 12.5% 和设施等给付费的 17.5% 来自所在管辖范围内都道府县的财政拨款，剩下的 12.5% 来自各个市町村的一般财政预算，再加上第 2 号被保险人的 27%[①]，在剩余的 28% 之中有多少比率是由管辖区内的第 1 号被保险人负担，最终要根据中央政府的调剂转移支付金额确定。如果中央政府的调剂转移支付金 α 较多，则保险

---

① 市町村护理保险给付费中第 2 号被保险人负担的 27% 是由医疗保险人代收和医疗保险费一起征收，通过社会保险诊疗报酬支付基金交付给各个市町村。

人管辖范围内的第 1 号被保险人的负担可能低于 23%，反之则高于 23%，那么被保险人的保险费负担就会增加。

表 2.2　　　　　　　　　　以保险人为基准的负担比率

中央政府		都道府县	市町村	第 2 号保险费	第 1 号保险费
20%（居家） 15%（设施等）	＋α	12.5%（居家） 17.5%（设施等）	12.5%	27%	28%－α

注：α 为调剂转移支付金。
资料来源：椋野美智子和田中根太郎（2018）。

2.2.1.3　保险人的财政稳定化基金

护理保险属于社会保险，各个保险人因为财政规模存在一定差异，容易导致制度运营的不稳定。针对这类问题，日本以都道府县行政级别为单位设置了"财政稳定化基金"，基金的运营财源由中央政府、都道府县、市町村的三级行政单位各出资三分之一组成。当市町村的保险费收入发生预期之外的减少或保险给付出现大幅增加时，可以通过"财政稳定化基金"融资缓和护理财政压力。截至 2023 年 3 月末，该基金向市町村保险人累计融资（包括部分转移支付）总额为 1136.1 亿日元，收到还款 1065.3 亿日元，融资余额为 70.8 亿日元，基金滚动结余 1143.2 亿日元。[①] 此外，几个互邻市町村之间也可以组成联盟进行护理财政调整，设定统一的保险费方式，构成设立"市町村财政相互稳定基金"的区域联合体。

2.2.2　被保险人和保险费

2.2.2.1　被保险人

日本护理保险采用社会保险方式，具有强制性，参加保险成为被保险人获得保险给付的前提条件。根据日本《护理保险法》规定，原则上居住在日本国内满 40 岁及以上居民，在市町村行政机构有居住登记的人员都属

---

① 资料来源：日本厚生劳动省。

于护理保险的被保险人。第 1 号和第 2 号被保险人的保险费计算、缴纳方式以及接受护理服务时需要满足的条件各不相同（见表 2.3）。

表 2.3 被保险人状况

项目	第 1 号被保险人	第 2 号被保险人
对象群体	65 岁及以上人口（3584.6 万人）	40～64 岁医疗保险参保人（约 4213 万人）
赋予利用权对象	（1）需护理认定人； （2）需支援认定人	因年龄增加的认知症、脑血管障碍等身体机能老化引起的疾病等
保险费负担	根据收入等级确定定额保险费，低收入群体可以申请减轻保险费负担	（1）被雇佣方的标准工资额 × 护理保险费率（雇主基本负担 50%）； （2）灵活就业人员根据收入比例、等额比例等按份负担（一部分由公费负担）
征收方法	（1）市町村征收； （2）1 年养老金收入超过 18 万日元的直接从养老金中代扣，其他在指定窗口缴纳	医疗保险参保人的护理保险费和医疗保险费一并征收，作为缴纳金统筹后交付

注：第 1 号被保险人数是 2023 年 3 月末实际数据，第 2 号被保险人数据为日本厚生劳动省 2023 年度的平均概算数据。

资料来源：日本厚生劳动省。

2.2.2.2 第 1 号被保险人的保险费及征收方式

第 1 号被保险人的保险费由市町村（保险人）进行设定。各个市町村必须每三年制定一次《护理保险事业计划》，根据该计划计算今后三年管辖区域内的护理服务需求数量以及护理给付总费用，进一步得出本市町村全部第 1 号被保险人应负担的 23% 的总费用，再计算每月人均标准护理保险费。测算过程的前提条件是：（1）基于本地区护理服务基础设施的实际状况；（2）以维持三年计划期间保险财政收支平衡为原则；（3）护理服务供给数量必须满足该地区的基本服务需求。最后日本厚生劳动省收集各个保险人的数据，加权平均得出第 1 号被保险人的每月全国平均保险费标准金额。例如，第 1 期护理保险事业计划期间第 1 号被保险人的全国平均保险费是 2911 日元/月，现在执行的第 8 期（2021～2023 年度）已经上升到 6014 日元/月。

此外，保险费设定方式采用"应能负担"（按支付能力负担）原则，根据家庭收入情况，按照不少于9个等级（国家标准）设定保险费，被保险人根据支付能力缴纳保险费。即低收入家庭每月所交保险费低于全国平均金额，高收入家庭则高于全国平均水平，并强化了对低收入老年人的保险费补助（见图2.3）。2015年4月开始，约20%的65岁及以上老年人可以享受保险费优惠政策。优惠部分的费用负担由政府另行设置预算支出，其预算负担比率是中央政府50%，都道府县25%，市町村25%。2019年10月消费税从8%上调至10%之后，减轻保险费负担的优惠政策进一步扩大受惠群体，惠及群体涉及约30%的老年人。通过两次实施投入公费对低收入第1号被保险人的保险费进行补助，大幅降低了低收入阶层的保险费负担。此外，从2019年10月开始，第1等级被保险人只要支付标准保险费的30%。

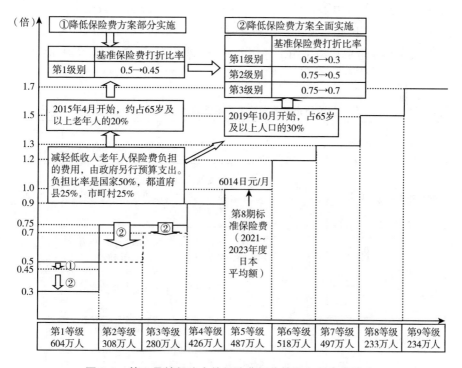

图2.3 第1号被保险人的保险费征收等级和保险费补助

注：被保险人数为《令和3年度护理保险事业状况报告》的数据，截至2022年3月末。

资料来源：日本厚生劳动省老健局的《关于护理保险制度所面临的状况》。

第 1 号被保险人每月缴纳护理保险费的具体金额根据各个市町村制定的"基准缴纳额"和上一年度纳税收入金额确定，计算步骤如下：保险人首先测算护理保险事业计划期间（三年）内的护理给付费用总额，乘以 23%（第 1 号被保险人负担比例）得出第 1 号被保险人护理给付费用负担总额，计算出每年给付费用负担金额。第 1 号被保险人的保险费负担总额确定之后，再计算 1 年保险费的基准金额。1 年保险费基准额＝市町村第 1 号被保险人负担总额÷市町村的第 1 号被保险人总数。考虑家庭收入的差异，最终第 1 号被保险人的保险费采用"应能负担"原则，在基准额上乘以护理保险费标准等级表中的比例系数得到 1 年的保险费，再除以 12 就是每月要缴纳的保险费金额。护理保险费缴纳等级并没有统一要求，原则上是 9 个等级，保险人可根据实际情况设定缴纳等级。第 8 期（2021～2023 年度）的护理保险费标准收入等级最大为 18 级，主要集中于 9～15 等级。如表 2.4 所示，东京都町田市第 8 期第 1 号被保险人护理保险费等级是 15 等级。在第 8 期计划中，町田市基准保险费是每年 69000 日元（每月 5750 日元），第 15 等级缴纳保险费金额是第 1 等级的 9.56 倍。即收入越高缴纳护理保险费越多。

表 2.4   东京都町田市第 8 期第 1 号被保险人护理保险费等级

等级	保险费率	对象		保险费日元/年
第 1 等级	0.3	本人不是市民税课税对象	家庭成员中无市民税课税对象	享受低保人员；接受生活支援人员；本人养老金收入和其他所得合计低于 80 万日元的	20200
第 2 等级	0.375			本人养老金等收入和其他所得合计 80 万以上 120 万日元未满的	25800
第 3 等级	0.7			本人养老金等收入和其他所得合计 120 万日元以上的	48300
第 4 等级	0.775		家庭成员中有市民税课税对象	本人养老金等收入和所得合计低于 80 万日元的	53400
第 5 等级（基准额）	1			本人养老金等收入和所得合计高于 80 万日元的	69000

续表

等级	保险费率	对象		保险费 日元/年
第 6 等级	1.075	本人是市民 税课税对象	本人养老金 125 万日元未满	74100
第 7 等级	1.225		本人养老金 125 万日元以上 190 万日元未满	84500
第 8 等级	1.4		本人养老金 190 万日元以上 300 万日元未满	96600
第 9 等级	1.6		本人养老金 300 万日元以上 500 万日元未满	110400
第 10 等级	1.8		本人养老金 500 万日元以上 700 万日元未满	124200
第 11 等级	2		本人养老金 700 万日元以上 900 万日元未满	138000
第 12 等级	2.2		本人养老金 900 万日元以上 1100 万日元未满	151800
第 13 等级	2.4		本人养老金 1100 万日元以上 1300 万日元未满	165600
第 14 等级	2.6		本人养老金 1300 万日元以上 1500 万日元未满	179400
第 15 等级	2.8		本人养老金 1500 万日元以上	193200

注：表中保险费率是针对保险费基准金额的比例。

资料来源：东京都町田市市政府网站。

  基于上述护理保险费计算方式，即使纳税收入相同，因保险人不同第 1 号被保险人的护理保险费负担也会存在一定差异。存在同等收入情况下给付相同而保险费负担不同的现象。然而，对于单个保险人而言，通过保险费缴纳标准收入等级划分，向高收入阶层收取较高的保险费，有利于实现降低低收入阶层负担的目的。并且，增加缴纳等级，也有利于缓和相邻等级之间缴纳保险费金额差距过大而产生的不满情绪。此外，各个市町村因为 65 岁及以上老年人人口结构存在较大差异，所以基准保险费各不相同。第 8 期第 1 号被保险人每月基准保险费最低的是日本群马县津草町的 3300 日元，最高的是东京都的青之岛村的 9800 日元，两者之间存在约 3 倍的差距。

  第 1 号被保险人保险费的征收方式分为"特别征收"和"一般征收"。特别征收是指从每个月发放的养老金中直接扣除代收，2021 年度以该方式征收的保险费占第 1 号被保险人保险费的 91.2%。养老金基金代扣护理保险费之后，转交给护理保险人（各个市町村）。特别征收方式不但能减轻各个市町村保险人的保险费征收的事务负担，还能防止漏征，同时也能减轻缴纳人的手续负担。此外，每个月的养老金收入低于 1.5 万日元的被保险人，需要到市町村指定窗口缴纳，被称为一般征收，约占整体的 8.8%（2021 年度）。原则上被保险人无权选择缴纳方式，由政府部门根据被保险人养老金等收入或被保险人的实际情况决定缴纳方式。护理保险费缴纳的最终期限为 2 年，对于拖欠或不缴纳的被保险人在护理认定或认定更新时将受到限制，行为严重者将暂停护理给付。对于抵赖不缴纳者可以扣押财产，强制征收。日本厚生劳动省公布的数据显示，2021 年度第 1 号被保险人的保险费缴纳率为 99.3%，其中一般征收的缴纳率是 92.6%。缴纳率达到 100% 的市町村为 48 个，占全国保险人总数的 3.1%。

2.2.2.3　保险费调剂

市町村作为保险人，是护理保险的运营方。运营地区 75 岁及以上高龄老年人的比例高意味着护理需求大，导致保险给付总额增加；被保险人收入水平低又会减少保险费收入，两者的叠加效应会大幅提高第 1 号被保险人的保险费。在《第 8 期护理保险事业计划》中，日本全国加权平均保险费为 6014 日元/月，保险人的标准保险费最高是 9800 日元/月，最低是 3300 日元/月，差距非常显著。针对由上述因素导致的地区间"标准保险费"差距过大的现象，日本专门制定了保险费调剂政策，护理保险给付费用总额的 5% 作为调剂转移支付，降低地区间的保险费差距。调剂支付全额由中央政府国库负担。

因此，通过使用国库负担的调剂转移支付来解决市町村财政差距，尽可能保证保险人的给付水平相同，实现同等收入的被保险人支付相同金额的保险费，对促进社会保险制度上的公平具有一定的现实意义。① 由图 2.4 可知，保险人之间的保险费差距呈波动下降趋势，说明通过转移支付调整

---

① 2023 年 3 月低龄老年人（65～74 岁）要支援或要护理的认定率约为 4.3%，而高龄老年人（75 岁及以上）的认定率是 31.3%，两者的认定率差距约 7.3 倍，高龄老年人构成比率高的市町村，保险给付费也会随之增加，如果不进行调整，相应的保险费就会过高。若被保险人为同等收入，在中高收入老年人较多的市町村，被保险人所负担的保险费就较低。相反，低收入老年人较多的市町村的被保险人保险费负担就较高。通过调剂转移支付可以调整降低两者间负担的不公平。

后的保险费差距有所缩小。与第 7 期（保险人数目为 1571）相比，第 8 期的保险费差距进一步缩小。由此可知，调剂转移支付对减轻老龄化严重地区的保险费负担具有一定的积极效应。

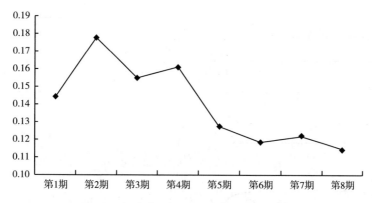

图 2.4　保险人之间平均保险费的变动系数

资料来源：日本厚生劳动省。

2.2.2.4　第 2 号被保险人的保险费及征收方式

第 2 号被保险人（40 ~ 64 岁）的保险费是以日本全国为基准，计算出被保险人保险费金额，再由保险人根据被保险人数缴纳相应的保险费。例如，现在执行第 8 期（2021 ~ 2023 年度）护理保险事业计划期间，第 2 号被保险人负担护理保险给付费总额的 27%，用护理给付费总额的 27% 除以第 2 号被保险人数，得到第 2 号被保险人人均保险金额（见图 2.5）。如果第 2 号被保险人是加入健康保险的，则护理保险费由本人和雇主各分担50%，与健康保险的保险费一起征收。如果被保险人是个体户等非雇佣就业情形且在各个市町村加入国民健康保险的，护理保险费的 50% 由公费负担，保险费根据"应能比率"或"应益比率"算定之后，累加在医疗保险费上由各个市町村统一征收。第 2 号被保险人人均保险费从 2000 年度的每月 2075 日元上升到 2023 年度的 6216 日元（金额为初步预估值）。① 各个保

---

　　① 资料来自日本厚生劳动省的《社会保障审议会　介护保险部会（第 106 次）资料 3》。护理保险事业计划期间预估的第 2 号被保险人月保险费和实际确定金额存在一定差距。例如 2020 年度的保险费估算月额是 6310 日元，最终确定金额是每月 5669 日元。这主要是受到就业增加状况、工资水平等因素的影响。

险组合根据相关规定,以护理保险费上交金额除以该年度工资总额计算出护理保险费率。例如,2023 年 4 月开始,加入协会健保的 40~64 岁工薪阶层的护理保险费率从 1.64% 上升至 1.82%。

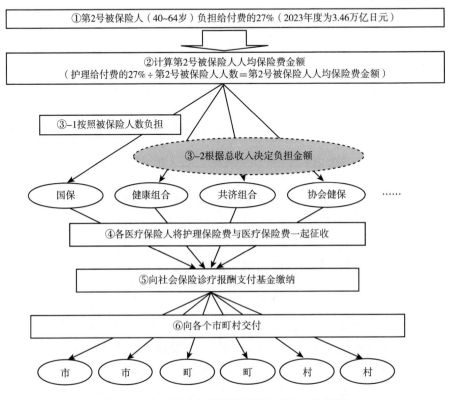

图 2.5 护理保险费的缴纳结构和总收入比例制

注:第 2 号被保险人 2023 年度护理保险费 3.46 万亿日元为预算金额。日本实行的是全民皆医保制度,医疗保险大致可分为两大类型。第一类是国民健康保险,参保人主要包括个体经营者(包括被抚养人)、自由职业者(包括被抚养人)、无业人员(含退休人员)等。第二类是指被雇佣人员(包括被抚养人)加入的各类健康保险组合、协会保险等。日本的大型企业以及各类财团法人可以根据实际情况成立健康保险组合,截至 2022 年 3 月末日本全国仅该类组合就有 1388 家。虽然日本的医疗保险制度非常复杂,但是不管加入哪种医疗保险,个人一般只负担医疗费的 30%(75 岁以上 10%,其中高收入者为 20%),其余 70% 由医疗保险和财政支出负担。

资料来源:日本厚生劳动省。

上述方式是按第 2 号被保险人的人数来均分,并没有考虑到各医疗保险人(协会健保、健保组合、共济组合、国保等)之间的收入差距问题。

例如 2015 年度，健保组合成员（被保险人）的人均年收入为 563 万日元，而协会健保（全国健康保险协会）成员的人均年收入为 379 万日元。2015 年度的人均保险费是 5125 日元/月，对于收入较低者而言负担就比较重。① 为了减轻各保险人之间的收入与保险负担的不平衡，从 2017 年 8 月开始阶段性实施护理保险费总收入比例制度，即总收入越高对应的保险费越高，以调节各个保险人之间的负担差距。②

第 2 号被保险人的保险费由各医疗保险人（协会健保、健保组合、共济组合、国保等）和医疗保险费一起收缴。其作用与第 1 号保险人的保险费从养老金中直接扣除相一致，可以减轻各个市町村的事务工作负担。缴纳的护理保险费全国统筹，划拨给社会保险诊疗报酬的支付基金向各个保险人（市町村）交付（见图 2.5）。

2.2.3　护理保险给付

2.2.3.1　护理认定制度

根据日本《护理保险法》的规定，被保险人在接受护理保险提供的护理服务之前，必须通过市町村实施的护理认定。这也是护理保险与医疗保险最大的区别之处。加入医疗保险之后，凭借保险证就可以利用医疗机构提供的医疗保险范围之内的医疗服务，获得相应的医疗给付。然而，凡满足年龄等条件就可自动加入护理保险（属于强制性）成为被保险人，仅表明参保人拥有利用护理服务的潜在权利；这种权利是否能够兑现，能够利用到何种程度的护理服务，必须由护理认定结果决定。该制度对于日常注意身心健康的被保险人而言存在一定的不公平性，实际上就是健康者向不健康者的一种强制性收入再分配。有学者认为这是一种逆向激励机制，容易导致道德风险（铃木亘，2017）。

护理认定由护理认定审核会进行。护理认定审核会是设立在市町村的第三方专门性机构，由医生、保健师、社会福祉士等保健医疗福祉领域的

---

① 因为有国家补助，协会健保参保人实际负担的保险费为 4284 日元/月。健保组合和协会健保的保险费率分别为 1.1% 和 1.36%，协会健保的保险费负担要高于健保组合。

② 为了缓解护理保险费总收入比例制度导致的一部分被保险人保险费增加的负担，在实施初期先按总收入的 50% 执行，2019 年按 75% 执行，2020 年开始全面执行。

专业人士组成。市町村既可以共同设置护理认定审核会，也可以根据地方自治法的相关规定，作为市町村的共同业务，与相邻市町村一起实施护理认定业务。此外，还可以将护理认定业务委托都道府县实施。

护理认定包括一次判定和二次判定，根据全国统一基准进行客观判定之后，在审定的基础上由各市町村对申请人是否需要护理进行认定。护理认定的流程首先是申请人向市町村指定窗口提出护理认定申请，申请受理之后市町村的护理认定调查员根据 74 项基本调查项目，采用上门询问方式对申请人进行身心状态调查，并根据主治医生的意见书通过计算机推算需要护理认定的基准时间，对维持状态、改善的可能性进行评估，该判定过程称为一次判定。二次判定是由护理认定审查会根据一次判定结果、主治医生的意见书等进行审核判定，确定是否需要护理以及需要护理的等级。判定结果分为自立、需要支援 I ~ 支援 II （以下简称支援 I ~ 支援 II）、需要护理 I ~ 护理 V （以下简称护理 I ~ 护理 V） 等 8 个等级的认定结果。获得护理认定之后，方可根据需护理（支援）等级接受相应的护理服务。截至 2023 年 3 月末的支援、护理认定人数及占比见表 2.5。

表 2.5 　　　　　　　　护理（支援）认定人数及占比

项目	支援 I	支援 II	护理 I	护理 II	护理 III	护理 IV	护理 V	总数
人数（万人）	98.5	5.9	144.6	116	92	88.6	58.7	694.4
占比（%）	14.2	13.8	20.8	16.7	13.3	12.7	8.5	100
第 1 号被保险人占比（%）	98.8	98.0	98.5	97.7	98.0	98.2	97.3	98.1
第 2 号被保险人占比（%）	1.2	2.0	1.5	2.3	2.0	1.8	2.7	1.9

　　注：小数点后四舍五入，加总与总数不一致。占比是指占总认定人数比重，第 1 号、第 2 号被保险人占比是指占该等级认定人数比重。

　　资料来源：日本厚生劳动省。

第 1 号被保险人的护理认定有效期限划分为首次认定和更新认定。截至 2023 年 3 月末，护理首次认定的有效期限原则上为 6 个月，效力从申请月开始按月计算。护理认定更新有效期限原则上是 12 个月，根据市町村地方行政机构的判断最长可延长至 48 个月。对于申请护理认定等级变更的原则上有效期限最长为 12 个月。

关于第 2 号被保险人的护理认定，需要进行病理判断当前的状况是否是因特定疾病引起的，只有那些所患疾病为年龄增加导致，如脑血管疾病、老年初期的认知症等特定 16 类疾病①才有资格申请护理。这是因为日本护理保险是针对因年龄增加需要护理而制定的制度。然而，第 1 号被保险人不管是疾病还是其他原因导致处于需要护理的状态，并不需要另外审核判断，一律按照年龄增加需要护理对待。② 第 2 号被保险人的护理认定人数占护理总认定人数比重见表 2.5。

护理认定是护理保险制度最初导入的框架。依据一定的客观标准判断护理认定等级，可以将护理资源优先配置给护理需求度高的群体。并且，采用全国统一客观的判定基准，确保了护理给付的公平性（椋野美智子、田中根太郎，2018）。田荣富、励利（2019）认为这种认定方式在一定程度上体现了社保的互助共济原则，有利于老龄化社会的和谐发展，然而制度本身也会导致健康群体向不健康群体的强制性转移支付，随着人口结构的变化，保险费的负担增加很难获得社会共识。就如铃木亘（2016，2017）所指，容易出现逆向激励现象，发生道德风险。并且在日本 47 个都道府县行政单位之间的护理（支援）认定率存在较大差异。例如 2020 年 5 月末，日本全国平均护理（支援）认定率为 19.1%，最低的茨城县为 16.2%，最高的大阪府为 23.5%，两者差距达到 1.45 倍。在同一制度下，护理认定率存在较大的地区差异，导致护理保险具备的收入再分配功能向特定地区倾斜，容易造成护理服务利用的不公平性。

2.2.3.2　服务给付体系和护理给付种类

1. 服务给付体系

日本护理服务体系内容大致可分为由政府公费和保险费构成的护理事

---

①　16 类疾病包括：（1）肌萎缩性侧索硬化症；（2）后垂直韧带骨化症；（3）存在骨折性风险的骨质疏松症；（4）多系统萎缩症（MSA）；（5）老年认知症；（6）脊髓小脑退化症；（7）脊柱狭窄症；（8）早衰症；（9）糖尿病性神经障碍、糖尿病性肾病和糖尿病性视网膜症；（10）脑血管疾病；（11）渐进性核麻痹、脑皮层基底核变性和帕金森病；（12）阻塞性动脉硬化症；（13）慢性阻塞性肺疾病；（14）两侧的膝关节或髋关节有显著的骨关节炎；（15）癌症（根据一般医学判定无治疗恢复可能性的）；（16）风湿性关节炎。

②　例如，第 1 号被保险人即使是遭遇事故导致需要护理的，也可以利用护理保险提供的护理服务，但是第 2 号被保险人只能利用福祉制度提供的护理服务，不能使用护理保险。

业以及护理预防等相关事业，这部分护理费用由护理给付和护理预防给付负担。在地区支援事业之中，综合性支援事业以及地方政府的任选事业等，属于完善护理保险制度实施的相关配套服务。这部分预算主要由中央政府、都道府县以及市町村地方政府另行预算，各自分担一部分，还有一部分从第 1 号被保险人缴纳的 23% 护理保险费中支出（见图 2.6）。由此可见，日本护理服务采用核心业务和配套服务相衔接，是一种非常体系化的制度。

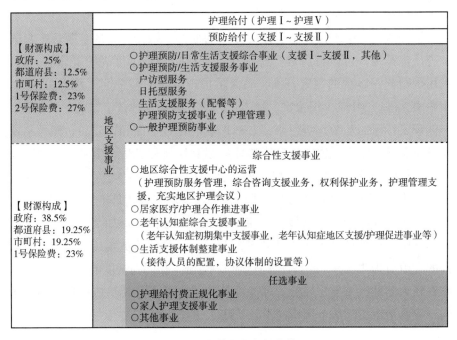

图 2.6　日本护理服务相关体系

资料来源：日本厚生劳动省。

　　支援/护理等级分为支援Ⅰ～支援Ⅱ和护理Ⅰ～护理Ⅴ共 7 个等级。护理等级不同能够利用的护理服务数量和服务类别也有所不同。被认定为护理Ⅰ～护理Ⅴ可以申请设施服务或居家护理服务。被认定为支援Ⅰ～支援Ⅱ的申请人可申请护理预防服务。另外，没通过护理认定的作为护理保险服务事业对象人可申请各个市町村运营的综合事业提供的护理预防管理服务。通过提供多层次多样化的服务，可以满足多元化的服务需求（见图 2.6）。

　　2. 护理服务给付种类

　　日本护理服务根据行政主导监管部门不同可分为：都道府县或政令市

（相当于中国行政单列市）或中核城市（地方核心城市）许可、监督的护理服务，包括居家护理服务、设施护理服务、护理预防服务；市町村许可、监督的护理服务，包括地区密切型护理服务、居家护理支援、地区密切型护理预防服务、护理预防支援。根据护理保险服务内容可分为居家护理服务、地区密切型护理服务和设施护理服务等三大系列。按照护理服务的利用方式又可分为户访型服务、日托型服务、短期入住型服务、居住型护理服务和入住型护理服务。日本护理保险提供的具体服务内容详见图 2.7。

接受都道府县 / 政令市 / 中核城市指定、监督的服务			接受市町村指定、监督的服务
护理给付	◎居家护理服务		◎地区密切型护理服务
	【户访服务】 户访护理 户访助浴护理 户访看护 户访康复站 居家疗养管理指导	【日托服务】 日托护理 日托康复站	定期巡回，随时对应型户访护理看护 夜间对应型户访护理 地区密切型日托护理 老年认知症对应型护理 小规模多功能居住护理 老年认知症对应型集体生活护理 地区密切型特定设施入住者生活护理 地区密切型护理老人设施入住者生活护理 综合型服务（看护小规模多功能居住护理）
	特定设施入住者生活护理 福祉器具租赁 特定福祉器具销售	【短期入住服务】 短期入住生活护理 短期入住疗养护理	
	◎设施服务 护理老人福祉设施　护理疗养型医疗设施 护理老人保健设施　护理医疗院		◎居家护理支援
预防给付	◎护理预防服务		◎地区密切型护理预防服务
	【户访服务】 户访助浴护理 户访看护 户访康复站 居家疗养管理指导	【日托服务】 日托康复站	老年认知症对应型护理 小规模多功能居住护理 老年认知症对应型集体生活护理
	特定设施入住者生活护理 福祉器具租赁 特定福祉器具销售	【短期入住服务】 短期入住生活护理 短期入住疗养护理	◎护理预防支援

图 2.7　护理服务种类

资料来源：日本厚生劳动省。

简而言之，通过护理保险可以利用的保险给付分为两大类：护理给付和预防给付，即针对获得护理认定者提供护理服务和支援认定者提供护理预防服务。护理保险给付的服务包括设施服务、居家服务、地区密切型服务、居家护理支援和护理预防支援。根据护理利用人护理认定等级，在护理经理与护理利用人以及利用人家属协议后的基础上确定护理服务内容和服务数量；然后选定护理服务供应商，与之签订相应的护理服务利用协议后即可获得护理服务。在日本法律中，护理给付并非"实物给付"，而是规定服务利用人必须先向服务供应商支付全额护理服务费用。在扣除本人负担的10%（第1号被保险人的高收入者负担20%或30%）之后，剩余90%（或80%、70%）由服务利用人向相应部门申请护理保险偿还。该制度在实际运营中出于方便服务利用人的角度考虑，服务利用人仅需对服务供应商支付个人负担部分，护理保险给付部分由服务供应商代理申请偿还，代为受领。最终演变为"实物给付"形态。下面针对设施护理服务、居家护理服务和地区密切型护理服务进行简单介绍。

2.2.3.3　主要服务简介

1. 设施服务

"设施服务"是指服务利用人入住护理保险设施接受护理服务。此处的"护理保险设施"是指能够利用护理服务的公营护理机构。凭借护理保险可以入住的设施包括特别养护老人院（现在称为护理老人福祉设施）、老人保健设施、护理疗养型医疗设施和护理医疗院4种类型。其中，特别养护老人院入住利用护理服务的原则条件是护理认定Ⅲ级以上。护理医疗院是2018年4月新设的新型护理设施，拥有24小时医学管理和看护、综合护理的功能之外，还兼具生活设施的功能。护理医疗院主要是用来替代原有的医疗病床和在2011年度已经决定废止的护理疗养型医疗设施。该设施的利用人可以转换到护理医疗院继续接受护理服务等，护理疗养型医疗设施将于2023年度完全废除。

除上述设施之外还有"收费老人院""认知症老人之家"等，然而在制度上这类设施提供的服务不属于护理保险指定的设施服务。这主要是因为在护理保险实施之前，特别养护老人院等福祉设施以及老人病院等医疗设施提供护理服务的费用是由"措置费"和医疗保险支付（详细内容请参照第1章）。护理制度实施之后，这些设施作为护理保险设施继承下来。然而，"收费老人院""认知症老人之家"等在出现初期就不属于社会福祉设施。在护理保险制度实施之前，居住费、餐饮费和各类护理服务费用都是利用者本人负担；制度实施后，相关的护理服务享受与居家护理同等待遇，这些费用从护理保险中给付。因此，这些设施提供的服务不属于日本护理保险制度中的设施服务。

2. 居家服务

护理保险中提供的居家护理服务等一般简称为居家服务，主要有户访服务、日托服务以及短期入住服务，也包括一些由医生等主导的户访居家疗养管理指导等，相关服务种类详见图2.7。在"收费老人院"、经济型护理之家"care house"、"认知症老人之家"等处接受护理服务归属于居家服务。这些服务一般被统称为"居住型服务"。此外，福祉用品的购买费用以及老年人住宅适老化无障碍改造费用也适用于保险给付。

3. 地区密切型服务

设施服务和居家服务由各个都道府县对服务供应商进行指定和监督。2006年4月开始实施的地区密切型服务属于新类型服务，由市町村进行指定和监督，原则上利用人必须是本地区居民。小规模设施服务以及符合地区实际情况、能够提供细致的多样性的贴近该地区实际需求的护理服务都归类于地区密切型服务。例如，"认知症老人之家"、小规模特别养护老人院和小规模日托护理、夜间应对型户访护理等（见图2.7）都属于地区密切型服务。

2.2.3.4　保险支付限额标准

在日本护理保险制度中，户访服务、日托服务以及短期入住服务的三类护理服务的保险利用上限额度有明确规定，设施服务根据护理等级采用定额制。这是因为三类护理服务之间存在一定的替代性，例如，接受户访护理服务时，就没有必要利用日托服务；短期入住特别养护老人院时就不需要户访服务或日托服务。因此，只要是属于这三类不管是居家服务还是地区密切型服务，都适用于表2.6所示的护理保险支付上限额度。支付限额标准根据认定的支援/护理等级而异。

表2.6　　　　　　　　　　居家服务支付上限额度

项目	支援Ⅰ	支援Ⅱ	护理Ⅰ	护理Ⅱ	护理Ⅲ	护理Ⅳ	护理Ⅴ
单位数	5032	10531	16765	19705	27048	30938	36217
金额（日元/月）	50320	105310	167650	197050	270480	309380	362170

注：支付限额标准为截至2023年8月的支付标准。1单位的单价因地区和服务内容而异，截至2023年8月，1单位=10～11.4日元。表中金额按照1单位=10日元的基本价格计算。

资料来源：日本厚生劳动省。

2.2.3.5　居家护理支援

护理认定等级Ⅰ~Ⅴ的被保险人如果居家利用护理服务，必须事先制定"居家护理服务计划（简称护理计划）"提交给保险人（市町村）。居家护理服务根据护理认定等级存在护理保险支付上限额度（见表2.6），服务利用人不提交服务利用计划，保险人（市町村）就无法确认该项服务是否超出服务利用人的保险支付上限额度，无法进行正常结算。一旦发生这种情况，就不能使用代理受领方式，利用人只能先全额支付护理费用后，再申请护理保险支付限额70%~90%的费用返还，而且服务利用总额一旦超过该认定等级的上限额度，超过部分全额由利用人负担。

护理计划是护理保险制度的一种创新尝试。[①] 护理计划由谁制定并没有硬性规定，护理服务利用人也可以自己制定。然而，在本人护理利用额度之内，根据自身情况如何有效利用护理服务，制订具有一定可行的护理计划并非易事。存在利用人除了该护理服务之外，还有可能利用其他护理服务，或者本人希望利用的服务内容需要由多个供应商提供的情况。一旦利用人和服务供应商之间需要进行服务内容的调整，对于利用人而言就具有一定难度。因此，护理计划的制订一般交由专业人员（护理经理）制定。

如椋野美智子、田中根太郎（2018）所指，护理计划不能单纯地被理解为对支付上限额度的管理，而是实现护理保险追求的目标之一，"根据被保险人的身心状况、所处环境，遵从被保险人选择的基础上，由多个服务供应商实施综合性的且行之有效地提供合适的保健医疗服务和福祉服务"（日本《护理保险法》第2条第3项），具有重大意义。因此，居家护理支援在维系服务利用人和服务供应方之间的关系，以及推进居家服务体系的健康运营方面，具有不可或缺的作用。

此外，利用护理预防服务时，也同样需要制订护理预防服务计划。从维持、改善居家服务视角，必须进行综合管理，因此护理预防服务计划一

---

① 根据日本《护理保险法》，设施服务也需制订设施服务计划，制订与利用人相匹配的服务计划。然而，设施服务是集体生活，进餐时间、沐浴时间、康复训练等都有具体的时间安排，因此护理计划的内容利用人选择的自由度相对较低。

般不是由居家护理支援制订，而是由更具备专业性的地区综合性支援中心制订。根据日本《护理保险法》规定，"居家护理服务计划"和"护理预防服务计划"的制作费用全部由护理保险给付，利用人无须承担任何费用。这一措施有利于服务计划制作的专业化，提高护理体系运营效率，同时服务利用人也能获得相应的高质量服务，但也存在服务计划制作人（护理经理）违背代理人（服务利用人）的利益，发生利用人过度利用不必要的护理服务而导致道德风险（铃木亘，2016）。

2.2.4　服务利用人负担

2.2.4.1　利用人负担率

根据日本《护理保险法》的规定，原则上利用人本人负担护理服务费用总额的 10%（高收入群体为 20% 或 30%），本人负担部分直接支付给服务供应商。由于高龄老人人口数量大幅增加导致护理需求快速增长，护理服务的本人负担部分从"应益负担"逐渐转向"应能负担"。2015 年 8 月，对部分高收入老年人家庭的护理服务费用本人负担比率提高到了 20%。2018 年 8 月开始针对这一群体中的高收入阶层，本人负担比率提高至 30%。根据日本厚生劳动省公布的数据，截至 2023 年 3 月末，本人负担为 20% 和 30% 的护理认定人数分别是 32.7 万人和 27.4 万人，各占总护理认定人数比重的 4.8% 和 4%。截至 2023 年 8 月，第 1 号被保险人护理服务费用本人负担的基准条件以及负担比率如图 2.8 所示。

2.2.4.2　餐费和居住费减免制度

截至 2005 年，入住护理保险设施的护理服务利用人无须支付床位费和餐费，这一习惯是延续护理保险制度实施之前的"措置制度"，该项费用全部从"措置费"中支出。然而，护理保险制度实施之后，对于居家护理服务等利用人而言产生巨大的负担不公平。因此，在 2005 年的护理保险制度改革中取消了设施护理服务利用人餐费和床位费免费规定，该类费用一律为利用人负担。为了避免低收入阶层负担大幅增加，根据利用人收入和资产拥有状况，设定了不同层次的减免制度。减免费用金额

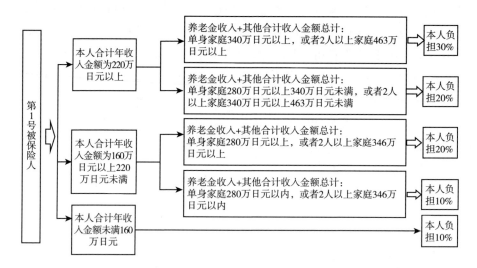

图 2.8 护理保险费本人负担判断基准

注："合计收入金额"是指从收入中去除"养老金扣除""工资收入扣除""相关经费扣除"之后的收入。"其他合计收入金额"是指从"合计收入金额"中将养老金的"杂费收入扣除"之后的所得金额。

资料来源：日本厚生劳动省。

由补充给付负担。

如图 2.9 所示，根据利用人的家庭收入和资产拥有状况，将利用负担分为 4 个档次，第 1~3 档次服务利用人的餐费和居住费超过负担上限部分的通过补充给付支付。2021 年 8 月开始第 3 档次细划分为第 3 档次①和第 3 档次②两个部分。例如，2023 年 8 月每天餐费的标准费用额度为 1445 日元，属于第 1~3 档次的利用人的负担上限额度分别是 300 日元、390 日元、650 日元和 1360 日元，差额 1145 日元、1055 日元、795 日元和 85 日元就是补充给付金额。居住费用因设施类别而异，以特别养护老人院为例，旧式单间每天的标准费用额度是 1171 日元，负担上限额度分别是 320 日元、420 日元、820 日元和 820 日元，差额 851 日元、751 日元和 351 日元由补充给付支付。能够享受此项待遇的仅限于特定入住护理（预防）服务对象，包括护理老人福祉设施（特别养护老人院）、护理老人保健设施、护理疗养型医疗设施、短期入住生活护理、短期入住疗养护理以及地区密切型护理老人福祉设施入住生活护理等。

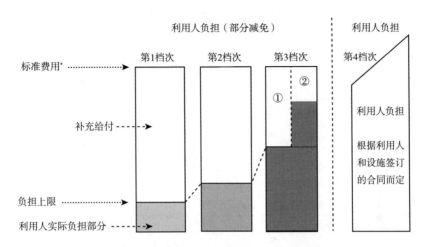

图 2.9　利用人餐费和居住费减免的补充给付框架

注：＊实际费用高于标准费用的按照标准费用处理，低于标准费用的根据实际发生费用金额处理。

资料来源：椋野美智子和田中根太郎（2018）以及日本厚生劳动省。

根据日本厚生劳动省公布的资料，截至 2023 年 3 月，日本全国认定可以享受餐费减免总数是 87.6 万件，作为特定入住护理（预防）服务费给付金额是 98.4 亿日元；居住费减免认定件数是 87.6 万件，给付金额为 84.4 亿日元。

2.2.4.3　高额护理（预防）服务费制度

护理费用本人负担采用的是固定比例方式，护理总费用越高个人负担的金额越大。虽然，设施服务费采用的是每月定额方式，居家服务也设定了利用上限额度，但是对于低收入阶层，或者一个家庭存在多位成员利用护理服务的情况下，服务费用将是沉重负担。因此，护理保险设定了一项制度，针对利用人每月负担超过一定额度的"超额部分"由保险另行给付，称为高额护理服务费制度（或高额预防服务费制度）。高额护理（预防）服务费对象条件以及本人负担上限额度如表 2.7 所示。并且，每年的医疗保险和护理保险的本人负担总计金额超过一定的上限额度时，超额部分可以通过高额医疗/高额护理合算制度给付。此外，发生各种灾害时，各个市町村可以根据实际情况对利用人负担进行减免。

表 2.7　　　　　　高额护理（预防）服务费对象及负担

阶段	对象	每月负担上限额度
第五阶段	课税收入 690 万日元（年收入约 1160 万日元）以上	140100 日元（家庭）
第四阶段	课税收入 380 万日元（年收入约 770 万日元）至 690 万日元（年收入约 1160 万日元）未满	93000 日元（家庭）
第三阶段	市町村居民税课税对象，课税收入未满 380 万日元（年收入约 770 万日元）	44000 日元（家庭）
第二阶段	全员都是市町村居民税非纳税对象家庭	24600 日元（家庭）
第二阶段	上一年的合计收入金额 + 养老金收入的总计年收入低于 80 万日元的对象等	24600 日元（家庭） 15000 日元（个人）
第一阶段	属于低保家庭	15000 日元（个人）

注：表中最后一列中的"（家庭）"是指以家庭为单位的负担上限额度。
资料来源：日本厚生劳动省。

　　根据日本厚生劳动省公布的资料，2023 年 3 月的高额护理（预防）服务费的护理保险给付金额是 230.1 亿日元。此外，高额医疗/高额护理合算制度给付金额为 10.4 亿日元。

2.2.5　护理报酬

2.2.5.1　护理服务报酬

　　根据日本《护理保险法》规定，护理服务价格称为护理报酬，并按照每一种护理服务制定相应价格。日本护理保险采用服务给付，就是政府部门向提供护理服务的供应商购买服务，以实物的形式提供给需要支援、护理的群体。提供一次服务（或服务时间）的费用以"单位"为计价标准，单位数×单价就是一次服务的报酬。同一服务采用全国统一单位数，不存在地区差异。基准单价一般是 1 单位 = 10 日元。由于大城市和地方之间存在物价水平以及人工成本和设施成本等差异，因此单价设定为 10 ~ 11.4 日元。

2.2.5.2　服务报酬单价计算

　　影响单价的因素主要是地域区分和服务类别。因各个地区经济发展水平以及各类成本等存在一定差异，根据相关规定将日本全国按行政区域划分为

8 个等级，每个等级地区在计算"报酬单价"时加算不同比率。护理保险将这种类型划分称为"地域区分"。不同等级地区的加算比率如表 2.8 所示。

表 2.8　　　　　　　　地域区分加算比率

级别	第 1 级	第 2 级	第 3 级	第 4 级	第 5 级	第 6 级	第 7 级	第 8 级
地区名	东京都 23 区	大阪市等	名古屋市等	神户市等	京都市等	仙台市等	札幌市等	其他地区
比率（%）	20	16	15	12	10	6	3	0

资料来源：日本厚生劳动省。

日本《护理保险法》对"护理报酬单价"中的人工成本占比有明确规定，现行标准是 70%、55% 和 45% 三大类，"护理报酬单价"中人工成本占比高低主要由护理服务类别决定。例如，户访护理和户访看护的"护理报酬单价"中人工成本设定为 70%，户访康复站和日托康复站等是 55%，日托护理、认知症对应型集体生活护理等是 45%，针对不同类型服务都设定有相应比率。假设地域区分为第 1 等级地区，户访护理服务"报酬单价"的计算方式如下：

报酬单价 = 20% × 70% × 10 = 1.4（日元）

1 单位单价 = 10（基本单价）+ 1.4（报酬单价）= 11.4（日元）

即第 1 等级地区户访护理服务报酬 1 单位的单价是 11.4 日元，如果该次服务的单位数是 200，则本次服务报酬为 200 × 11.4 = 2280（日元）。

综上所述，护理报酬单价因地区和服务内容而异，1 单位的单价金额存在一定的差异，具体内容参见表 2.9 和表 2.10。简而言之，如表 2.10 所示，同样是"户访护理"服务，根据地域等级，该服务"1 单位"的单价为 10~11.4 日元，而"福祉器具租赁"服务"1 单位"的单价在任一地域等级中都是 10 日元。

表 2.9　　　　　护理报酬"1 单位"单价的地区差异　　　　单位：日元

项目	东京都 23 区	大阪市等	名古屋市等	神户市等	京都市等	仙台市等	札幌市等	其他地区
户访护理等	11.4	11.12	11.05	10.84	10.7	10.42	10.21	10
户访康复等	11.1	10.88	10.83	10.68	10.55	10.33	10.17	10
设施服务等	10.9	10.72	10.68	10.54	10.45	10.27	10.14	10
福祉器具租赁等	10	10	10	10	10	10	10	10

注：表中每单位单价为 2023 年 8 月的数值。

资料来源：日本厚生劳动省。

表 2.10   服务类别的地区单价

护理服务	预防护理服务	地域等级	地域单价（日元）
➤ 户访护理 ➤ 户访助浴护理 ➤ 户访看护 ➤ 定期巡回、实时对应型户访护理看护 ➤ 居家护理支援 ➤ 夜间对应型户访护理	➤ 户访护理 ➤ 户访助浴护理 ➤ 户访看护 ➤ 预防护理支援	1 2 3 4 5 6 7 8	11.4 11.12 11.05 10.84 10.7 10.42 10.21 10
➤ 户访康复站 ➤ 日托康复站 ➤ 短期入住生活护理 ➤ 认知症对应型日托护理 ➤ 小规模多功能型居家护理 ➤ 小规模多功能型居家看护	➤ 户访康复站 ➤ 日托康复站 ➤ 短期入住生活护理 ➤ 认知症对应型日托护理	1 2 3 4 5 6 7 8	11.1 10.88 10.83 10.66 10.55 10.33 10.17 10
➤ 日托护理 ➤ 短期入住疗养护理 ➤ 特定设施入住者生活护理 ➤ 认知症对应型集体生活护理 ➤ 地区密切型特定设施入住者生活护理 ➤ 地区密切型护理老人福祉设施入住者生活护理 ➤ 护理福祉设施服务 ➤ 护理保险设施服务 ➤ 护理疗养设施服务	➤ 日托护理 ➤ 短期入住疗养护理 ➤ 特定设施入住者生活护理 ➤ 认知症对应型集体生活护理	1 2 3 4 5 6 7 8	10.9 10.72 10.68 10.54 10.45 10.27 10.14 10
➤ 居家疗养管理指导 ➤ 福祉器具租赁	➤ 居家疗养管理指导 ➤ 福祉器具租赁	1 2 3 4 5 6 7 8	10 10 10 10 10 10 10 10

资料来源：日本厚生劳动省。

2.2.5.3 护理报酬的特征

绫高德（2014）认为护理报酬具有以下四种特征：

第一，公定价格。[①] 护理服务价格由政府根据服务种类制定，护理服务供给主体只能在规定价格下提供服务，无权向不同的消费者设定不同的服务价格。因此，护理服务供给主体不可能通过提高或降低护理服务价格来调节需求空间。[②]

第二，用单位表示。服务价格以单位为基准进行计算。例如，根据最新的护理报酬计算基准，2023 年 8 月这个时点，"3 名护理员工的一次户访助浴护理服务是 1197 单位"，1 单位的基本单价是 10 日元，因此上述服务报酬为 11970 日元。而且，同种服务对应的单位数量采用全国统一标准，不存在地区差异，有利于统计与分析，并能有效降低相关部门的市场监管成本。

第三，单价因地域而异。在日本护理服务价格体系中，1 单位 = 10 日元被作为基本单价。另外还要根据各地的经济状况以及人工成本的不同，使用"地域单价"对每个地区的人工成本进行调整。因为护理保险的保险人以各个市町村为单位，所以这种设计方式更能体现各个地区的实际情况。具体见表 2.9 和表 2.10。

第四，护理认定等级决定护理服务利用类型和数量的单位数。日本护理保险对每种服务都设定相应单位，单位数基本由服务类型和数量（时间或次数）以及服务利用人的护理等级来决定。例如，截至 2023 年 8 月护理福祉设施服务费（Ⅱ）中多床位房间护理等级 Ⅲ 的现行计算基准是每天712 单位，护理等级 Ⅴ 是每天 847 单位。根据护理等级设定单位数，是考虑了不同护理服务之间存在护理劳动投入量的差异或护理密度的差异。此外，相同护理等级的服务也可能存在些许差异，小规模护理福祉设施服务的单位数分别为 812 单位和 942 单位，高于大规模的设施。[③]

---

① 日本护理保险制度下提供的护理服务价格由政府部门制定，一般每 3 年改定一次。这种官方定价，在日本一般称为"公定价格"，因此本书沿用这种习惯将护理服务价格称为"公定价格"。

② 日本《护理保险法》只规定了服务报酬单价，只要不高于政府公定价格提供服务即可；并没有规定护理服务的最低单价限制，各类护理服务提供者可以低于公定价格提供各类护理服务。从服务供应商层面，既然政府可以以公定价格采购服务，就没有必要降价提供。

③ 入住人数 30 人以下的小规模护理福祉设施属于地区密切型护理服务设施。为了维持服务的多样性以及贴近该地区的护理需求，同样护理服务的护理报酬的单位数应略高于大规模的设施。

另外，设施服务的护理报酬因设施种类和利用人的护理认定等级而异，属于定额制。就是在一定金额内，设施为利用人提供必要的服务。居家服务的护理报酬一般是根据 1 次服务时长决定服务的单位数量。护理保险在护理报酬设计上，没有采用医疗报酬的设计方式，因此不存在针对同一护理人在一定时间内提供的护理服务越多单位数越高的现象。这是因为护理注重的是如何利用患者的残存能力，通过一定的支援使之自立。并且，护理报酬表示的是上限价格，如果实际价格低于上限价格，则以实际价格为优先价格，这意味着在一定的上限额度之内利用人可以利用更多的服务。

报酬单价的"单位"数，一般在制订护理保险事业计划时进行改定。日本现有护理服务体系通过不断的修改，显得日益复杂。为了维持各类护理服务在全国范围内保持一定质量水准，各类服务项目都被明码标价。基于护理报酬给付的核算和申请的视角，政府对各类服务项目都设有代码，并标记"单位"数，现在这类服务代码已超过 2 万个，说明日本护理服务体系已经是一个非常复杂、庞大的系统。

2.2.5.4　护理报酬和医疗报酬的比较

第一，日本医疗保险的医疗报酬采用点数制，1 点的单价金额是 10 日元，全国统一标准，不存在服务价格的地区等级差异。医疗报酬的设定没有考虑地区人工成本等差异因素，主要是因为日本医疗保险的保险人主体众多，大多并非以某个地区为母体，制度设定时优先考虑制度的单纯性和可操作性。

第二，医疗保险对每一医疗行为设定不同点数，实际上是一种计件制（计量制），意味着在一定时间内，诊疗人数越多、实施的医疗行为越多，医疗报酬越高。简而言之，在医疗保险框架下，同等时间内提供的治疗服务越多，医疗报酬就越高。如上文所述，护理保险设施的护理报酬实施的是月定额制，居家服务中的户访护理服务采用的是时间制或提供一次服务是多少单位。在现有护理保险制度下，不存在一定时间内提供服务越多，护理报酬越高的现象。例如，1 名护理员上门提供 1 次未满 30 分钟的身体护理服务是 249 单位，在 30 分钟之内反复提供同样服务并不能提高护理报酬。

第三，护理报酬和医疗报酬都是公定价格，医疗报酬的服务价格采用全国统一价格，护理报酬采用的是上限价格。所谓上限价格是指各类护理服务提供机构或事业所，在保证服务质量的情况下，可以以低于公定服务价格提供各类服务。如果实际服务价格低于上限价格，则以实际价格结算。

综上所述，护理保险制度下的护理报酬采用"单位制"，在某种程度上受到医疗报酬"点数制"的影响。同一单位制不仅有利于管理，减轻事务负担，而且有利于地区间的比较分析，有助于优化改善体系运营。在同一单位基础上，进一步导入地区差异单价制度，能反映各个地区的社会经济状况，能够在一定程度上体现成本负担的公平性。

2.2.5.5　护理给付

在《护理保险法》规定范围内利用服务时，本人负担护理服务费用10%（高收入群体为20%或30%）的部分，由服务利用人直接支付给服务供应商。另外入住各类设施接受服务时，本人负担的床位费和餐饮费也直接付给服务供应商。其余90%（80%或70%）的护理费用由服务供应商在规定时间内向所在管辖区域的市町村指定对口部门申请护理服务报酬的给付。经结算核查无误后，护理服务费将以给付形式支付给服务供应商（见图2.10）。日本护理保险的护理给付总额从2000年度的3.2万亿日元增加到2021年度的10.4万亿日元。

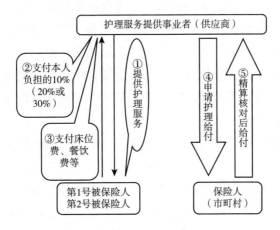

图 2.10　护理给付

资料来源：日本厚生劳动省。

2.3 护理服务供给体制

2.3.1 护理服务供应商

日本护理保险中的护理服务供应商称为"事业者",是护理保险中的主体之一,主要是指接受都道府县知事或者市町村负责人指定的提供护理服务的事业所和设施。原则上,设施和事业所若未经正式指定或获得许可,其提供的护理服务不能作为护理保险给付对象。护理保险给付的护理服务主要由护理保险设施、居家服务供应商、地区密切型服务供应商、居家护理支援供应商和护理预防供应商提供。

根据日本《护理保险法》的规定,获得"供应商认定"必须符合以下条件:(1)申请人为法人;(2)从事护理服务人员的知识、技能及人数须满足标准要求;(3)无犯罪记录和其他违法记录。凡是具备这些条件的都可以参与护理服务经营,营利法人也可参与经营。例如,居家护理服务、居家护理支援以及护理器具租赁等各类营利法人、非营利法人(NPO),均可以申请获得护理保险服务供应商的认定,提供各类护理服务。然而,根据《护理保险法》规定,营利法人不能设置护理保险设施(护理老人福祉设施、护理老人保健设施、护理疗养型医疗设施和护理医疗院)等①,这些设施的开设必须根据其他相关法律的规定执行。原则上特别养护老人院必须是地方政府或社会福祉法人,老人保健设施只能由地方政府或社会福祉法人、医疗法人设置运营,护理疗养型医疗设施是由地方政府或开业医生、医疗法人设置运营。

此外,根据《护理保险法》相关规定,获得指定或许可必须在人员配置标准、设备、运营基准等方面满足相应标准,指定或许可每六年更新一次。为了提高供应商和设施的运营透明度,以及降低信息不对称造成逆向选择的风险,获得指定或许可的供应商有义务公布护理服务内容和运营状况,并接受监督。另外,给予指定或许可资格的都道府县也会公布各个供

————————————

① 2018 年 4 月开始增设了护理医疗院设施。

应商、设施的护理服务信息。通过信息公开化、可视化促进利用人对护理服务供应商的了解，减少因信息不对称产生的问题，降低服务利用人选择优质供应商的交易成本。同时也促进供应商之间的竞争，有利于服务质量的提升。

根据日本厚生劳动省公布的资料，截至 2021 年 10 月 1 日，日本各类护理保险设施、事业所总数为 309547 所，其中，各类护理预防服务事业所100913 所，居家服务事业所 121502 所，地区密切型服务事业所 48085 所，居家护理支援事业所 39047 所，各类护理保险设施 13731 所。在居家服务事业所中，户访护理服务有 35612 所、日托护理服务有 24428 所。护理保险设施中，护理老人福祉设施有 8414 所，护理老人保健设施有 4279 所，护理疗养型医疗设施有 421 所，护理医疗院有 627 所。设施、事业所的开设和经营主体包括地方公共团体、日本红十字会等、社会福祉法人、医疗法人、社团/财团法人、协同组合、营利法人、非营利法人等法人组织。护理保险设施主要是社会福祉法人和医疗法人开设经营，营利法人在居家护理和地区密切型服务方面提供各类护理服务。

2.3.2　地区密切型服务

地区密切型服务是 2005 年《护理保险法》修订时新设置的护理服务事业，并于 2006 年 4 月开始实施。地区密切型服务是以某个地区为中心，为该地区行政管辖内的居民提供各类服务，具体服务内容参见图 2.7。地方政府通过护理保险服务事业计划确定护理服务的供给种类及数量，一般采用投标方式确定服务供应商，再由市町村地方政府给予指定，指定基准没有统一标准，根据各个地区的具体情况而定，服务对象为在该市町村登记居住的符合条件的居民。并且，市町村地方政府还可以根据自身的财政状况或服务供给状况实行服务总量限制。其结果导致低收费的特别养护老人院设置不足，出现供不应求现象（绫高德，2014；铃木亘，2017）。根据日本厚生劳动省调查数据，截至 2022 年 4 月 1 日申请入住特别养护老人院的等待入住老年人超过 25.3 万人。

2019 年 11 月 14 日笔者在日本福冈县久留米市的护理设施调研时发现，一家隶属于地区密切型服务的小型特别养护老人院设施（定员 22 人），因为入住费用低，而且是 24 小时服务响应，所以非常有人气，自开业以来一直处于满员状态。根据设施长介绍，当时有 22 位老人正在排队等待入住。①部分设施老人排队等候入住与收费养老院入住率低的现象同时存在，说明存在需求和供给之间不匹配问题。

2.3.3 护理保险事业计划

首先，根据日本《护理保险法》的规定，以市町村为主体每三年制订一次护理保险事业计划。该计划对维持护理提供体系的稳定运营发挥着极其重要的作用。各个市町村在制订计划之时，先测算计划期间的各年度护理服务需求量，再在此基础上规划如何确保满足需求的服务供给量。根据护理服务预计需求量乘以护理报酬计算得到整体的服务费用，然后计算出计划期间内护理给付所需费用金额。原则上在各个市町村居住的第 1 号被保险人的保险费需达到护理给付总额的 23%（见表 2.1），并以此为基准计算确定第 1 号被保险人的保险费。由此可知，"护理保险事业计划"不仅是各个市町村护理服务事业的基础整备计划，而且还是决定护理保险给付和负担基准的计划。

各个市町村在编制护理保险事业计划之时，一般要设置计划编制委员会，并公开募集本地居民参与，通过召开听证会等方式收集被保险人的意见。通过这种方式，居民可以根据本地区的护理服务水平提出具体方案，在计划编制上民意能够有所体现。

其次，都道府县作为上级行政单位，为了减轻市町村的护理保险事业负担，会制订护理保险事业支援计划，该计划也是每三年制订一次。都道府县主导的护理保险事业支援计划的主要目的是充实和完善横跨地方行政区域之间的各类设施。有些设施必须超越市町村的行政区域，进行更广范围的整备与完善，经由上级行政单位统筹实施相对比较容易，这也是职责所在。因此，该计划要先确定区域范围，针对不同类型的护理保险设施确定需要入住的定员总人数。然后，统计现有护理保险设施的定员总人数，

---

① 根据日本相关法律规定，地区密切型服务中的小型特别养护老人院的定员一般是 30 人以内。

如果定员总人数超过需要入住定员总人数，各个都道府县有权不增加新许可或拒绝新增指定保险给付对象。

最后，日本厚生劳动省收集各个市町村的护理保险事业计划和都道府县的护理保险事业支援计划的基础数据，统筹分析后对全国护理保险事业进行整体规划，以护理保险财政收支平衡为基准确立三年期间的总预算，同时护理保险事业计划也是确定护理报酬的重要基础资料。并在此基础上，结合人口结构以及经济状况对护理保险事业进行中长期预测规划。

2.4　护理保险制度的运行概况

2.4.1　护理保险参保状况

日本护理保险制度属于社会保障制度的一部分，具有强制加入的特征，达到相应岁数的公民自动成为被保险人。根据日本厚生劳动省公布的资料，护理保险制度开始实施的 2000 年度第 1 号和第 2 号被保险人分别为 2242.2 万人和 4308 万人，截至 2023 年 3 月末该数值为 3584.6 万人和 4213 万人。[①] 65 岁及以上老年人口的大幅增加导致第 1 号被保险人数增加，而劳动年龄人口（15～64 岁）减少，导致第 2 号被保险人数相应减少。在现有人口结构下，第 1 号被保险人总数增加和第 2 号被保险人总数减少的趋势还将长期持续。

2.4.2　护理认定人数和服务利用人数

护理保险制度在实施过程中逐渐被社会认知接受，有效促进了潜在性护理需求向实际需求的转化。同时，平均寿命增长的结果是高龄老年人口（75 岁及以上）大幅增加，导致护理认定率的上升，直接促进了护理需求增加。如表 2.11 所示，2001 年 4 月至 2023 年 4 月，第 1 号被保险人护理（支援）认定人数增加 179.4%，护理利用人数增加 157.2%。

---

① 3584.6 万人为统计数据；4213 万人为估算数据。

从 2018 年开始，部分支援Ⅰ~支援Ⅱ认定人员从护理保险服务体系中被剥离，转由地方政府主导的综合事业管理提供相应服务，因此认定人数增加率和利用人数增加率不能进行单纯比较。护理认定人数、护理服务利用率和人均护理费用是决定护理服务需求规模的三个主要因素，老年人口的高龄化现象，是影响这三个因素的主要原因，也是护理服务需求增加的主要因素。基于上述因素，老年人口结构恶化趋势无法逆转，意味着护理利用人数还将延续增加的趋势。因此，在现有护理保险制度下，护理服务需求还将持续增长。

表 2.11　　第 1 号被保险人护理（支援）认定人数和护理利用人数

时间	护理认定人数（万人）	护理认定率（%）	护理利用人数（万人）	利用率（%）
2001 年 4 月	249.1	11.1	233.8	93.8
2023 年 4 月	696.1	19.4	601.3	86.4

注：利用率＝护理利用人数÷护理认定人数×100%；其中护理利用人数为该期间接受过护理或护理预防服务的人数，同一人 2 次以上利用服务的仅统计 1 次。但是，在统计期间被保险人的护理保险编号发生变更时，作为新的统计对象。

资料来源：日本厚生劳动省。

2.4.3　护理服务供给状况

2000 年 4 月日本护理保险制度开始实施，意味着护理服务的利用由"措置制度"向"契约制度"转变。利用人可以自行选择护理服务供应商签订护理服务利用合同，这一变化有利于促进护理服务供应商之间的竞争，达到提升服务质量的目的。同时居家护理服务向营利法人、非营利法人等开放，打破了护理服务由社会福祉法人统一提供的垄断状态，实现了护理服务供给的多元化，有利于发挥市场竞争机制。

根据日本厚生劳动省实施的《令和 3 年度护理服务设施/事业所调查》结果，2021 年的设施/事业所总数为 309547 所。其中四类护理保险设施数量、定员、利用率等数据见表 2.12，开设（经营）主体如表 2.13 所示。由表 2.13 可知，护理老人福祉设施主要是社会福祉法人（占 95.1%），医疗法人则是护理老人保健、护理医疗院、护理疗养型医疗设施的开设（经营）主体。此外，医疗法人被禁止进入护理老人福祉设施经营。

表 2.12　　　　　　　　　　护理保险设施的基本数据

设施名称	总数（所）	定员（人）	每设施平均定员（人）	每设施平均入住人数（人）	利用率（%）
护理老人福祉设施	8414	586061	69.6	66.5	95.5
护理老人保健设施	4279	371323	87.0	76.9	88.3
护理医疗院	617	38159	62.5	58.1	92.9
护理疗养型医疗设施	421	13533	32.5	27.0	83.2
护理保险设施合计	13731	1009076	73.5	68.2	92.6

注：每设施平均定员（人）以及每设施平均入住人数（人）为 2021 年 9 月末的数据，设施数、定员是 2021 年 10 月 1 日的数据。

资料来源：日本厚生劳动省的《令和 3 年度护理服务设施/事业所调查》。

表 2.13　　　　　护理保险设施开设（经营）主体的构成比　　　　单位：%

设施名称	总数	市町村	社会福祉法人	医疗法人	社团/财团法人	其他
护理老人福祉设施	100	2.6	95.1	/	—	2.3
护理老人保健设施	100	3.1	15.5	75.6	2.8	3.0
护理医疗院	100	1.9	1.3	89.3	3.5	4.0
护理疗养型医疗设施	100	7.8	1.0	80.4	1.6	9.2

注："/"表示不适合统计，"—"表示无统计。

资料来源：日本厚生劳动省的《令和 3 年度护理服务设施/事业所调查》。

护理保险设施以外，社会福祉法人在短期入住生活护理、认知症对应型日托护理、地区密切型护理老人福祉设施等方面占主导地位，医疗法人在日托康复站、短期入住疗养护理方面比例较高。根据《护理保险法》规定，原则上禁止营利法人参与护理保险设施的经营，对户访康复站、短期入住生活护理等服务也有限制措施。营利法人主要是在居家护理服务和福祉器具租赁、销售等业务范围内提供各类服务，在户访护理、地区密切型日托护理、福祉器具租赁、特定福祉器具销售的服务领域占有重要地位。

2.4.4　护理总费用和护理给付费

护理服务利用人数和人均费用的增加直接影响到总护理费用和护理给付费（见表 2.14）。第 1 号被保险人人均护理给付费增加的主要原因是护理认定等级高的人数增加导致护理利用频率和利用量增加。例如，重度护理（护理等级Ⅲ～Ⅴ）认定率由 2000 年度末的 4.5% 上升到 2023 年 3 月末的 6.5%，总人数从 105 万人增加到 234.3 万人。尽管占当年认定人数的比率由 41% 下降到 34.4%，但是重度护理认定人对应的标准给付限额的利用率显著高于轻度护理认定者（见表 2.15），说明高护理等级护理服务的利用频率和利用数量的增加是导致人均护理给付费上升的主要因素。此外，如表 2.16 所示，年龄越大利用护理服务的概率越高。因此，综合人口结构进一步恶化趋势，平均寿命增长导致高龄老年人口增加以及亚健康期间较长等因素，可以推测今后重度化需护理认定人的增加趋势还将延续，在此状况下人均护理给付费还将持续增加。

表 2.14   护理费用及给付

年度	护理服务费用总额（万亿日元）	护理给付费总额（万亿日元）	第 1 号被保险人人均护理给付费（万日元/年）
2000	3.6	3.2	14.5
2021	11.3	10.4	29.1

注：人均护理给付费为年度累计护理给付费÷各年度末的第 1 号被保险人数。

资料来源：日本厚生劳动省的《护理保险事业状况报告》。

表 2.15   居家服务护理（支援）等级平均给付单位数及平均利用率

项目	护理预防服务		护理服务				
	支援Ⅰ	支援Ⅱ	护理Ⅰ	护理Ⅱ	护理Ⅲ	护理Ⅳ	护理Ⅴ
支付限额（单位）	5032	10531	16765	19705	27048	30938	36217
人均给付单位数	2171.6	3071.6	11222.8	14845.2	22459.9	26718.9	30438.9
平均利用率（%）	43.2	29.2	66.9	75.3	83.0	86.4	84.0

注：人均给付单位数＝给付单位数÷利用人数；平均利用率（%）＝利用人平均给付单位数÷支付限额×100%。表中支付限额为截至 2023 年 9 月的给付标准。

资料来源：日本厚生劳动省的《令和 3 年度护理给付费等实态统计（年报）》。

表 2.16   各个年龄组男女护理利用人数以及占年龄组人口比率

（2022 年 11 月）

性别	65～69 岁	70～74 岁	75～79 岁	80～84 岁	85～89 岁	90～94 岁	95 岁以上
男（万人）	8.53	19.40	25.04	35.43	40.25	26.11	8.60
女（万人）	6.83	19.00	35.35	70.45	106.74	91.97	46.28

性别	65~69 岁	70~74 岁	75~79 岁	80~84 岁	85~89 岁	90~94 岁	95 岁以上
男（%）	2.3	4.4	7.9	14.8	28.0	45.8	71.7
女（%）	1.8	3.9	9.1	21.0	42.2	63.9	85.7

注：男女护理利用人数占年龄组性别人口比率＝男女各年龄组护理利用人数÷男女各年龄组人口×100%。

资料来源：日本厚生劳动省；日本总务省统计局。

2.4.5　被保险人负担的变化

根据《护理保险法》规定，护理给付费由公费和保险费各负担 50%。根据日本厚生劳动省公布的资料，第 1 号被保险人的全国平均保险费从2000 年度的每月 2911 日元上升到 2021 年度的每月 6014 日元，上涨幅度为106.6%。第 2 号被保险人月保险费从 2075 日元上涨到 5788 日元，上涨了178.9%。第 1 号、第 2 号被保险人的保险费增加幅度低于同期间护理给付费的增幅（244.6%），是因为政府为了减轻部分低收入群体的保险费负担，增加了用于保险费补贴的财政投入。正如铃木亘（2017）所指出的，在护理给付费中公费投入占比大幅高于 50%，政府公费投入的增加，在一定程度上缓和了低收入阶层护理保险费负担增加的压力。然而就日本政府财政收支状况而言，很难再额外大幅增加公费投入。在不增加现有被保险人负担的前提下，维持护理保险的正常运行，只能扩大护理保险费征收的年龄范围。例如，将第 2 号被保险人的护理保险费征收年龄从现有的 40 岁降低到30 岁，可以增加保险费收入。这类政策变动需要社会达成共识才能实现。

2.4.6　对违规经营的处罚状况

日本《护理保险法》针对在经营活动中违反该法律规定的法人设有一定的惩罚措施。较为严厉的处罚主要有取消指定处分、资格全部停止、资格部分停止，事业法人一旦被取消护理业务指定资格，在五年之内不得重新申请。根据日本厚生劳动省公布的资料，2000~2021 年度的 21 年间，取消指定的总件数为 1930 件，资格全部停止总件数是 906 件，涉及给付金额

238.44亿日元，已返还金额129.72亿日元。此外，处罚相对较轻的有改善报告、改善劝告、改善命令等，其中处罚最轻的为改善报告，2021年度相对较轻的处罚总计541件。

根据日本厚生劳动省2023年3月9日公布的资料，2021年度受到取消指定和资格停止处分的护理保险设施/事业所总计105件，少于2020年度的109件。被取消指定的原因排第1位的是"违规申请护理给付"和"其他（主要理由是虚假答辩、报告作假等）"各28件，以下依次是"虚假申请"16件，"违反法令"15件，"违反人员配置基准"13件。2021年取消指定件数按照护理服务种类分，件数最多的是户访护理事业所（16件），其次为护理预防日托事业所（11件）、地区密切型日托护理事业所（7件）等；按照法人类别，取消指定和效力停止处分的分别为：营利法人（78件）占整体的74.3%，社会福祉法人（19件）占整体的18.1%，特定非营利活动法人和医疗法人各4件。与2020年度相比，营利法人受罚件数占比略有下降，福祉法人大幅增加。2021年度总计涉及护理给付费返还金额3.2亿日元，已退还1.29亿日元。

2.5 总   结

综上所述，日本《护理保险法》是在快速人口老龄化、家庭人口规模减少，护理需求社会化的大背景下制定的。依据日本《护理保险法》构建的护理保险制度是一个高度综合性、系统性体系。日本护理保险制度的基本思路有三点。第一，自立支援。护理并不仅局限于对需要护理的老年人进行各种照护，最终目标是通过护理帮助老年人自立生活，实现脱离护理。第二，以利用者为本。与制度实施之前的老人福祉、老人医疗相比，利用者本人可以自由选择保险医疗服务、福祉服务的提供主体，接受各类服务。第三，社会保险方式。以社会保险方式明确规定了保险人提供的给付和护理保险服务利用人的权利义务关系。即政府使用护理预算为需护理人员向第三方购买护理服务，由第三方向护理利用人提供服务，再以给付形式由第三方代理受领利用者本人负担以外的护理费用。

依据上述思想，护理保险制度的实施使利用人能够自由选择护理服务内容和提供护理服务的供应商，可以根据实际情况综合使用医疗和福祉服务。并且，护理服务供给也实现了多元化，公共团体、民间企业、福祉法人、非营利法人等都可以参与护理保险服务事业。在制度实施初期，不管家庭收入多寡，接受护理保险服务的利用者本人负担一律按照使用费用的 10% 征收。护理保险制度大的方针是开始重视"护理预防"和"居家护理"。

日本护理保险制度的制定与实施，确立了护理由社会整体承担，减少了因家人需要护理而离职的人数，通过全社会的共济互助来承担护理成本增强了社会一体感，对维系深度老龄化社会和谐发展意义重大，在实施过程中充分体现出作为社会保障制度的共济互助原则，强化了代际之间的关系。并且该制度通过社会保险方式保障了提供护理保险服务所需财源，对稳定制度运营发挥了重要作用。同时明确了保险人和被保险人之间的义务负担关系，为护理利用人提供了多样化的选择机会。在护理服务供应商方面，放宽了准入规则，允许营利法人进入护理保险服务业，实现了供给主体的多元化，实际上就是导入了市场竞争机制，通过竞争有利于促进护理服务质量的提高。

此外，护理保险制度的实施，有效促进了潜在护理需求加速转化为实际需求，促进了护理服务业的快速增长，其结果也增加了护理保险财政负担。越来越严重的人口老龄化以及长寿化背景下，护理需求将进一步增加，为了确保护理保险财源，必然会增加政府财政支出和被保险人的负担。而且，在现有护理保险制度下服务价格为公定价格，无法体现服务质量的好坏，导致护理服务提供主体提升服务质量的动机不足，对于营利法人而言很难通过差异化竞争获取利润。由于进入壁垒较低，经营主体的小规模化成为普遍现象，不利于生产效率的提升，而低劳动生产率导致低工资水平，员工离职率高、稳定性差，出现护理员工招聘难的窘境（田荣富、卢虹，2019）。

总而言之，该法律的推出实施推动了日本护理服务业的发展。护理费用的世代间负担加强了世代间的连带关系，在实施过程中充分体现出作为社会保障制度的共济互助原则。为了适应社会经济发展和人口结构的变化趋势，日本《护理保险法》也经历了多次修改，在充实保险内容的情况下，也导致日本护理保险过度的专业化和复杂化。

第3章 准市场环境下的护理服务供需分析

导入护理保险制度实现护理服务社会化的主要目的是应对深度老龄化。然而，人口年龄结构快速变化导致护理服务需求大幅增加，其结果必然导致护理给付的增加。采用现收现付全国统筹方式的护理保险财政支出的增加，意味着公费投入的增加和护理保险费的上升，护理保险制度面临着可持续性问题。因此，今后进一步控制护理报酬，从需求和供给层面限制护理服务是一种无奈的选择。在这样的背景下，作为准市场的护理服务市场的需求和供给将作出怎样的反应？对护理服务市场有何影响？有必要结合日本的财政状况和人口结构等因素，从护理保险制度可持续的视角分析护理服务的需求和供给。

本章首先参考现有的研究分析作为准市场的护理服务市场的特征；其次，分析影响护理服务需求和供给的因素；再其次，推导护理服务市场的需求和供给曲线，分析护理服务市场的均衡；最后，从可持续性视角分析护理市场的需求和供给。此外，本章所涉及的护理服务是指在护理保险制度下提供的护理服务，家庭内护理服务的生产与消费不在分析范围之内。

3.1 作为准市场的护理服务市场

3.1.1 准市场的概念

准市场是指由政府替代利用人负担服务费用，同时当事人（政府、供给方、利用人等）之间存在交易关系的"市场"方式（儿山正史，2017）。作为准市场先驱性研究者勒格兰德（Le Grand）和巴特利特（Bartlett），将准市场描述为：改变国家对公共服务垄断供给体制，引进市场竞争机制，通过第三方购买服务，服务利用人最终不必通过货币作为媒介就可以利用服务，行政作为代言人和管制主体发挥应有作用（Le Grand，2010）。

驹村康平（1999）将准市场定义为"竞争性主体代替垄断性公共部门提供服务的机制"，并得出三点与正常市场不同的分析结论：在供给方面，除了追求利润最大化为目的的供给主体之外，还存在拥有各种目的的经济主体提供供给；在需求方面，与纯粹市场不同，购买力不以货币表示，而是采用公共保障针对特定目的进行分配；市场均衡不是基于消费者和供给主体根据价格机制通过交易来实现，而是由政府代表消费者确定必要的需求，并通过监测达成。驹村康平（2004）进一步指出：准市场的关键在于"供应主体"和"购买者"的分离。在准市场中，政府本身不生产，不提供服务；服务的生产由各种民间法人进行。此外，特别强调"购买者"与"财政（支付人）"之间的分离也很重要。

另外，儿山正史（2004）整理准市场代表性研究者勒格兰德的准市场概念后指出，准市场能成为市场是因为用竞争性的独立供给主体代替垄断性的国家供给，准市场中的"准"是表示该市场和传统市场不同。儿山正史（2004）将准市场特征总结为：首先，围绕公共合同有时会存在非营利组织与营利性组织的竞争；其次，消费者的购买力不是以货币形式，而是集中在单一的采购组织或以代金券的形式分发给利用人（用户）；最后，消费者不是靠自身行动，而是通过代理人代理。在此基础上，该研究进一步将准市场概念定义为：政府承担成本，并且各方之间存在交换关系的方式；"准市场"一词中的"准"是因为服务费用不是利用人负担，而是政府承担。"准市场"之所以为"市场"，是因为当事人之间存在交换关系。

河野真（2005）指出，准市场体系被用作激励竞争的引擎。采用服务购买人和供给者分离，政府留有财源控制权，但服务分配通过供给者之间的竞争获取客户来实现。服务购买资金由政府提供，服务利用人使用代理或代金券方式来弥补购买服务时信息不对称的缺陷。与纯粹市场不同，服务供给者之中也包括非营利组织。

在以上先行研究中，准市场被视为在公共管制、财源控制的状况下，引入市场机制运营的一种服务提供系统（佐桥克彦，2008）。这是一种在公共服务中引入竞争原理的机制，在这种机制下公共组织、非营利组织和营利组织共同参与经营，又称为混合市场（金谷信子，2010）。

3.1.2　准市场中的竞争和选择模型

用于分析准市场的理论框架包括"信任模型""命令和控制模型""竞争和选择模型"。在日本，通常竞争和选择模型是指利用人（用户）及其近亲选择供给方的模型（儿山正史，2004）。如果准市场具备了选择和竞争的设置，并且还要满足三个条件：首先，要满足个人自立的原则；其次，为提供更高质量和更有效服务给予激励机制；最后，比其他模型更公平才能发挥它的优势（Le Grand，2010）。

因此，竞争和选择模型必须在充分发挥其功能的前提下，才能通过准市场提供良好的公共服务。儿山正史（2011）认为政府通过向供应商提供激励，并将服务利用人视为参与主体，如果符合竞争、信息畅通和防止"撇脂行为"等相关条件，那么在竞争和选择模型框架下，通过准市场基于质量、效率、响应性、公平性等方面提供良好公共服务的可能性高于其他供应方式。勒格兰德（Le Grand，2010）和松本清康（2015）进一步归纳总结了在准市场中竞争和选择模型成功的条件是：（1）存在可供选择的多个竞争者；（2）竞争者容易进入参与；（3）失败的供应商退出成本低；（4）防止竞争对手之间的反竞争行为；（5）为利用人提供信息选择；（6）防止"撇脂行为"。在此基础上，驹村康平（2004）认为准市场能够发挥应有作用还必须符合以下假设：（1）有足够的供应主体；（2）重视"激励设计"；（3）把握需求；（4）稳定的服务供给；（5）解决成本增加问题。

3.1.3　准市场在护理服务业的应用

在日本，将福祉护理服务市场作为准市场分析的先驱研究有：驹村康平（1995，1999）、横山寿一（2008）、儿山正史（2004，2016，2017）、佐桥克彦（2008）、冈崎祐司（2006）、坏洋一（2008）等。横山寿一（2008）认为护理服务市场不是自由市场，在该市场已经完全消除价格竞争，各类法人的进入受到严格控制，具备"准市场"或"拟似市场"特征。护理保险采用的护理报酬定价方式是公定价格，消除了价格竞争，通过政府指定供给方的方法来规范市场进入规则；但护理服务的利用和提供，在利用人和提供者之间借助货币媒介，进行买卖的体系结构属于"市场"，因此确切地说，是一个"准市场"。冈崎祐司（2006）表示，准市场的特征为：不是公共部门退出市场，而是社会制度（护理保险）的导入是市场化的关键，供给主体的多元化，基于利用人为本的竞争，通过代理人（护理经理）中介利用服务。

佐桥克彦（2008）指出，在福祉护理服务中形成准市场需要一定的"成功条件"。这些条件包括：（1）市场结构变化：服务提供者的小规模化和分散化有利于促进竞争，官方定价。（2）防止信息不对称：需要合适的定价和确保服务质量。（3）解决交易成本和不确定性：解决因交易过程复杂化发生的交易成本和突发事件的应对。（4）增加激励动机的方式：服务提供方必须具有寻求利润的动机才能获得市场的积极响应，而购买服务（由第三方）必须具有寻求福祉的动机。（5）防止"撇脂行为"：通过对低收入阶层免费提供服务或减免服务费用，避免服务提供方为追求利润最大化而选择用户，导致发生"撇脂行为"。

此外，佐桥克彦（2008）还指出，当满足"成功条件"时，应将以下评估标准作为衡量准市场化程度的标准：（1）提高生产效率：在确保质量的同时有效控制成本，向服务利用人提供量足质优的服务。（2）提高响应能力：这是来自对福祉官僚制的反思，这种体系不应该是提供官僚式单一的服务内容，而应该是能够满足利用人的多样化需求。（3）保障选择性：同时选择服务内容和服务提供方。（4）确保公平：应关注需求群体，通过实行免费或减免费用的方式，保障低收入阶层也能够利用服务。

不可否认，护理保险制度的实施促进了社会福祉市场化，对个人给付和采用签订合同利用服务的方式，以及放松供给主体管制是市场化的关键，因此护理服务市场是一个价格公定、供给主体受管制的准市场（冈崎祐司，2006）。吉田竜平（2013）使用佐桥克彦（2008）提出的"评估标准"框架，对护理保险制度实施以来的护理服务向准市场转变过程是否顺利进行了评估分析。基于护理服务市场的提供主体、利用人等各个角度的评估结果得出，护理服务市场不能充分满足准市场评价标准，准市场结构存在不完善。儿山正史（2017）从服务利用人的主观性、条件的充分程度、选择制度对提供良好服务的促进作用等方面进行分析，通过实证性调查研究的方式对相关研究进行整理分析后认为，针对将护理服务市场作为准市场的评价存在明显分歧。

例如，铃木亘（2017）认为，通过导入护理保险制度向私营部门开放护理服务市场，有效促进了护理服务供给量的增加，制度的实施促使一部分人从繁重的家庭护理中获得解放，加速护理服务社会化进程；同时该研究也指出，由于反复的"非市场"性质的财政约束措施，导致该系统的易用性迅速恶化，研究认为未来进一步实施抑制措施的可能性极高，护理保险制度将面临"重新返回措置制度"的风险，并主张坚持从经济学角度出发，在护理服务市场彻底贯彻市场原则。冈崎祐司（2006）则认为，护理保险制度的实施导致日本社会福祉市场化，加速向商业化推进，并且追求护理服务的多元化不是公共责任倒退的借口，通过个人选择促进竞争，实现提高福祉服务质量的目的只是一种幻想，反而存在导致福祉倒退的风险。

总之，随着护理保险制度的出台，日本长期护理保险服务市场几乎具备了准市场的所有要素，护理保险服务市场是一种准市场已经成为共识。对于这样的结构改革是否可以接受，作为准市场的护理服务市场的运营是否已达到改革的首要目的等，不同学者的研究结论出现较大的分歧。然而，在现有护理保险制度下提供的护理服务是不可持续的，对于护理服务利用人而言，制度的易用性将进一步恶化，这一观点在学者之间已成为一种共识。

3.2 护理服务市场的需求分析

日本的《护理保险法》于1997年颁布，2000年4月开始实施。随着护理保险制度的实施，护理福祉从"措置制度"转向"契约制度"，居家护理服务向营利法人等主体开放，实现了市场竞争原理导入护理服务市场，并且护理服务利用人可以选择服务供应商和服务内容。取消了在"措置制度"下政府或委托第三方为护理服务利用人生产并提供护理服务的方式，推行各类事业法人生产、提供护理服务，旨在通过供给的多元化促进竞争，提升服务质量。保险制度运营主体通过护理/支援认定，业务参与许可的指定，以及中央政府通过修订《护理保险法》改定护理报酬和采用法制手段规定护理服务法人披露各类信息义务等，实时监控护理服务的需求和供给，维持护理服务事业的正常运营。其结果是，护理服务从公营事业转变为准市场。并且，最初在《护理保险法》中明确规定护理服务费用的 90% 由保险给付负担，本人负担 10%，使护理服务的需求快速扩大。

3.2.1 需求变化状况

在本章中，将护理服务的总费用视为护理服务的总需求。护理保险制度实施以来，护理费用总额的变化以及同比增长率如图 3.1 所示。制度实施初期，在"措置制度"下被抑制的护理潜在需求快速转化为实际需求，护理需求出现井喷式扩大。虽然现在护理服务需求增长率上有所放缓，但是 65 岁及以上人口总数的增加以及老年人口的高龄化现象，导致护理服务需求总量将维持持续增加状态。从 2025 年开始，1947~1949 年婴儿潮出生人口将全部跨入高龄老人（75 岁及以上）行列。高龄老人的护理认定率是低龄老年人（65~74 岁）的 7.3 倍（2023 年 3 月数值），意味着护理服务需求还具有较大的增长空间。

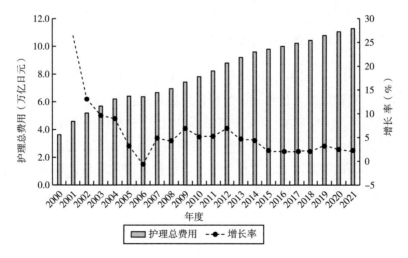

图 3.1 2000~2021 年度日本护理总费用和增长率

注：护理服务总费用为年度数据。

资料来源：日本厚生劳动省各年的《护理保险事业状况报告》。

被保险人分为第 1 号被保险人（65 岁及以上）和第 2 号被保险人（40 ~ 64 岁）。第 2 号被保险人的护理认定和护理服务的利用受到严格限制。[①] 2001 年 3 月底，第 2 号被保险人的护理/支援认定人数约为 9 万人（护理认定总人数为 256 万人），2023 年 3 月底约为 13 万人（总数 694.4 万人），护理给付从 2000 年度的 782.7 亿日元（护理给付总额 3.2 万亿日元）增加到 2021 年度的 1612.1 亿日元（总额 10.4 万亿日元），占护理给付费的比重从 2.4% 下降至 1.5%。[②] 无论是第 2 号被保险人的护理认定人数还是护理给付金额，占整体的比重都非常低。因此，第 1 号被保险人的护理/支援认定变化状况等是影响护理服务需求的主要因素。以下，针对第 1 号被保险人的护理服务需求进行分析。

$$护理服务总费用 = 第 1 号被保险人数 × 认定率 × 利用率 × 利用者人均费用$$

（3.1）

式（3.1）中，总护理费用是第 1 号被保险人的护理费用，认定率是指护理认定率，护理认定率 = 护理认定人数 ÷ 第 1 号被保险人数，利用率 = 护理利用人数 ÷ 认定人数，利用者人均费用 = 护理服务总费用 ÷ 利用人数。因此，使用第 1 号被保险人人数、认定率、利用率和利用者人均费用等数据，就可以分析护理服务的需求趋势。

3.2.1.1　第 1 号被保险人数的变化

如表 3.1 所示，2001 ~ 2022 年度，第 1 号被保险人数大幅增加。各个年龄组的女性被保险人数都多于男性，但增加速度则是男性高于女性。在各个年龄组人口中，高龄老人（75 岁及以上）的人数增加显著，其中 85 岁及以上的高龄老人增加 2.78 倍。生活质量提升以及医疗技术进步是高龄老人快速增加的重要因素。这种老龄人口结构高龄化现象，意味着今后高龄老人的持续增加是一种趋势。

[①] 第 2 号被保险人只有因年龄增加患有的 16 种病才能获得护理认定和利用护理服务。

[②] 2023 年 3 月数据根据日本厚生劳动省公布的《护理保险事业状况报告（月报）》数据整理获得，为初步数据，非官方最终数据。其他数据为日本厚生劳动省公布的《护理保险事业状况报告》数据。

表 3.1 第 1 号被保险人数的变化

项目	总数			男性			女性		
	65 岁及以上	75 岁及以上	85 岁及以上	65 岁及以上	75 岁及以上	85 岁及以上	65 岁及以上	75 岁及以上	85 岁及以上
2001 年度（万人）	2287	953	238	962	342	69	1325	611	169
2022 年度（万人）	3627	1937	661	1574	766	212	2053	1171	449
增加倍数（倍）	1.59	2.03	2.78	1.64	2.24	3.07	1.55	1.92	2.66

注：2022 年度数据截至 9 月 15 日，2001 年度数据截至 10 月 1 日。

资料来源：日本国立社会保障与人口问题研究所；日本总务省统计局统计 Topics No.132《我国老年人统计——纪念"敬老日"》。

根据日本国立社会保障与人口问题研究所 2017 年的人口预测数据（中位出生数、中位死亡数），75 岁及以上人口将于 2054 年到达人口峰值，人口总数为 2449 万人，占总人口的 24.4%；85 岁及以上人口在 2062 年达到 1165.3 万人的峰值，占总人口的比重为 12.8%。截至 2023 年 3 月，高龄老人的护理/支援认定率是低龄老年人（65～74 岁）的 7.3 倍。因此，高龄老人的增加必然增加护理需求。今后老年人口规模变化以及老年人的高龄化将对护理保险服务需求产生持续性影响。

3.2.1.2　认定率的变化趋势

根据日本厚生劳动省公布的资料，截至 2023 年 3 月末，第 1 号被保险人的护理/支援认定人数为 681.4 万人，比 2000 年度的 247 万人增加了 175.9%。如图 3.2 所示，2000～2005 年护理/支援平均认定率经历了急剧上升阶段，从 2006 年开始出现短暂下降后，一直维持着温和上升趋势。如果认定率保持不变，则需要护理人数随着第 1 号被保险人数的增加而增加。事实上高龄老人人数增加也会提高护理认定率。如图 3.3 所示，越是高年龄组，认定率越高。75 岁及以上老年人的平均认定率为 31.5%；85 岁及以上老年人的平均认定率大幅上升到 58.6%。此外，75 岁及以上女性各年龄组的认定率高于男性。根据人口预测数据，85 岁及以上女性人口在 2063 年到达人口峰值，总人口将达到 748.1 万人。可以推断，高龄老人（75 岁及以上）的增加，特别是高龄女性人口显著增加，会导致护理认定率的上升（见表 3.1 和图 3.3）。

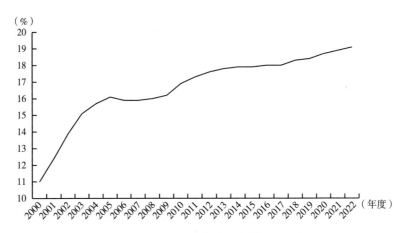

图3.2 2000~2022年度平均护理认定率

注：2022年度平均认定率为2023年3月的数据，笔者根据日本厚生劳动省的数据计算得到。

资料来源：日本厚生劳动省各年的《护理保险事业状况报告》。

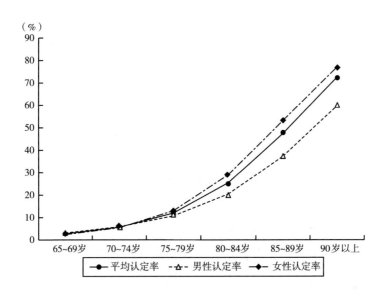

图3.3 2022年9月各年龄组的护理/支援认定率

注：各年龄组的认定率=各年龄组的认定人数÷各年龄组被保险人数。护理/支援认定人数为2022年9末的数据，年龄组人口是2022年9月15日时点的推测数据。

资料来源：日本厚生劳动省2022年的《护理保险事业状况报告》；日本总务省统计局统计Topics No. 132《我国老年人统计——纪念"敬老日"》。

　　根据日本厚生劳动省 2022 年 3 月 2 日发布的《第 23 次完全生命表》数据，日本男性的平均预期寿命为 81.56 岁，女性的平均预期寿命为 87.71 岁，都更新了最高纪录。与《第 22 次完全生命表》相比较，男、女 5 年之间平均预期寿命各增加了 0.81 和 0.73 岁。[①] 由于平均寿命增长，亚健康期间依然处于较长状态。根据日本内阁府公布的《2022 年老龄化社会白皮书》，2001~2019 年，男性的亚健康期间从 8.67 年增加到 8.73 年，女性从 12.25 年减少至 12.07 年。[②] 将来，如果不能有效缩短亚健康期间，也会导致护理/支援的认定人数增加。假设政府不人为地采取措施控制护理认定率，在平均预期寿命增长和较长亚健康期间的状况下，护理认定率会保持缓慢上升趋势。综上所述，老年人口高龄化的人口结构性变化，表明护理认定率将维持较长时间的上升趋势，可以推断，即使在 2042 年 65 岁及以上老年人口到达峰值之后，护理认定总人数还将延续增加趋势。

3.2.1.3　护理利用率的变化趋势

　　护理利用率是用护理利用人数除以认定人数得到，表示在获得护理认定的人数中有多少比例的人利用了护理服务，利用率越高说明护理服务利用人数越多。如图 3.4 所示，2022 年度在已经获得护理/支援认定的被保险人中约 25% 没有使用护理/预防服务。有调查研究结果显示，获得护理认定没有利用护理服务的原因包括经济因素、家人照护和现在还不需要护理服务等。[③] 总体而言，女性护理服务利用率要大幅高于男性（见图 3.4）。这是因为 85 岁及以上男性护理认定人数占男性总认定人数的比率是 44.3%，而女性达到了 61%（2022 年 9 月数据），护理认定者的年龄越高利用率也就越高，这一特征导致女性利用率高于男性。另外，女性的平均预期寿命高于男性，而亚健康期间又比男性长，也会提高女性的护理服务利用率。如图 3.5 所示，高龄组女性护理利用率显著高于同年龄组的男性。除 2006 年外，2016 年前利用率处于温和的上升趋势，但近年来出现大幅下降（见图 3.4）。

---

　　① 　资料来源：日本厚生劳动省。
　　② 　该数据是从 2001 年开始，每三年公布一次。最近几年平均寿命与健康寿命之间的差呈现缩小趋势。
　　③ 　详细内容请参照中村二朗和菅原慎失（2016）。

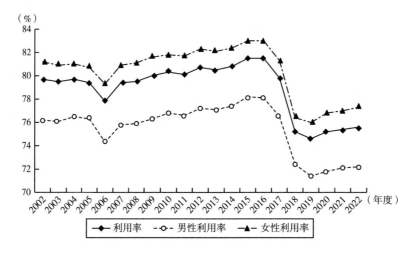

图 3.4 2002~2022 年度护理服务利用率的变化趋势

注：利用率 = 护理利用人数/护理认定人数 ×100％，利用率为各年 4 月的数据。

资料来源：日本厚生劳动省各年的《护理给付费等实态统计（年报）》。

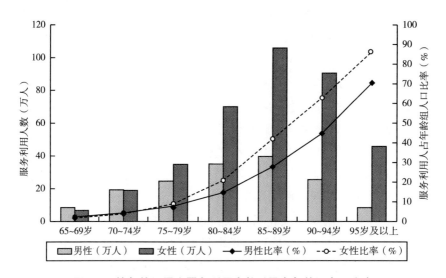

图 3.5 按年龄组男女服务利用人数以及占年龄组人口比率

注：按性别服务利用人数占年龄组人口比率 = 按性别年龄组服务利用人数 ÷ 按性别年龄组总人口 ×100％；护理/支援利用人数为 2022 年 9 月末数据，年龄组人口是 2022 年 9 月 15 日时点的推测数据。

资料来源：日本厚生劳动省的《护理给付费等实态统计月报（令和 4 年 9 月审核数据）》，日本总务省统计局统计 TopicsNo. 132《我国老年人统计——纪念"敬老日"》。

根据铃木亘（2017）的研究，2006年护理利用率下降是由于两个原因造成的。第一个原因是，护理保险制度出台以来，护理给付费用急速增加，为了抑制护理费用的大幅增加，2005年通过修订《护理保险法》，导致一部分护理服务利用人的负担增加。第二个原因是，"Comsun非法申请护理给付"的案件也产生一定的影响。[①] 2015年8月以及2018年8月高收入家庭利用护理服务时的个人负担分别被提高至20%和30%，个人负担增加有可能对护理需求产生一定的影响，导致近年来利用率大幅下降。综上所述，护理服务利用率会受到各种因素影响，其中政府政策变化的影响效应最为显著。考虑到人口结构的持续恶化以及护理财源不足等因素，今后，护理服务利用率受到政策的影响可能性较大。

3.2.1.4　人均服务费用

护理服务利用人的人均费用是用护理服务总费用除以护理利用人数得到的。服务利用人的人均费用在2000～2006年度处于下降趋势，从2007年度开始进入趋势性上升状态（见图3.6）。

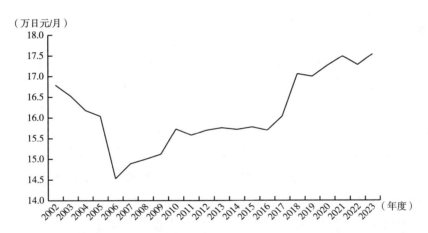

（万日元/月）

图3.6　2002～2023年度护理服务利用者人均费用的变化

注：利用者人均费用＝费用额÷利用人数。费用额包括保险给付额、公费负担额和利用者本人负担额的合计金额，数据为每年4月审核数据。

资料来源：日本厚生劳动省各年的《护理给付费等实态统计（年报）》。

---

① 关于Comsun的护理报酬非法申请事件，详细内容请见横山寿一（2008）。

根据日本厚生劳动省的资料，在护理保险制度实施初期，轻度护理认定人数（支援Ⅰ～护理Ⅱ级）从2000年度的145.9万人增加到2005年度的269.6万人，增加了84.8%，而在此期间重度护理认定人数（护理Ⅲ～护理Ⅴ级）仅增加了46.2%。在日本护理保险制度中，护理保险给付标准限额根据护理认定等级决定。护理认定等级越高，给付标准限额和平均利用率就越高（见第2章的表2.15）。轻度护理认定人数的增加幅度高于重度护理认定人数的增幅，必然拉低护理利用人的人均费用。当然，2003年和2006年连续两次大幅调低护理报酬，以及2005年修订《护理保险法》增加护理利用人负担，是导致人均护理服务费下降的主要因素。

最近几年，护理利用者人均费用大幅增加的因素有：2015年度《护理保险法》的修订决定将部分护理预防服务业划归给地方政府主导的综合事业，导致支援Ⅰ和支援Ⅱ级利用人数减少；此外高龄人口中80岁及以上人口的大幅增加导致护理费用的增加。这两种因素的叠加效应促使最近几年护理利用人均费用大幅增加。

3.2.2 长期需求变化预测

根据日本国立社会保障与人口问题研究所（简称为社人所）公布的日本人口长期推测数据（2017年4月推测），65岁及以上老年人口总数将于2042年到达峰值3935.2万人，比2020年3533.6万人增加401.6万人，增加幅度为11.4%。其中，80岁及以上、90岁及以上以及100岁及以上人口分别增加424.2万人、485.7万人和27.8万人，增加幅度为37.5%、206.6%和350.2%（见表3.2和图3.7）。在此期间，虽然65岁及以上人口总量增幅有限，但是80岁及以上高龄老人的增幅非常突出。老年人口中的高龄化现象，对今后的护理服务需求将产生怎样的影响？

表3.2　　　　　　　　各年龄组人口比较　　　　　　　　单位：万人

年龄组	2020 年度			2042 年度		
	总人口	男	女	总人口	男	女
65～69 岁	807.5	391.0	416.5	870.2	427.3	442.9
70～74 岁	901.2	424.9	476.3	835.6	401.6	434.1

续表

年龄组	2020 年度			2042 年度		
	总人口	男	女	总人口	男	女
75~79 岁	693.1	309.3	383.8	673.4	312	361.4
80~84 岁	529.7	219.6	310.1	556.6	242.7	314
85~89 岁	367.0	130.3	236.6	454.4	177.4	276.9
90~94 岁	177.9	49.1	128.8	372.3	120.9	251.3
95~99 岁	49.3	9.2	40.1	136.9	34.4	102.4
100 岁及以上	8.0	1.0	7.0	35.8	6.1	29.6
65 岁及以上	3533.6	1534.5	1999.1	3935.2	1722.4	2212.6
75 岁及以上	1824.9	718.6	1106.3	2229.4	893.5	1335.6

注：表中人口数为根据中位出生和中位死亡人数推测的数据。2020 年人口数据为 2020 年人口普查数据。

资料来源：日本国立社会保障与人口问题研究所的《日本未来人口推测（平成 29 年推测）》。

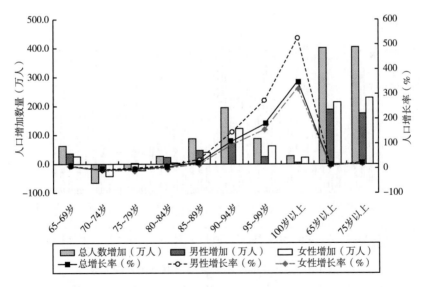

图 3.7 预计 2042 年度相比 2020 年度各年龄组的老年人口增加数量和增长率

资料来源：日本国立社会保障与人口问题研究所的《日本未来人口推测（平成 29 年推测）》

本书使用社人所公布的《日本未来人口推测》数据，以及日本厚生劳动省护理认定率指标对 2025~2065 年度的护理认定人数和护理服务利用人数进行了推测。测算结果显示，65 岁及以上人口在 2042 年度达到人口峰值之后，第 1 号被保险人护理认定人数和护理利用人数还会持续增加（见图 3.8 和图 3.9）。护理认定总人数在 2061 年度达到 1001.9 万人的峰值，其中男性护理认定人数的峰值在 2060 年度为 320.6 万人，女性在 2062 年为 681.9 万人。根据社人所的人口预测数据，2061 年度 65 岁及以上老年人口是 3508.2 万人，比 2042 年度的峰值减少 10.9%，然而护理认定人数却增加 6.7%；2042～2061 年，65～79 岁人口减少 25.9%，80 岁及以上人口增加 17.8%，其中 80～84 岁年龄组人口增加 33.3%，高龄老年人口的增加促使护理认定人数的增加。根据社人所的人口预测，2061 年度日本总人口是 9189.7 万人，比 2020 年的总人口减少 26.7%，护理认定人数占总人口的比率从 2020 年度的 5.5% 上升到 10.9%，平均每 9 人就有 1 人需要护理。说明在人口减少第二阶段，老年人口高龄化是导致护理认定人数增加的主要因素。①

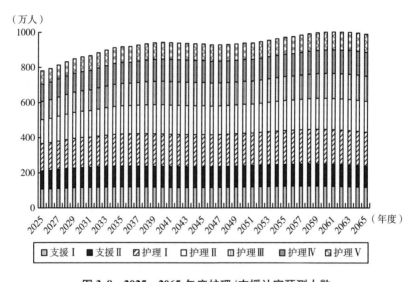

图 3.8　2025～2065 年度护理/支援认定预测人数

资料来源：笔者根据日本国立社会保障与人口问题研究所人口预测数据测算。

---

① 一般而言，人口减少过程大致可以分为两个阶段。人口减少第一阶段主要表现为少儿人口和劳动年龄人口减少，65 岁及以上年龄人口持续增加，少儿人口和劳动年龄人口减少总量大于老年人口增量的状态，人口减少第一阶段持续到老年人口达到峰值。进入人口减少第二阶段，少儿人口和劳动年龄人口以及老年人口同时处于减少状态。

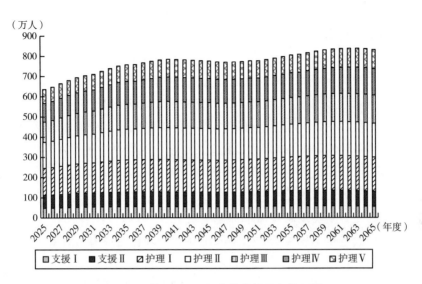

图 3.9　2025~2065 年度护理利用人数预测

资料来源：笔者根据日本国立社会保障与人口问题研究所人口预测数据测算。

护理利用人数在 2063 年度达到 803.3 万人的峰值，男性峰值人数是 2061
年度的 257.9 万人，女性是 2063 年度的 581.1 万人。到 2063 年度，每 9 人就
有 1 人利用护理服务，65~79 岁男女护理利用人数均减少，80 岁及以上利用
人数大幅增加，特别是 90 岁及以上护理利用人数增幅巨大（见表 3.3）。说
明平均寿命的增长，高龄老人增加的结果是需护理人数大幅增加。因为女性
平均寿命高于男性，所以护理服务利用总人数的性别差异非常显著。

表 3.3　　　　　　　　　**各年龄组的护理利用预测人数**　　　　　　　单位：万人

项目	2025 年度		2042 年度		2063 年度	
	男	女	男	女	男	女
总数	195.8	451.3	236.7	545.0	256.1	580.2
65~79 岁	59.1	74.6	55.3	64.9	41.8	48.5
80 岁及以上	136.7	376.7	181.4	480.1	214.3	531.7
90 岁及以上	45.0	170.1	85.6	274.2	105.7	310.1

资料来源：笔者根据日本国立社会保障与人口问题研究所人口预测数据测算。

根据上述护理认定人数和护理利用人数的预测结果可以推断，高龄老
人大幅增加的背景下，护理服务的潜在需求将会大幅增加。如果日本政府

护理政策维持现状，毫无疑问服务需求将大幅增加。然而，2023 财年日本政府一般预算规模为 114.4 万亿日元，其中税收收入为 69.4 万亿日元，占比 51.6%，其余 49.4%将由政府发行债券等填补不足部分；社会保障费用预算为过去最大规模的 38.9 万亿日元，占一般预算支出的 32.3%。2021 年度日本的社会保障支出达到 143 万亿日元，为该年度 GDP 的 26%。其中，公费负担占 2021 年度社会保障财源的 40.4%，达到 66.1 万亿日元。[①] 2021 年度与 65 岁及以上老年人口相关的年金、医疗、护理等社会保障给付费为 83.4 万亿日元，占全部给付费的 60.1%。[②] 考虑到日本持续恶化的财政状况，抑制护理需求是不可避免的选择。

　　综上所述，平均预期寿命增加意味着老年人口将持续增加，人为地控制老年人口数量是不现实的，但是采用降低护理认定率和控制护理利用率的手段达到抑制护理服务需求的目的则相对比较容易。因此，在当前护理保险制度下，护理服务需求必然受到护理财政状况的限制。正如铃木亘（2017）所说，2015 年公布的一系列护理体系改革，就是一种明确的信号。显然，在现有护理制度框架下分析护理服务需求，最重要的还是要注意分析政策趋势。虽然护理服务需求属于刚性需求，但是维持护理保险制度运营的财源有 50%以上由政府方面投入，政府政策变化必然对护理需求产生重大影响。

3.3　护理服务市场的供给分析

　　在护理保险制度下，日本护理服务的生产供给实现了公共部门向医疗法人和营利法人等民间部门开放，通过供给多元化和导入市场竞争机制，完成了向准市场的过渡。在经济学讨论的自由市场中，商品和服务的价格

---

　　① 日本社会保障费用包括医疗、年金、社会福祉等（包括长期护理），2021 年度社会保障费用给付规模是 143 万亿日元。2021 年度财源是 163.4 万亿日元，由社会保险费收入 75.5 万亿日元、公费负担 66.1 万亿日元（其中国库负担 47.8 万亿日元）、资产收入 14.5 万亿日元、其他 7.3 万亿日元构成。本数据中不包括从其他部门获得的转移支付收入和向其他部门的转移支付支出。

　　② 2021 年度 65 岁及以上老年人口相关的社会保障给付费为 83.4 万亿日元，略高于 2020 年度的 83.2 万亿日元。占社会保障给付费支出的比重比 2020 年度 62.9%下降了 2.8 个百分点，主要是 2021 年新冠疫情期间保健给付支出大幅增加所致。

由供需决定，如果价格完全伸缩，可以通过价格来调整商品和服务的超额需求和超额供给。然而，在日本，作为护理服务价格的护理报酬属于公定价格，通过市场机制调整护理服务的供需，决定均衡价格和均衡数量非常困难。因此，在作为准市场的护理服务市场中，护理服务的供给由需求趋势决定。这是因为任何护理服务供应商都可以自由获取政府发布的人口动态及长期人口预测数据、长期护理数据和长期护理预算编制等信息。政策趋势和信息的可视化会对护理服务供给产生影响。

由于护理服务是对人服务，在技术一定的前提下，可以简单假设为通过投入资本和劳动力进行生产。在对人服务的护理服务业中，资本投入主要是设施/事业所的新增开设。劳动力投入可以理解为从事护理工作的护理员工。通过分析设施/事业所的开设趋势以及护理员工数量的变化，就可以大致把握护理服务供应的概况。因此，在本节中，重点以设施/事业所的开设状况、护理员工的统计数据以及劳动年龄人口结构变化趋势等分析护理服务的供给趋势。

3.3.1　护理服务供给变化状况

3.3.1.1　设施/事业所的开设状况

护理保险制度的实施，意味着护理服务从"措置制度"转变为"契约制度"。护理服务利用人可以直接选择护理保险服务的指定供应商（事业者），决定服务内容，签订合同之后就可以利用护理服务。该制度的实施，同时也推进了护理服务供给的多元化。护理保险服务提供者除了社会福祉法人，营利法人和非营利法人（NPO）等也可以参与一部分护理保险服务的生产提供。在护理社会化的潮流下，护理保险制度实施初期，护理服务供给量迅速增加。虽然主要护理服务类型供给量的增加程度有所差异，但是大致呈大幅增加趋势（见表3.4）。其中，认知症对应型集体生活护理的增加特别显著，这是认知症老年人大幅增加的结果。[1]

---

[1]　根据九州大学二宫教授的研究结论，认知症老年人从 2012 年的 462 万人将增加到 2025 年的约 700 万人。每 5 个 65 岁及以上老年人中就有 1 人是认知症患者。详见日本厚生劳动省的《关于护理保险制度所面临的状况》社会保障审议会护理保险部会（第 75 次）资料 3。

表 3.4   设施/事业所的设置状况

项目	2000 年度（所）	2005 年度（所）	2010 年度（所）	2015 年度（所）	2021 年度（所）	2021 年度与 2000 年度的比值
设施/事业所总量	129103	260891	328268	367292	309547	2.40
户访护理	9833	20618	26685	34823	35612	3.62
户访看护站	4730	5309	5864	8745	13554	2.87
日托护理	8037	17652	25847	43406	24428	3.04
日托康复站	4911	6093	6551	7515	8308	1.69
短期入住生活护理	4515	6216	7778	10727	11790	2.61
认知症对应型集体生活护理	675	7084	9995	12983	14085	20.87
福祉器具租赁	2685	6317	7001	8056	7770	2.89
居家护理支援	17176	27304	32404	40127	39047	2.27
护理保险设施	10992	12213	11914	13163	13731	1.25

注：2010 年的数据截至该年 5 月 1 日，其他年份是截至各年 10 月 1 日的统计数据。2021 年与 2015 年之前的调查方式不同，因此数据比较要审慎。

资料来源：日本厚生劳动省 2000 年度、2005 年度、2010 年度、2015 年度、2021 年度的《护理服务设施/事业所调查》。

根据《护理保险法》规定，原则上禁止营利法人参与护理保险设施（护理老人福祉设施、护理老人保健设施、护理医疗院、护理疗养型医疗设施）经营，护理保险设施主要是社会福祉法人参与经营。医疗法人注重在日托康复站和短期入住疗养护理等护理服务领域提供服务。户访康复站和短期入住生活护理等对从业主体有一定的限制，营利法人进入壁垒较高。营利法人主要是参与居家护理服务、福祉器具销售和租赁的服务领域，2021 年营利法人开设设施/事业所总量都超过该服务事业所总数的 50%。其中，营利法人经营的福祉器具租赁事业所占总数的 90% 以上（见表3.5）。以上数据说明，居家护理服务领域主要由营利法人提供服务。

表 3.5   2021 年事业所的开设（经营）主体的构成比例   单位：%

类型	总数	地方公共团体	日本红十字会等	社会福祉法人	医疗法人	社团/财团法人	协同组合	营利法人	非营利法人	其他
居家服务事业所：										
户访护理	100	0.2	…	15.7	5.4	1.4	1.9	70.3	4.9	0.3
户访看护站	100	1.6	1.6	5.7	21.9	6.7	1.4	59.2	1.4	0.5

续表

类型	总数	地方公共团体	日本红十字会等	社会福祉法人	医疗法人	社团/财团法人	协同组合	营利法人	非营利法人	其他
日托护理	100	0.3	…	35.3	7.5	0.6	1.4	53.3	1.5	0.1
日托康复站	100	2.4	1.2	8.3	78.4	2.7	…	0.0	…	7.0
短期入住生活护理	100	1.3	…	84.9	2.8	0.1	0.3	10.2	0.4	0.1
短期入住疗养护理	100	3.1	1.6	13.4	77.5	3.1	…	—	…	1.4
特定设施入住者生活护理	100	0.6	…	22.2	6.6	0.6	0.3	68.9	0.4	0.5
福祉器具租赁	100	0.0	…	2.0	1.3	0.6	1.0	94.3	0.5	0.2
特定福祉器具销售	100	—	…	1.6	1.1	0.6	1.0	95.0	0.5	0.2
地区密切型服务事业所日托护理	100	0.3	…	12.2	3.8	0.9	1.1	74.9	6.3	0.5
护理预防支援事业所	100	24.9	…	54.3	13.5	3.8	1.1	1.6	0.4	0.2
居家护理支援事业所	100	0.7	…	23.8	16.4	2.4	2.4	50.8	3.1	0.4

注：社会福祉法人包括社会福祉协议会。日本红十字会等包含红十字会、社会保障关系团体、独立行政法人。"…"表示数据不明或不适合统计，"—"表示无统计。数据截至 2021 年 10 月 1 日。

资料来源：日本厚生劳动省的《令和 3 年度护理服务设施/事业所调查》。

此外，护理服务业具有进入门槛较低、跨界经营相对比较容易的特征。在营利法人可以参与经营的护理服务领域，容易进入的特征格外显著，因此这些服务领域的竞争非常激烈。例如，初始投资较少的户访护理和居家护理支援进入相对容易，因此事业所数量众多，而且增长率很高，导致竞争异常激烈。从市场竞争的角度而言，供应商之间的竞争有利于促进服务质量的提升。

总而言之，护理设施和事业所数量的大幅增加表示护理服务供给量的增加。虽然有一些迹象显示，2005 年《护理保险法》修订后，针对护理服务总量管制变得更加严格（绫高德，2014；铃木亘，2017），但是从护理设施/事业所的开设状况来看，护理服务供给实现了大幅增加。此外，通过各类法人开设的护理设施/事业所统计数据，进一步验证了放宽营利法人等提供护理服务的管制对促进护理服务供给主体多元化的成效。在居家护理和地区密切型护理服务领域，供给的多元化对促进行业竞争的作用非常显著。说明即使在公定价格的护理服务业，也可以通过准市场化导入市场竞争机制促进竞争。对于引入市场竞争原理能否成为促进各个法人提高服务质量的动机，否定性研究结论相对比较多。①

3.3.1.2 护理员工的变化趋势

实施护理保险制度以来，由于护理服务需求的持续增加，护理行业的护理员工数量也保持持续增加趋势（见图 3.10）。护理员工是指直接从事现场护理服务的工作人员。根据日本厚生劳动省的《护理服务设施/事业所调查》数据，护理员工数量从 2000 年度的 54.7 万人增加到 2021 年度的 204.6 万人，增加了 272.7%，而同一时期日本全国就业总人数仅增加 4.1%。护理员工人数增加意味着护理服务供给量的增加。

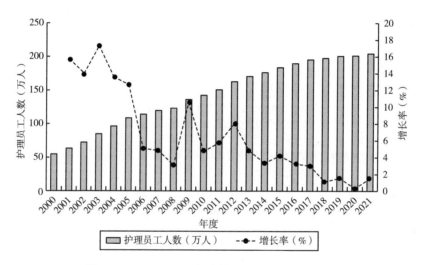

图 3.10　2000~2021 年度护理员工人数和增长率

注：数据截至每年 10 月 1 日。

资料来源：日本厚生劳动省的《护理服务设施/事业所调查》。

然而，工作强度大、工资低、非正规雇佣比率高等因素导致护理员工流动性高，许多护理法人面临人手不足问题。根据日本（财）介护劳动安定中心《2021 年度护理劳动实态调查》数据，2021 年度护理员工中男性占 21.8%，女性占 78.2%；其中户访护理员的男、女性别比是 12.9：87.1，设

---

① 例如冈崎祐司（2006）、吉田竜平（2013）、铃木亘（2016，2017）等。

施护理员中男性为26.1%，女性为73.9%；在有效回答中，2021年非正式员工占比为31.5%，低于全国平均的37.2%，其中女性的非正规雇佣率又高于男性。① 非正规雇佣占比过高必然影响员工的稳定性。同时调查结果表明，2021年护理员工的聘用率和离职率分别是15.2%（全行业14%）和14.3%（全行业13.9%），高于全行业平均水平。护理员工离职人员的详细资料显示，35.6%的员工在不到1年内离职，59.5%的员工在3年内离职。高离职率意味着员工流失较多，说明护理员工的稳定性较差（田荣富、王桥，2019）。

导致护理员工高离职率的因素较多，其中工资收入低是一个重要因素。根据日本厚生劳动省《2022年度工资结构基本统计调查》的数据，护理员工的月平均工资只有29.3万日元（平均年龄44.3岁），相比全行业的平均工资41.4万日元（平均年龄43.7岁），差距显著。② 即使考虑到工作年限（工龄），工资差距也很突出。相对于护理工作强度而言，工资收入太低是护理员工离职的重要因素（周燕飞，2009；村田修，2011）。并且，工资低的根本原因是护理服务业属于劳动密集型行业，低劳动生产率的特征显著（田荣富、王桥，2019；田荣富、卢虹，2019）。这种行业属性，在现有技术水平下很难提高生产效率。

受上述因素以及日本劳动力市场结构性变化的影响，护理行业劳动力不足现象越发突出（见图3.11）。日本平均失业率已从2010年度的峰值5.1%下降至2022年的2.55%，新冠疫情对就业的负面影响也逐渐消失。2022年全行业平均有效求人倍率上升至1.28倍，虽然低于2018年度的1.61倍，但是就业市场处于卖方市场的状况越发显著。护理行业的有效求人倍率为3.68，处于较高水平，大幅高于全行业平均值。如图3.11所示，护理有效求人倍率和失业率之间存在强负相关（-0.945）。在人口急剧老化和劳动年龄人口减少的状况下，护理设施/事业所出现护理员工招聘难、护理员工短缺的问题将越发突出。

在护理需求持续增加的背景下，护理员工短缺将成为保障护理服务稳定供给的难题。2015年6月24日，日本厚生劳动省公布了2025年度护理员工

---

① 有效回答的被调查事业所的护理服务总从业人数为176331人，其中有超过25%的被调查员工是"正规雇佣"还是"非正规雇佣"的属性不明。一般而言，护理服务业的非正规率高于全行业平均值。

② 月工资收入包括奖金，奖金收入12等分后加到每月工资中。

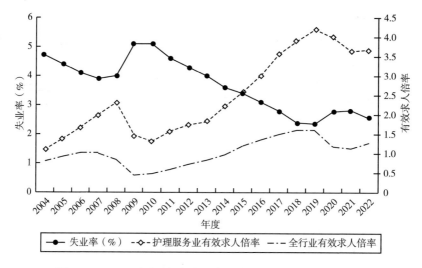

图 3.11 2004～2022 年度失业率和有效求人倍率的变化趋势

注：受东日本大地震的影响，2010 年度的失业数据不包括岩手县、宫城县和福岛县。有效求人倍率＝有效招聘人数÷有效求职人数。

资料来源：日本厚生劳动省的《职业安定业务统计》；日本总务省的《劳动力调查》。

供需最终预测结果。根据预测，2025 年度护理员工需求将达到 253 万人，而供应量仅能确保 212.5 万人，导致护理员工短缺 37.7 万人。此外，根据 2018 年 5 月 1 日公布的《第 7 期护理保险事业计划》（2018—2020 年度），各都道府县的统计数据汇总结果表明，到 2025 年度对护理员工的新增需求是 55 万人，护理人才供给缺口为 33.7 万人，每年必须增加 6 万人的护理人才供给才能解决护理员工短缺问题。然而，根据《第 8 期护理保险事业计划》（2021—2023 年度）以及远景规划数据，2023 年度护理员工短缺 22 万人，2025 年度短缺 32 万人，2040 年度的护理员工需求人数是 280 万人，人才缺口是 69 万人。2023 年 1 月护理服务业的有效求人倍率为 3.39 倍（全行业 1.33 倍），其中，设施护理员是 3.9 倍，户访护理员是 14.92 倍。如果考虑日本劳动年龄人口的不断减少这一现实因素，确保足够的护理员工应该非常困难。如何确保护理员工的供给数量，稳定护理服务供给是今后亟须解决的问题。

3.3.2 护理服务长期供给趋势

如上文所述，预计至 2042 年 65 岁及以上老年人口将达到峰值，并且随着预期寿命增长，80 岁以上、90 岁以上高龄老年人口将大幅增加。假设老年人的亚健康期间默认为需护理期间，那么男性的需要护理期间为 8.73 年，女性是 12.07 年（皆为 2019 年度数值），即使男女的需护理期间保持不变，考虑单身老年人家庭的增加、老年人口数量增加和老年人口高龄化等因素的叠加影响，护理服务需求将维持增加趋势。就长期而言，持续增加的潜在性护理需求是否能转为实际需求，服务供给能否满足服务需求尤为重要。然而，最终护理服务供给还是受劳动力、护理财政状况等诸多因素影响，其中政府政策对护理服务供给将会产生重大影响。

3.3.2.1　影响供给的主要因素

首先，日本劳动年龄人口从 1996 年开始进入持续减少状态。基于人口结构，护理服务行业人力资源短缺已成为一个长期问题。如图 3.12 所示，将来日本劳动年龄人口总量以及占总人口比重仍处于持续下降趋势，在不大幅度接受移民的前提下，很难逆转下降趋势。2022 年度 65 岁及以上人口中就业人数为 912 万人（非农就业为 812 万人），占总就业人数比重是 13.6%（2021 年是 12.4%），就业总人数以及占比都处于增加趋势（见图 3.13）。2022 年度每 4 位 65 岁及以上老年人中就有 1 人在工作，远高于欧美等发达国家。老年人劳动参与率在现有状况下能否大幅度提升具有较大的挑战性。此外，女性因为结婚生育退出职场，育儿期结束后再次进入职场，日本特有的女性就业率 M 形曲线现象已经消失（见图 3.14）。与 1990 年度相比，2022 年度 25 ~ 49 岁年龄组的就业率曲线已经相对平滑，且就业率处于较高水平，很难大幅提升女性就业率（田荣富，2020）。因此，通过提升劳动参与率促进劳动供给增加的难度较大。

当然，日本政府也在采取增加护理报酬以及提高从事护理工作超过 10 年的护理员工的收入补贴等手段，努力改善与其他行业的工资差距。为了促进护理福祉士的培养，政府还设立了学费补贴和减免制度。然而，在劳动力人口大幅减少的状况下，这些政策效应非常有限。于是政府修订了入境管理法中关于接纳外国人的条款，希望增加护理劳动力供给，保障护理服务稳定供给的目标。上述政策的实施对改善护理劳动力短缺究竟有多大效应，还有待验证。现阶段可以确定的是，护理员工短缺是影响护理服务供给的重要因素。

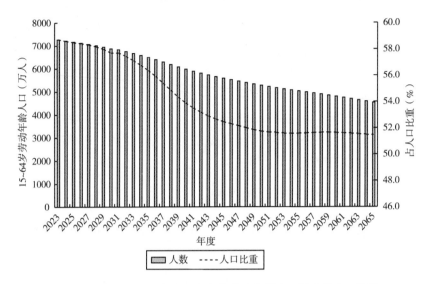

图 3.12　2023～2065 年度日本长期劳动年龄人口及占总人口比重

注：图中人口数根据中位出生和中位死亡人数推测。

资料来源：日本国立社会保障与人口问题研究所的《日本未来人口推测（平成 29 年推测）》。

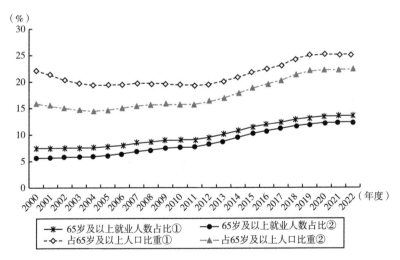

图 3.13　2000～2022 年度 65 岁及以上人口就业变化趋势及占 65 岁及以上人口比重

注：图例中①表示包括农林牧渔就业人员，②表示不包括农林牧渔就业人员。

资料来源：日本总务省统计局的《劳动力调查》。

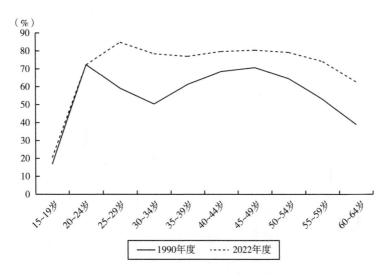

图 3.14　女性分年龄组就业率

资料来源：日本总务省统计局的《劳动力调查　长期时间序列数据》。

　　其次，护理财政状况是影响护理服务供给的重要因素。在《第 8 期护理保险事业计划》（2021—2023 年度）中，第 1 号被保险人的保险费每月为 6014 日元，比上期增加 2.5%，相比第 1 期增加了 106.6%。同样，2023年度第 2 号被保险人的保费增加至每月 6216 日元（预估值），比 2000 年度增加 199.5%。① 受护理财政压力影响，日本政府已经针对第 1 号被保险人中高收入家庭，将利用护理服务时的本人负担提高到 20% 和 30%。第 2 号被保险人保险费的工资总收入比例制从 2017 年 8 月起分阶段实施，于 2020年全面实施，部分高收入工薪阶层的保险费负担加重。根据日本厚生劳动省公布的资料，自 2025 年开始，婴儿潮一代将全部进入 75 岁及以上高龄老人行列，日本全国的护理总费用将上升至 15.8 万亿日元，2042 年将达到25 万亿日元。护理需求的增加将进一步加重护理财政负担，导致政府公费投入和被保险人负担增加。如图 3.15 所示，日本政府的债务余额以及债务余额占 GDP 比重在发达国家中非常突出，持续恶化的趋势并没有得到扭

---

　　① 第 2 号被保险人的保险费为 2023 年度预估数据，并非最终数值。根据日本厚生劳动省老健局的 2023 年护理保险征收计划，各个健康保险人先按 6216 日元/月征收，将在 2 年后（2025 年）最终确定第 2 号被保险人的 2023 年度的护理保险费。

转，在此背景下若要进一步扩大政府财政赤字，将受到利率、汇率等多方面制约。因此，政府对于财政负担部分的财源解决能力和被保险人对保险费负担的承受能力决定了护理财源规模的可持续性，即护理给付规模，这将直接影响护理供给。

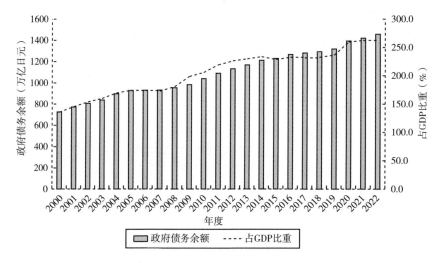

图 3.15　2000～2022 年度日本政府债务余额及占 GDP 比重

资料来源：IMF – World Economic Outlook Databases。2022 年度数据为 IMF 估算数据。

基于第 1 号、第 2 号被保险人负担承受能力等因素，日本政府极有可能在加大抑制护理服务需求力度的同时，强化控制护理服务供应量。2005 年《护理保险法》的修订已经规定了护理供给的总量监管（铃木亘，2017）。根据护理财政状况，护理服务的供给限制会变得越来越严格（三原岳，2020）。综上所述，今后日本护理服务供给变化将取决于护理财政状况和护理员工的短缺程度。

此外，如铃木亘（2017）、河合雅司（2017，2019，2022）、前田正子（2018）所指，大都市圈和中小城市以及农村地区的老龄化进程存在时间差异，2025 年当东京都市圈等城市进入深度老龄化，老年人口持续大幅增加之时，日本的东北、四国等地区的老年人口可能已经开始减少，将会出现护理供给过剩状态。如果政府不采取有效政策手段加速促进护理人才、资源的流动，极有可能发生地方护理服务供给过剩而大都市圈供给不足，出现大量"护理难民"的现象。

3.3.2.2　护理服务供给预测

在对影响护理服务供给诸因素分析的基础上，本书假设技术进步不对护理服务供给产生决定性影响。因此可以认为，护理服务供给数量取决于资本和护理员工的投入数量。同时假设护理服务业属于固定投入比例生产函数范畴。如图 3.16 所示，生产一定数量的护理服务 Y 需要按一定固定比例投入劳动（L）与资本（K）。换言之，若需增加护理服务的供给数量，劳动和资本投入必须按一定比例增加才能实现。

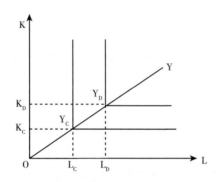

图 3.16　护理服务业的投入特征

本书将分析简单化，假设护理员工的投入数量决定护理服务供给数量。在考虑女性、老年人劳动参与率上升以及假设不接受外国护理人才等因素的基础上，以满足护理需求为前提推测了将来对护理劳动的需求以及实际护理劳动力缺口。在假设护理服务利用率一定，且以满足必要护理服务需求的前提下，对护理员工需求数量进行推测，结果如图 3.17 所示。

在劳动年龄人口减少和护理员工需求持续增加的叠加效应下，护理员工总数占劳动年龄人口比重从 2000 年度的 0.6% 上升至 2020 年度的 2.9%，预计 2065 年达到 6.9%；此外，劳动年龄人口从 2025 年度的 7170 万人减少至 2065 年度的 4529 万人（见图 3.17）。在不考虑接受外国劳动者的前提下，护理员工的劳动力供给存在较大缺口。2025~2065 年度护理员工供需状况及劳动力缺口如图 3.18 所示。在劳动年龄人口大幅减少、劳动参与率持续上升以及育龄女性就业率处于高位等背景下，很难大幅促进护理人才供给数量。在满足相应护理服务需求的前提下，2025 年度护理人才短缺27.5 万人，2040 年度短缺 65.3 万人，2061 年度达到峰值 79.4 万人。在此

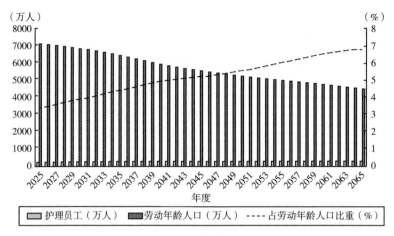

图 3.17　2025 ~ 2065 年度劳动年龄人口、护理员工需求数量及比重

资料来源：劳动年龄人口数据为日本国立社会保障与人口问题研究所预估数据，其余为笔者测算结果。

状况下，解决护理劳动力短缺问题要么抑制需求总量，要么大量接受外国劳动力弥补国内劳动力不足，或者两者同时实施。最终只能由政府作出政策判断以及全民面对这一现实问题能否达成共识而定。

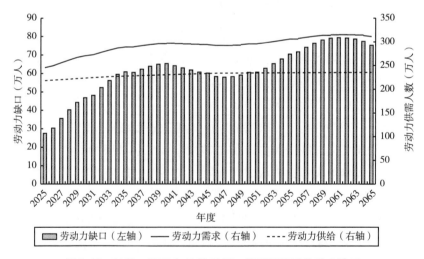

图 3.18　2025 ~ 2065 年度护理员工供需状况及劳动力缺口

注：劳动力缺口是以 2021 年日本厚生劳动省公布的《护理服务设施/事业所调查》护理员工 188.1 万人为基准值，相对于 2021 年护理员工的不足人数。

资料来源：图中数据由笔者根据日本官方数据测算而得。

3.4 护理服务市场的均衡分析

冈崎祐司（2006）认为，"护理保险制度促进了社会福祉的市场化，对个人给付，基于合同形式的利用方式以及放宽对供应主体管制是市场化的关键点。社会福祉市场属于一种服务价格公定，接受一定管制的准市场。结果就是护理服务的需求和供给受政府法规的制约"。同时，由于护理保险制度的实施促进护理服务社会化，在一定程度上摆脱了家人进行护理这种繁重家庭劳动的束缚，有利于护理服务的社会化生产，促进了护理服务供给。并且采用社会保险方式的护理给付，明确规定了护理服务利用人的负担，通过选择护理服务提供方并签订服务利用合同，提高了接受护理服务的便利性，改善了护理服务社会化利用环境，促进了护理服务需求的增加。然而，护理服务价格是公定价格，在此价格管制体系下护理服务市场的供需应如何调整？此外，每三年改定一次的护理报酬存在不能及时反映护理行业劳动力市场供需变化的可能性。那么，护理报酬改定如何影响护理服务市场的均衡？以下，通过需求供给层面分析护理服务市场的均衡。

3.4.1 护理服务市场的需求曲线

如上所述，本书将护理的总费用等同于对护理服务的需求，例如，第1号被保险人数、认定率、利用率和利用者人均护理费用等因素会影响护理需求。护理服务价格（护理报酬）每三年改定一次，因此护理服务在一定时期内是以固定价格使用的。换言之，在短期内（三年之内）护理服务需求曲线与水平的价格（P）曲线重叠（见图3.19中水平线 P^*D_1 部分）。护理报酬一旦改定之后三年内固定不变，即使存在超额需求也无法通过服务价格调整来影响需求和供给。

日本护理保险服务的价格称为"护理报酬"，使用"单位"表示。每种护理服务报酬是按照不同服务类型，根据服务内容或需要护理等级、设施/事业所的所处地区位置等，综合考虑平均成本的基础上确定的。根

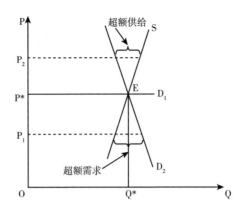

图3.19　护理服务市场的均衡分析

据《护理保险法》的规定，同一服务不管在日本任何地区，"护理报酬"的单位数都相同。然而，日本地区之间依然存在经济发展水平、收入、人工成本等差距。为了调整这种差距，将日本全国划分为 8 个地区等级，对于不同地区等级的"1 单位"的单价在 10～11.4 日元范围内设定，以调节地区间的差异（见第 2 章的表 2.9）。假设一次上门护理服务的护理报酬（服务价格）是 1000 单位，东京 23 区"1 单位"的单价是 11.4 日元，札幌市是 10.21 日元。两地区以"单位"衡量的护理报酬（服务价格）是一样的，用货币（日元）计价的护理报酬（服务价格）就存在一定差异。

为了简化分析，在本书分析中不考虑上述差异，以护理服务的基准价格为中心进行分析。另外，根据《护理保险法》的规定，原则上护理报酬（费用）的 10%（高收入者 20% 或 30%）是利用人本人负担，这一部分金额直接支付给服务提供方，剩余 90%（或 80% 或 70%）以护理给付形式由护理服务提供方向保险人（市町村）申请支付。因此，通过护理认定后，在护理认定等级支付限额内利用服务之时，本人负担比例的变化将影响服务需求（见表 3.6）。护理报酬属于下调改定时，意味着护理服务价格下降，实际上就是降低利用人负担，理论上会增加护理服务需求量。相反，如果护理报酬属于上调改定，导致利用人负担增加，则护理服务需求量将减少。因此，护理服务的长期需求曲线响应护理报酬的变化，是向右下方倾斜的曲线（见图 3.19 中曲线 D_2）。

表 3.6	护理认定等级的护理保险支付限额和本人负担			
	(2019 年 10 月 1 日实施)			单位：日元
护理类型	支付限额	本人负担（10%）	本人负担（20%）	本人负担（30%）
支援Ⅰ	50320	5032	10064	15096
支援Ⅱ	105310	10531	21062	31593
护理Ⅰ	167650	16765	33530	50295
护理Ⅱ	197050	19705	39410	59115
护理Ⅲ	270480	27048	54096	81144
护理Ⅳ	309380	30938	61876	92814
护理Ⅴ	362170	36217	72434	108651

注：本表中的给付支付限额是按照 1 单位 = 10 日元计算。

资料来源：日本厚生劳动省。

3.4.2　护理服务市场的供给曲线

在护理保险制度中，政府公示的护理报酬属于上限价格，禁止任何护理服务供应商以高于护理报酬的价格提供护理服务。在能够确保服务质量的前提下，允许以低于公定价格的价格提供护理服务。实际上没有护理服务供应商会低于公定价格提供护理服务。这是因为护理报酬不是采用"计件制"，而是基于服务时间或一次服务是多少的"定额制"，即使在一定时间内提供再多的服务，服务收入也不会增加。如果低于公定价格提供服务，则护理服供应商的营业收入肯定会减少。因此，护理服务的短期供给取决于服务需求的大小，短期供给曲线是垂直的（见图 3.19 中 EQ* 部分）。

对护理报酬的下调改定实际上会减少护理服务供应商的业务收入，容易导致护理服务供给量的减少。相反，如果护理报酬是上调改定，则会增加护理服务供应的业务收入，促进服务供给量的增加。就长期而言，随着护理报酬改定，护理服务供给量对护理价格波动会作出反应，护理供给曲线是一条向右上方倾斜的曲线。

3.4.3　均衡决定及影响因素

3.4.3.1　护理服务市场的均衡决定

总之，在护理报酬固定期间内，护理服务市场需求曲线是一条水平线，护理服务供给量将由需求量决定，是处于垂直状态的曲线。需求曲线和供给曲线的交点确定护理服务市场的短期均衡。如图 3.19 所示，护理服务市场短期均衡时的护理报酬 P^* 为均衡价格，均衡交易量为 Q^*。同理，在长期均衡时，护理报酬 P^* 决定了供需一致的交易量。

3.4.3.2　护理报酬改定对市场均衡的影响

护理报酬改定时，护理服务市场的供求如何调整？首先，当护理报酬上调改定时，对于护理服务利用人而言，本人负担将增加，具有抑制护理服务需求的作用。对于护理服务供应商而言，提高护理服务报酬就是服务价格的上涨，具有增加服务供给量的激励作用。另外，护理服务价格上涨会刺激新的法人进入护理服务业，服务供给量将会增加。在此状况下，容易发生护理服务的供给过剩。供需缺口如图 3.19 中所示的"超额供给"部分。对于供给过剩，是通过市场机制进行调整，还是政府选择行政手段抑制供给（如执行总量管制），或采用促进服务需求的方式来进行调整？根据既往经验事实，很明显采用的是总量管制（铃木亘，2017；三原岳，2021）。

护理报酬的下调改定则相反。对于护理服务利用人而言，护理报酬下调会减轻本人负担，具有促进护理服务需求增加的作用。然而对于护理服务供应商而言，下调护理服务报酬就是服务价格的下跌，在供给同样服务数量的前提下营业收入会减少。降低供应商服务供给积极性的同时，没有经营实力的供应商将退出护理服务市场（见图 3.20）。因此，护理服务市场容易发生超额需求。在这种情况下，可以选择限制服务需求或增加护理法人提高护理服务供给量的动机。近年来实施的护理报酬加额计算，将护理预防服务事业的一部分从护理预防给付划归到地方政府主导的综合事业，针对一部分高收入的护理利用人本人负担提高至 20% 和 30%，就是同时采用促进供给和抑制需求的手段。

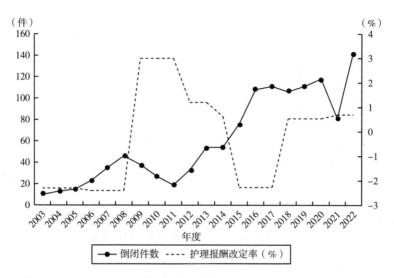

图 3.20　2003～2022 年度护理报酬改定和老人福祉护理事业的倒闭件数

注：2014 年护理报酬上调 0.63% 是因为消费税上调。关于 2012 年的 1.2% 上调改定，绫高德（2014）认为实际上是下调了 0.8%。2022 年倒闭件数大幅增加受新冠疫情影响以及物价快速上涨而无法进行成本转嫁因素较大。

资料来源：老人福祉护理事业的倒闭件数是东京商工调研的调查数据，护理报酬改定是日本厚生劳动省的数据。

　　当然，改定护理报酬直接影响护理服务供应商的营业收入，对于护理报酬的下调，护理服务供应商只能选择接受这一事实或退出护理服务市场。另外，护理服务供应商可以通过提高护理服务质量吸引更多的服务利用人，或提高护理服务的生产效率求得生存。虽然这种竞争可能因护理服务的类型而有所不同，但是不可否认近年来竞争趋向激烈。东京商工调研公布的老人福祉护理事业倒闭件数由 2003 年的 10 件增加到 2022 年的 143 件（见图 3.20），并且倒闭负债金额也呈大幅上升趋势。说明竞争在护理服务的供给市场发挥出一定的优胜劣汰作用；即使在公定价格准市场下的护理服务市场也存在竞争，但对护理服务市场调整的促进作用较为缓慢。

3.4.3.3　护理报酬以外因素的影响

　　第 1 号被保险人数、护理认定率、利用率、利用者人均护理费用等变化会影响护理服务需求。第 1 号被保险人数量的增加、认定率的提高、利用率的上升以及利用者人均护理费用的增加将使需求曲线向右移动；反之，需求曲线向左移动。由于新增护理法人进入护理服务领域导致护理设施/事业所开设数量增加，或者增加护理员工的雇佣数量，意味着护理服务生产的增加，供给曲线向右移动；反之，供给曲线向左移动。上述分析是基于政府和保险人（地方政府）不干预护理服务供需的前提下得出的结论。

3.4.3.4 政府部门对护理服务市场的影响

护理服务市场与一般自由市场不同，没有基于供求关系确定市场价格的机制，护理报酬（市场价格）在一定时期内处于固定不变状态，价格调整功能机制无法发挥应有的作用。结果，护理服务市场的供需调整功能存在一定缺陷。并且，短期护理服务市场的供给量由需求量决定是一个显著特征。

实际上，在作为准市场的护理服务市场中，无法避免政府和保险人存在干扰护理服务市场的行为。政府和保险人的影响力可以导致护理服务的需求曲线和供给曲线发生移动。保险人可以通过间接操纵护理认定率和护理认定等级来控制护理服务的需求数量。如上文所述，护理财政的负担能力和可持续性最终决定护理服务的需求规模。此外，政府还可以通过改变护理服务利用人的负担来改变服务需求。例如，将一部分高收入护理服务利用人的本人负担从10%提高至20%或30%就是一个典型事例。最终，护理服务的供给必须围绕需求的变化作出反应。

3.5 总　　　结

护理保险制度的导入促使日本护理福祉服务事业具备了准市场的各种要素。在准市场中政府与市场协调，各自发挥着应有作用。诚然，市场原理在护理服务市场体现出一定的竞争作用，但政府的监管对于有一定社会公益性质的福祉事业而言是不可或缺的。市场原理与监管的界线具体如何划分，依然充满众多质疑。

护理服务市场的需求理论上取决于第1号被保险人数、护理认定率、利用率、利用者人均护理费用等变量，护理服务供给则由设施/事业所开设数量和员工雇佣人数决定。然而，在现有制度下，护理服务的需求和供给主要由护理财政的承受能力和可持续性决定。

　　由于护理服务报酬（服务价格）原则上三年固定不变，因此短期的护理服务供给决定于需求的多寡。长期来看，护理服务报酬改定将对供给和需求产生影响。就日本人口结构而言，随着老年人的高龄化，潜在护理服务需求还会持续增长。另外，劳动年龄人口的大幅减少，护理员工短缺将导致将来护理供给存在较大的不确定性。从日本财政状况、被保险人的保险费负担能力的角度，政府对护理服务需求采用抑制性政策的可能性较大。这就意味着有一部分需要护理的人无法利用护理服务，必然导致作为具有社会保障制度性质的护理保险制度受到质疑。因此，在护理财政的承受能力和可持续发展前提条件下，制定合理的护理服务价格尤其重要。

第4章　护理服务业的就业特征与劳动力短缺问题

2000~2021年度，日本护理保险制度下的护理服务业年复合增长率达到5.6%，护理服务业部门成为日本最有代表性的成长部门。[①] 护理服务业是典型的劳动密集型行业，行业规模快速扩大促使劳动力资源向该部门大幅移动。然而，日本的劳动年龄人口在1995年达到8726万人的峰值之后持续减少。2022年度平均失业率为2.55%，有效求人倍率是1.26，已经处于充分就业状态。尽管女性以及老年人口劳动参与率的提高缓和了劳动年龄人口减少对经济的冲击，但是日本劳动力不足导致劳动力市场处于卖方市场，已经成为众多行业所面临的最大难题。此外，日本的护理服务市场属于准市场，护理服务价格为公定价格，每三年改定一次，在这样的价格规制下，护理劳动市场供求状况很难通过价格调节。护理行业的劳动力不足问题已成为制约行业发展的长期问题。

结合上述行业背景，本章首先在人口结构以及公定价格的框架下，采用详细数据分析拥有"4K"[②] 之称的护理服务业，具有怎样的就业形态和结构特征；然后针对近年来日趋严峻的护理行业护理员工不足问题，通过分析护理员工不足、招聘难的现状，探讨导致护理员工不足的主要原因；

---

① 日本护理服务根据护理保险适用范围，分为护理保险内服务和护理保险外服务。享受护理保险内服务必须先通过护理认定之后，再根据护理利用者的收入状况负担护理费用的10%~30%；护理保险外服务费用的全额由利用者负担。本章所分析的内容仅限于护理保险适用范围内的护理服务。

② 日语单词脏（kitanai）、累（kitui）、危险（kiken）、工资（kyuryou）的第一个罗马字母都是"K"。一般泛指工资低、工作内容评价较差的工作。

最后概览日本政府实施的解决护理员工供给不足等问题的相关政策措施，并作简要评述。

4.1　护 理 服 务 业 的 就 业 特 征

4.1.1　就业人数以及职业类别

4.1.1.1　从业人员和护理员工的变化趋势

日本护理服务业的从业人员包含直接从事现场护理工作的护理员工和从事护理相关工作的工作人员。《护理保险法》实施以来，护理需求进入快速增长阶段，随着护理服务业规模的扩大，护理从业人员总数以及护理员工人数都大幅增加（见图4.1）。

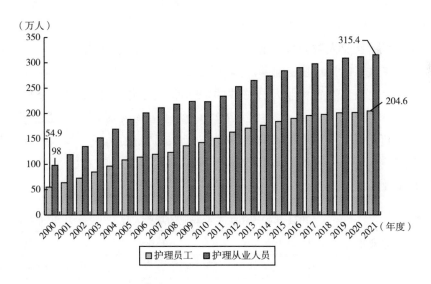

图 4.1　2000～2021 年度日本护理服务业的护理员工和从业人员变化趋势

注：图中 2019～2021 年护理员工数据包括地方政府主导的综合事业的护理员工。

资料来源：日本厚生劳动省的《护理服务设施/事业所调查》。

如图 4.1 所示，护理员工从护理保险制度开始实施时的 54.9 万人，增加到 2021 年度的 204.6 万人；从业人员总数由当初的 98 万人，增加到

315.4 万人，增幅分别是 272.7% 和 221.8%。在此期间日本的就业人数从 6446 万人增加到 6713 万人，增幅仅为 4.1%。由此，可以判断护理服务业成为日本就业增长的重要引擎。这种就业结构的变化，导致劳动力资源不断在向护理服务业配置。随着护理服务需求的进一步增加，护理服务行业的就业需求也会随之增加。根据日本厚生劳动省公布的将来就业预测数据，2040 年度护理服务业的就业人数将达到 505 万人（全部就业人数为 5654 万人），占总就业人数的 8.9%。从就业角度而言，护理服务业将成为日本屈指可数的热门行业部门。

4.1.1.2 从业人员的职业类别

日本护理保险是一个非常完整的社会保险体系。在整个护理服务体系中存在多种职业类别，除直接参与现场护理工作的护理员工之外，还有在各类设施（机构）或事业所工作的从事护理服务相关工作的医生、护士、准护士、护理支援专门职员（护理经理）、支援顾问、事务员等。2021 年度护理服务业中各类职业的从业人数如表 4.1 所示，表中的从业人数是实际就业人数，包括正式员工和非正式员工。根据表 4.1 的数据可知，在众多的护理服务业职业类别之中，护理员工在全部从业人员中占据主导地位，达到从业人员总数的 59.6%。根据日本（财）介护劳动安定中心实施的《令和 4 年度（2022）护理劳动实态调查》数据显示，2022 年度护理员工占护理保险服务业从业人员总数的 59.8%。护理服务业的人手不足、工资低、离职率高等问题，主要是指直接提供护理服务的护理员工。

表 4.1　　　　　　　　2021 年护理相关主要职业的从业人数　　　　　　　单位：人

职业名	从业人数	职业名	从业人数
医生	52386	护理员工	1880863
护士	270214	计划制作负责人	46874
准护士	118646	护理经理	31334
功能训练指导员	124330	生活咨询、支援顾问	142453
柔道恢复师	12187	残疾人生活支援员	96
按摩师	4881	齿科卫生士	30851

续表

职业名	从业人数	职业名	从业人数
针灸师	1403	营养管理师	8697
理学治疗师	81695	营养师	2925
作业治疗师	39040	厨师	82303
语言听觉师	10073	其他职员	267088
总计		3153684	

注：表中人数是实际从业人数，为调查数据，包括正式员工和非正式员工（钟点工、劳务派遣、临时工等），部分拥有两种职业资格人员各自统计到相应职业中，因此各个职业人数加总不等于总计人数。此外，表中的护理员工人数不包括地方政府主导的综合事业从事护理工作的护理员工人数。

资料来源：日本厚生劳动省的《令和 3 年度护理服务设施/事业所调查》。

4.1.1.3　护理员工的资格结构

日本《护理保险法》规定，在工作岗位提供各类护理服务的护理员工必须具备相应的资格技能。根据现行制度，护理员工的主要资格包括"初级研修""实务级研修""护理福祉士"。初级研修必须通过自学和讲座学习，学满 130 小时后通过考试方可获得该资格。实务级研修的正式名称为"护理福祉士实务级研修"，通过讲座学习 20 科目，必须学满 450 小时以上（见表 4.2）。此外，医疗护理除了学习 50 小时之外，还需另外履修完医疗护理指导。最后通过考试或实际操作获得"修了"（结业）证书。学习完成这些课程内容，可以获得从事护理工作必须掌握的基本知识。并且，学习且考试过关"实务级研修"课程，是参加护理福祉士国家资格考试的前提条件之一。

表 4.2　　　　　　　　初级研修和实务级研修的必修科目　　　　　　　单位：小时

初级研修		实务级研修			
科目	时间	科目	时间	科目	时间
职务的理解	6	人类的尊严和自立	5	认知症的理解 I	10
维护被护理人的尊严和自立支援	9	社会的理解 I	5	认知症的理解 II	20

续表

初级研修		实务级研修			
护理的基本	6	社会的理解 Ⅱ	30	残疾的理解 Ⅰ	10
护理与福祉服务的理解和医疗的协调	9	护理的基本 Ⅰ	10	残疾的理解 Ⅱ	20
护理的沟通技巧	6	护理的基本 Ⅱ	20	心理和身体的结构 Ⅰ	20
老化的理解	6	沟通技巧	20	心理和身体的结构 Ⅱ	60
痴呆症的理解	6	生活支援技能 Ⅰ	20	护理过程 Ⅰ	20
残疾的理解	3	生活支援技能 Ⅱ	30	护理过程 Ⅱ	25
心理和身体的结构以及生活支援	75	进化与老化的理解 Ⅰ	10	护理过程 Ⅲ	45
讲义的回顾	4	进化与老化的理解 Ⅱ	20	医疗护理	50
合计	130	合计	450		

资料来源：日本厚生劳动省。

护理福祉士的主要工作内容包括：直接有身体接触的"身体护理"；协助有家务劳动的"生活支援"；对家庭护理提供针对性建议、护理器具的使用指导等。此外，作为提供护理服务的主要负责人，护理福祉士有对在现场工作的护理员工进行指导、提供建议的责任。护理福祉士属于国家级资格，考取途径主要有三种，如图4.2所示。考试内容分为笔试和实际操作两部分。该资格考试截至2023年已经实施了35次，第1次的合格率为23.2%，一般合格率在70%左右，在日本众多国家资格考试之中是相对容易取得的国家资格。第35次（2023年1月29日实施）的考试人数为79151人，连续两年减少，合格人数是66711人，合格率达到84.3%，比2022年提高了12个百分点。① 考试人数减少但合格率大幅上升，从侧面反映出日本政府在确保护理人才方面作出的无奈选择。然而，合格率的大幅上升也隐含着人才质量存在着一定的隐忧。

截至2023年6月末，护理福祉士登记人数为193.9万人，由于各种原

① 资料来源：日本厚生劳动省。

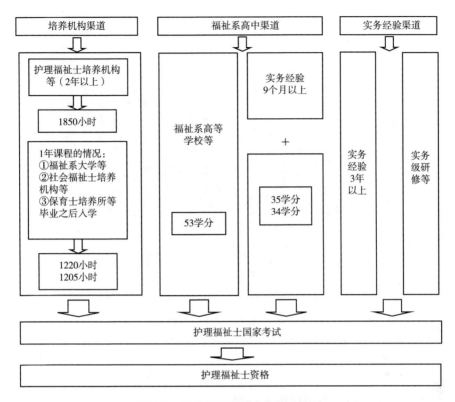

图4.2 取得护理福祉士资格的途径

资料来源：日本厚生劳动省。

因许多人取得护理福祉士资格之后，并未从事护理服务工作。[①] 日本厚生劳动省公布的数据显示，2021年，日本护理福祉士登记人数是181.9万人，其中从事护理服务业工作的仅为93.9万人，占护理福祉士登记人数的51.6%，占当年护理员工总数的45.9%。说明接近50%的护理福祉士在取得资格证书后，并未从事护理员的工作，而且这种状况是一种长期趋势。如图4.3所示，日本护理保险制度实施以来护理福祉士资格获得者从事护理服务工作的比率仅50%左右，且处于相对比较稳定状态，说明护理福祉士在护理员工中所占比率逐年提高是因为其他护理员工人数增速较低导致的结果。因此，如何推动护理福祉士资格获得者在护理服务行业就业，是有效解决日本护理服务业人手不足的重要手段。

---

① 资料来源：日本公益财团法人社会福祉振兴与考试中心。

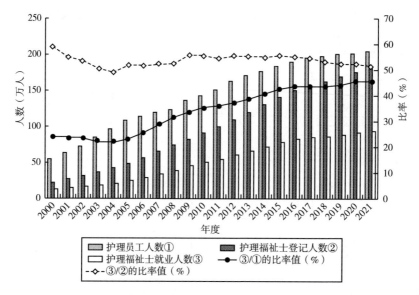

图 4.3 2000～2021 年度护理福祉士登记人数及就业状况

资料来源：日本厚生劳动省的《护理服务设施/事业所调查》（各年）；日本公益财团法人社会福祉振兴与考试中心。

4.1.1.4 护理员工的职业分类

护理员工是以护理服务为中心，支援老年人和残疾人士的日常生活，工作最终目标是促进被服务对象能够自立生活的职业。根据护理服务提供方式、地点等的区别又可以将护理员工分为设施护理员工和户访护理员。设施护理员工主要是在一些固定的护理设施为护理服务利用人（老年人、伤残人士）提供全方面协助生活的服务，他们的主要工作内容包括饮食、助浴、排泄、更衣、移动等全方位的生活护理，以及完成工作日记、管理各种福祉器具、辅助看护业务、卫生等，还从事一些如陪伴护理服务利用人散步、协助购物、举办生日会、赏花等工作。

户访护理员又称为家庭助手（home helper），主要工作内容是上门为护理服务对象提供各类护理服务。具体护理内容根据护理服务利用人的护理/支援认定等级而异。由专门从事护理计划编制的护理经理（care manager）制订护理服务计划，并和护理服务利用人及其家属协议之后确定护理服务内容。他们的具体工作内容包括排泄护理、饮食护理、洁身、助浴（部分助浴、

全身助浴、洗脸等）、身体美容、更衣护理、变换体位、移动换座、移动护
理、就诊或外出护理等日常生活所必需的护理。户访护理除了身体护理之
外还包括家政支援，主要有打扫卫生、洗衣、清洁床具、衣服的整理和修
补、烹饪配餐、购物、代取药品等，此外，还包括对服务利用人的家属进
行适当的护理指导以及精神慰藉。户访护理员可以根据利用人及其家属的
要求，提供照看宠物、庭院除草等护理保险之外的服务。①

本章中所涉及的护理员工如果不做明确区分，就是指在工作岗位为利
用人提供具体护理服务的护理人员，包括设施护理员工和户访护理员。

4.1.2 护理服务业就业形态及性别特征

根据日本（财）介护劳动安定中心《2022 年度护理劳动实态调查》数
据，2022 年度护理服务业从业人员中男性占 22.2%，女性占 77.3%（无效
回答 0.5%）；2006 年度从业人员中男性占 19.5%，女性占 80.1%（无效
回答 0.4%），在此期间从业人员的性别比无显著变化。2022 年度正式员工
（无期雇佣）占从业人员的比率为 72.4%，比 2006 年度有显著提高，非正
式员工（期限雇佣）占比是 27.6%，低于全国行业平均的 36.9%。根据统
计数据可知，护理行业男性的正规雇佣率为 84.6%（全国行业平均
77.8%），高于女性的 68.9%（全国行业平均 46.6%）。从上述调查数据可
以得知，护理服务业从业人员以女性为主的职业特征非常显著，随着时间
推移并没有发生显著变化，而非正式雇佣率下降较为显著。

此外，日本（财）介护劳动安定中心的调查数据显示，2022 年度从事户
访护理员的男女占比分别为 12.5%（2006 年度 5.7%，下同）和 87.5%
（94.3%），设施护理员工分别为 26.7%（21.7%）和 73.3%（78.3%），户
访护理员中女性占压倒性多数。虽然，男女护理员工的就业形态也存在一定
差异，但是和 2006 年度的数据相比，设施护理员工和户访护理员的正式员
工比率大幅上升，非正式员工比率下降显著（见表 4.3～表 4.5）。这在一
定程度上反映了在护理员工不足的大背景下，各类护理设施/事业所通过增
加正式雇佣、改善雇佣条件，增强员工的稳定性（田荣富、卢虹，2019）。

_____

① 护理保险制度之外的服务费用全部由本人负担。

表 4.3 护理从业人员及护理员工的就业形态及性别分布 单位：%

年度	性别	指定护理保险服务业		户访护理员		设施护理员工	
		正式员工	非正式员工	正式员工	非正式员工	正式员工	非正式员工
2022	男	25.5	12.2	15.4	7.7	30.8	15.6
	女	74.4	87.7	84.4	92.0	68.6	83.5
2006	男	26.9	10.6	18.8	4.8	27.9	13.1
	女	73.1	89.4	81.2	94.4	72.1	86.9

注：表中的男女性别正式员工比（或非正式员工比）是指男女正式雇佣中男性和女性各占比重。因为存在无回答（无效样本），合计不为 100%。

资料来源：日本（财）介护劳动安定中心《令和 4 年度护理劳动实态调查》《平成 18 年度护理劳动实态调查（大规模调查）》。

表 4.4 护理从业人员及护理员工的就业形态分布 单位：%

年度	指定护理保险服务业		户访护理员		设施护理员工	
	正式员工	非正式员工	正式员工	非正式员工	正式员工	非正式员工
2022	72.4	27.6	62.2	37.6	71.8	28.2
2006	49.2	50.1	17.2	82.4	57.6	41.9

资料来源：日本（财）介护劳动安定中心的《令和 4 年度护理劳动实态调查》《平成 18 年度护理劳动实态调查（大规模调查）》。

表 4.5 护理员工正式雇佣率的比较 单位：%

职位	性别	2006 年度	2022 年度
户访护理员	男	56.7	76.9
	女	14.8	60.3
设施护理员工	男	74.1	83.4
	女	53.0	67.6
指定护理服务业	男	67.9	84.6
	女	44.9	68.9
日本全国平均	男	82.1	77.8
	女	47.2	46.6

注：正式雇佣率（男性或女性）＝正式雇佣员工（男性或女性）÷该部门（男性或女性）雇佣人数×100%。

资料来源：日本（财）介护劳动安定中心的《令和 4 年度护理劳动实态调查》《平成 18 年度护理劳动实态调查（大规模调查）》；日本独立行政法人劳动政策研究与研修机构的《简明 可视化长期劳动统计》；日本总务省的《劳动力调查》。

综上所述，护理服务行业的从业人员以女性为主的特征依然显著，然而由于 2006～2022 年度日本劳动年龄人口减少了 13.9%，在整体劳动供给减少和护理行业劳动力需求大幅增加的叠加效应下，护理服务业就业形态得到了改善，高非正式雇佣率的就业特征基本消除。

4.1.3　从业人员年龄结构特征

2022 年度护理行业以及全国平均各个年龄组的就业人员占各类别总就业人数的比重如表 4.6 所示。60 岁及以上年龄组是护理服务业从业人员集中度最高的年龄层，占护理从业总人数的 26.8%，其中男性从业人员主要集中在 30～39 岁和 40～49 岁年龄组，女性是 50～59 岁和 60 岁及以上的年龄组。就全国就业人员年龄组而言，男性最高的是 60 岁及以上年龄组，女性是 40～49 岁年龄组占比最高。60 岁及以上年龄组的护理平均和全国平均都超过了 20%，其中 65 岁及以上就业人数比重分别为 15.1% 和 13.6%，护理服务业的女性就业人员的高龄化尤为显著。这在一定程度上反映了随着人口老龄化的加剧劳动力人口老化以及老年人大幅进入劳动市场的结果。日本（财）介护劳动安定中心公布的调查数据也显示，护理从业人员中 60 岁及以上劳动力的比率逐年增加（见图 4.4）。此外，2022 年度护理从业人员的平均年龄为 50 岁，高于全国平均的 43.7 岁。并且 2008～2022 年度，护理行业的平均年龄上升了 5.6 岁，高于同期全国平均的 2.6 岁。

表 4.6　　　　　　　　　　　　2022 年从业人员的年龄结构

项目		20 岁以下（%）	20～29 岁（%）	30～39 岁（%）	40～49 岁（%）	50～59 岁（%）	60 岁及以上（%）	平均年龄（岁）
护理	平均	0.2	7.1	15.4	25.2	25.5	26.8	50.0
	男性	0.3	12.3	27.0	29.9	16.9	13.4	44.0
	女性	0.2	5.7	12.4	23.9	27.7	29.9	51.5
日本全国	平均	1.6	14.9	17.2	22.7	21.9	21.6	43.7
	男性	1.4	14.0	17.6	22.5	21.7	22.8	44.5
	女性	1.8	15.9	17.2	22.9	22.0	20.2	42.3

资料来源：日本（财）介护劳动安定中心的《令和 4 年度护理劳动实态调查》；日本总务省统计局的《劳动力调查　长期时间序列数据》。

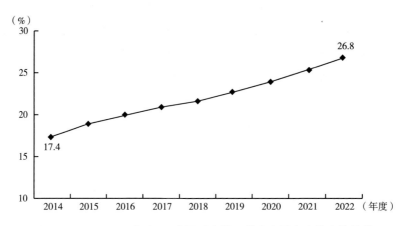

图 4.4　2014～2022 年度 60 岁及以上护理从业人员占比的变化趋势

资料来源：日本（财）介护劳动安定中心各年的《护理劳动实态调查》。

　　在护理员工年龄组结构上，存在较为显著的性别属性和工作属性的差异。根据日本（财）介护劳动安定中心公布的一项调查结果显示，2022 年度户访护理员和设施护理员工的平均年龄分别是 54.7 岁和 47.7 岁，比 2008 年度的 50.9 岁和 40.5 岁上升了 3.8 岁和 7.2 岁，设施护理员工平均年龄的上升速度比同期护理从业人员平均年龄快了 5.6 年。如表 4.7 所示，男性设施护理员工和户访护理员在 40～49 岁年龄组人数最多，女性则分别是 50～59 岁和 60 岁及以上年龄组。说明护理员工的高龄化现象逐渐凸显，尤其女性户访护理员的高龄化现象尤为显著。以上数据说明，在人口结构快速老化，劳动年龄人口大幅减少的背景下，护理员工的高龄化现象难以避免，对护理服务的稳定供给将产生一定负面影响。

表 4.7　　　　　　　　2022 年设施护理员工和户访护理员年龄结构　　　　　　　单位：%

年龄	设施护理员工			户访护理员		
	男性占比 （25.7）	女性占比 （74.3）	总占比	男性占比 （12.7）	女性占比 （87.3）	总占比
20 岁以下	0.6	0.4	0.5	0.3	0.1	0.1
20～29 岁	15.3	9.1	10.7	11.8	3.3	4.4
30～39 岁	23.8	17.7	19.3	19.5	8.5	9.9

续表

年龄	设施护理员工			户访护理员		
	男性占比 (25.7)	女性占比 (74.3)	总占比	男性占比 (12.7)	女性占比 (87.3)	总占比
40~49 岁	29.4	24	25.4	24.7	17.9	18.8
50~59 岁	16.1	25	22.7	22.1	26.9	26.3
60 岁及以上	14.8	23.7	21.4	21.6	43.3	40.5

注：（ ）中的数值为设施护理员工和户访护理员中各自的男女比率。各岗位的总占比是指各年龄段的人数占该岗位总人数的比率。

资料来源：日本（财）介护劳动安定中心。

另外，护理服务业中主要职业就业人员的平均年龄都处于大幅上升趋势（见图4.5）。严峻的少子老龄化加速劳动年龄人口减少速度，在劳动力不足问题越发突出的背景下，从业人员的高龄化趋势很难改变。2022年度护理从业人员中，60岁及以上就业人数达到总就业人数的26.8%，较2014年度上升了8.4个百分点，远高于全国各行业平均水平。不久的将来日本护理服务业极有可能直面从业人员高龄化的问题。

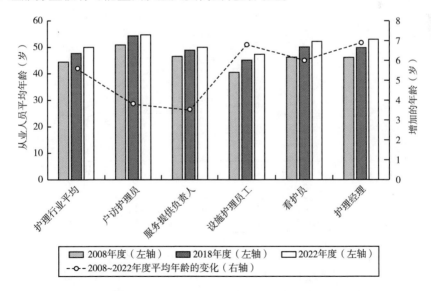

图4.5 主要护理职业从业人员平均年龄及变化

资料来源：日本（财）介护劳动安定中心2008年度、2018年度、2022年度的《护理劳动实态调查》。

4.1.4　护理员工的离职率

此外，护理员工的高聘用率和高离职率（员工流失率）特征也比较显著。2022 年度护理员工的聘用率和离职率分别是 16.2%（全国平均15.2%）和 14.4%（全国平均 15%）。虽然护理员工的聘用率和离职率呈下降趋势，特别是近几年因工作环境等条件的改善下降幅度较为显著，2022 年度离职率终于低于全国平均水平，然而和有些行业相比还处于较高水平（见图 4.6 和表 4.8）。护理服务业较高的聘用率主要是由两方面因素导致。一方面是因为护理服务业属于成长性部门，所以对劳动力的需求较大；另一方面是高离职率意味着员工流失较多，设施/事业所为了维持运营不得不招聘员工，同时也说明护理员工稳定性较差。

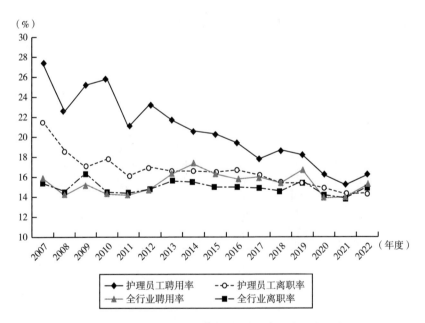

图 4.6　2007～2022 年度护理员工的聘用率和离职率

注：聘用率＝聘用人数÷当年 1 月 1 日常用劳动人数×100%，离职率＝离职人数÷当年 1 月 1 日常用劳动人数×100%。

资料来源：日本厚生劳动省的《令和 4 年雇佣动向调查》；日本（财）介护劳动安定中心各年的《护理劳动实态调查》。

表 4.8　　　　　　　　2022 年度主要行业部门的离职率和聘用率　　　　　单位：%

行业	聘用率	离职率	行业	聘用率	离职率
建筑业	8.1	10.5	学术研究和专业技术服务	12.0	10.0
制造业	9.6	10.2	住宿和餐饮业	34.6	26.8
信息通信业	13.0	11.9	生活相关服务业和娱乐业	23.2	18.7
交通运输和邮政业	10.2	12.3	教育和教培业	14.8	15.2
批发和零售业	13.6	14.6	医疗和福祉	15.0	15.3
金融和保险业	7.0	8.3	综合服务业	7.0	11.0
不动产和物品租赁业	18.4	13.8	其他服务业	19.5	19.4

资料来源：日本厚生劳动省的《令和 4 年度雇佣动向调查》。

　　此外，2022 年度护理员工的离职率在经营主体属性、规模、所在地特征、经营年数等方面存在较大差异。根据日本（财）介护劳动安定中心的调查数据，按照经营主体，私营企业的离职率是 16%，显著高于地方自治体的 4.4%；规模 19 人以下法人的离职率是 17.1%，500 人以上法人的离职率是 13.5%；经营所在地在町村的离职率是 11.4%，在大城市则是 15.1%；开业 1 年以内的离职率为 46.3%，经营 10 年以上的离职率是 12.8%。以上数据说明护理员工离职率受诸多因素影响。一般而言，经营规模大、经营年数长的护理法人离职率较低，而私营企业的离职率普遍高于其他类型的非营利法人，有可能存在营利法人过度追求利润最大化，导致工作强度大、离职率过高。

　　如表 4.9 所示，2022 年度护理员工平均离职率较 2018 年度下降了 1 个百分点，有 34.7% 的人在入职 1 年内辞职，入职 1 年以上 3 年以内离职率较 2018 年度下降了 9.3 个百分点，总之在入职 3 年以内离职人员达到离职总数的 60.1%。就业形态的离职率显示，非正式员工的离职率普遍高于正式员工，2022 年度设施护理员工和户访护理员的正式员工离职率并无显著差异，但相比 2018 年度出现了不同程度的下降；其中户访护理员的正式员工离职率改善较为显著，设施护理员工的非正式员工离职率下降了 1 个百分点。此外，根据介护劳动安定中心《令和 4 年度护理劳动实态调查》数据，2022 年度私营企业的护理员工在入职 1 年内的离职率达到 41.1%，经营未满 1 年法人的离职率高达 93.2%，意味着 1 年内入职 100 人就有 93.2 人辞职，说明新开业护理经营法人护理员的稳定性极差。

表 4.9　　　　　　　护理员工工作年限的离职率比较　　　　单位：%

岗位	2018 年度				2022 年度			
	平均离职率	1 年以内	1 年以上3 年未满	3 年以上	平均离职率	1 年以内	1 年以上3 年未满	3 年以上
两类职业合计	15.4	38	26.2	35.8	14.4	34.7	25.4	39.8
正式员工	14.6	32.3	27.8	39.9	13.4	31.4	26.5	42.2
非正式员工	16.2	43.6	24.7	31.7	16.8	41.1	23.5	35.4
户访护理员	13.3	35.4	25.2	39.4	13.3	34.3	22.6	43.1
正式员工	16.3	37.8	28.8	33.4	13.0	31.4	23.6	45.0
非正式员工	12.1	34.1	23.2	42.7	13.8	38.9	21.1	40.0
设施护理员工	16.2	38.9	26.6	34.5	14.9	34.9	26.4	38.8
正式员工	14.3	31.2	27.6	41.3	13.6	31.4	27.3	41.3
非正式员工	19.3	48.3	25.4	26.3	18.3	41.9	24.4	33.6

注：两类职业合计是指户访护理员和设施护理员工的加权平均数值，因四舍五入存在加总不为 100%。

资料来源：日本（财）介护劳动安定中心的《平成 30 年度护理劳动实态调查》《令和 4 年度护理劳动实态调查》。

此外，2022 年度在职人员中，工龄未满 3 年的设施护理员工有 26.4%，户访护理员有 24.7%，而这部分人又属于高离职群体①。较高的离职率也是导致护理服务业平均工龄（7.2 年）较低的原因之一。一般而言，在同一公司的工作年限与工资收入存在显著的正相关，较短的工作年限将对劳动者的职业规划和收入产生一定的负面影响。因此，减少入职 3 年内的辞职人数，对提升护理员工的稳定性非常重要。

4.1.5　员工满意度和工龄的变化

日本（财）介护劳动安定中心每年实施一次《护理劳动实态调查》，调查目的主要是从护理劳动者以及护理法人层面把握护理服务业的发展现状及问题。其中针对护理服务业员工"工作满意度"调查结果显示，对于"工作内容"正式员工和非正式员工的满意度都超过 50%，"工资""福利"

———————

① 受调查的户访护理员是 15626 人，设施护理员是 30330 人，整体样本人数是 70275 人。

"劳动条件"的满意度,尽管2022年度和2008年度相比都有所提高,但是行业平均值都在40%以下(见图4.7)。同样护理服务业7种主要职业的"工作内容",无论是正式员工还是非正式员工都有较高的满意度,但对"工资""福利"的满意度也低于40%(见表4.10)。调查结果说明工资待遇和福利水平的整体满足程度较低,该问题长期存在。

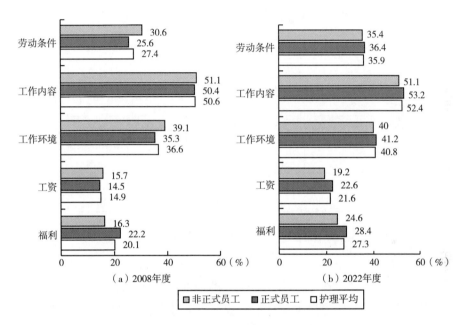

图4.7 护理从业人员的满意度调查

注:满意度(%)=满意+比较满意。回答选项为满意、比较满意、普通、不太满意、不满意,可多选。

资料来源:日本(财)介护劳动安定中心2008年度和2022年度的《护理劳动实态调查》。

表4.10 2022年度护理服务业主要职业的满意度调查结果 单位:%

职业	员工类型	劳动条件	工作内容	工作环境	工资	福利
户访护理员	平均	39.4	60.1	48.6	28.6	31.3
	正式员工	39.7	61.4	48.6	29.7	33.1
	非正式员工	40.2	59.4	50	26.9	28.9
设施护理员工	平均	32.8	45.3	34	16.4	25.3
	正式员工	31.9	45.1	33.5	17.2	26.3
	非正式员工	35.8	47.4	35.5	16.9	23.3

续表

职业	员工类型	劳动条件	工作内容	工作环境	工资	福利
看护员	平均	34.6	55.5	46.2	25.2	25.5
	正式员工	31.1	58.2	47.7	27.9	26.5
	非正式员工	36.3	48.3	46.3	19.3	22.2
服务提供负责人	平均	30.9	56.6	44.1	29.2	30.7
	正式员工	32.4	58	45.4	31	31.8
	非正式员工	25.4	52.1	39.9	22.9	25.8
护理经理	平均	44.3	57.4	44.3	21.3	27.9
	正式员工	44.7	58.1	45.5	21.8	29
	非正式员工	39.5	55.5	40.4	20	24.7
生活顾问	平均	34	45.3	41	20.7	26.1
	正式员工	35.3	45.1	41.8	20.6	27.8
	非正式员工	27.8	47.4	38	20	20.4
PT/OT/ST 等	平均	45.1	59.6	47.2	22.5	29.5
	正式员工	44.9	60.1	49.6	21.6	29.4
	非正式员工	49.2	59	49.2	29.6	31.2

注：满意度（%）＝满意＋比较满意。回答选项为满意、比较满意、普通、不太满意、不满意。PT 表示理学治疗师，OT 表示作业治疗师，ST 表示语言听觉师。

资料来源：日本（财）介护劳动安定中心。

另一项对现在工作"不满、不安"的调查结果显示，员工对工资待遇、工作岗位的员工配置等调查项目不满程度虽有差异，依然排在"不满"的前两位（见图4.8）。即使调查样本存在一定的差异，无法进行单纯比较，但从调查结果可以推测相对于"工作内容"强度，工资待遇差依然是"不满"的主要因素。工资待遇差容易促使员工离职，出现招聘难，导致人手不足，结果又会进一步恶化工作现场的人员配置，且加大在职员工的工作强度，这样，就进入一种恶性循环状态。2022年的调查显示，即使在疫情影响下，人手不足问题依然非常突出。

如图4.9所示，2022年度护理行业的平均工龄是11.8年，虽然低于全国行业平均的12.8年，但是较2008年度的6.3年大幅上升。在此期间，护理服务业的7种主要职业的工龄都获得不同程度增长，但改善状况存在一定差异，看护员工龄增长了11.5年，PT/OT/ST 等仅增长3.2年。此外，不同职业之间的工龄也存在较大差距。

护理行业不同职业类别员工在同一法人的工作年数如图4.10所示。

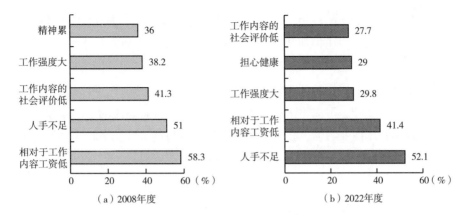

图 4.8　护理从业人员对工作"不满、不安"的调查结果

资料来源：日本（财）介护劳动安定中心 2008 年度和 2022 年度的《护理劳动实态调查》。

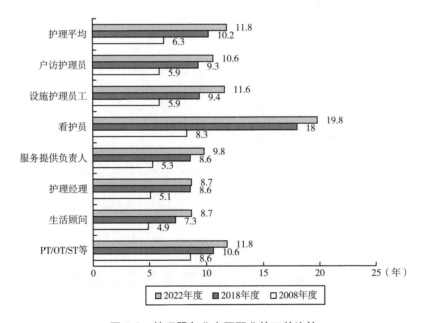

图 4.9　护理服务业主要职业的工龄比较

注：本图使用的工龄数据是指员工在该职业的工作经验年数。

资料来源：日本（财）介护劳动安定中心 2008 年度、2018 年度、2022 年度的《护理劳动实态调查》。

2010～2022 年度，各职业类别在同一法人工作的员工工龄都有不同程度上升，上升幅度大幅低于护理行业平均值。其中，直接提供护理服务的户访护理员和设施护理员工的工龄较短，间接提供服务的护理经理、护理服务提供负责人等的工龄较长。户访护理员和设施护理员工这两种职业在日本护理保险制度实施之前已经存在，图4.9和图4.10的数据也间接证明这两类职业从业人员的稳定性较差。根据护理7种主要职业在同一法人的工作年数和在护理行业的平均工龄比较，可以得出护理服务业从业人员具有高流动性的就业特征。然而，根据日本商业习惯，在同一企业工龄长短与员工的工资收入密切相关，那么较短的工龄不利于员工的职业晋升和提升工资待遇。

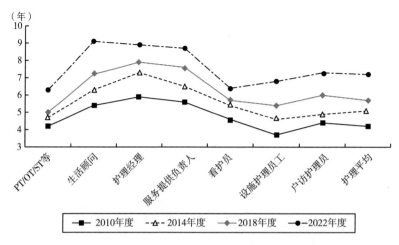

图4.10 护理服务业主要职业在同一法人工作的工龄比较

注：本图使用的工龄数据是指同一员工在同一法人连续工作年数。

资料来源：日本（财）介护劳动安定中心各年的《护理劳动实态调查》。

4.2 护理服务业的劳动力短缺问题

4.2.1 日本劳动力市场的状况

新冠疫情之前随着日本经济景气度的上升以及劳动年龄人口结构的变化，失业率由2010年度的峰值5.1%下降到2019年度的2.4%，全国有效求人倍率从2009年度的0.44倍上升到2019年度的1.6倍（见第3章的图3.11）。日本总务省公布的2019年度《劳动力调查（基本统计）》数据显示：2019年度平均就业人数为 6724 万人，比上年增加 60 万人（连续 7 年增加），就业总人数创历史新高；15 岁以上人口的就业率达到 60.6%（连续 7 年上升），其中男性为 69.7%，比 2018 年度上升 0.4 个百分点，女性是 52.2%，同比上升 0.9 个百分点；2019 年度 15~64 岁的平均就业率为 77.8%，其中男性为 84.3%，同比上升 0.4 个百分点，女性是 70.9%，同比上升 1.5 个百分点，创 1968 年有统计以来的历史纪录；此外，男性 15~24 岁的就业率同比上升 1.4 个百分点，女性 15~24 岁和 35~44 岁年龄组的就业率分别上升 1.6 个和 1.2 个百分点，与上年同期的 3.9%、3.2% 和 2.5% 的增速相比，增幅大幅减小，说明年轻人以及生育后女性的劳动供给潜力正在减少。

新冠疫情对日本经济和就业市场产生一定的冲击，失业率有所上升，有效求人倍率出现一定程度的下降。然而，2022 年度的数据显示，就业市场已大致恢复到疫情之前的状态。日本总务省公布的 2022 年度《劳动力调查（基本统计）》数据显示，2022 年度失业率为 2.6%，全年平均就业人数是 6723 万人，比 2021 年增加 10 万人，达到 2019 年的就业水平；其中，65 岁及以上的人口就业人数是 912 万人，同比增加 3 万人，高于 2019 年度的 890 万人，占总就业人数的 13.6%，为 OECD 成员国中最高。并且，65 岁及以上人口的就业率已达到 25.1%，即每 4 位老年人就有 1 人在工作。

少子老龄化的加剧使日本的劳动年龄人口（15~64 岁）在 1995 年度达到 8726 万人的峰值之后持续减少，2022 年度为 7313 万人，相比峰值减少了 16.2%。在此人口结构背景下，2022 年度日本劳动力人口和就业人口均接近历史高值，表明 15 岁以上人口的劳动参与率不断上升。2022 年度非劳动力人口的平均值为 4128 万人，同比减少 43 万人，比 2019 年度减少 69 万人；其中女性同比减少 41 万人，比 2019 年减少 67 万人。2019~2022 年度，女性贡献了 97.1% 的非劳动力人口减少。此外，2015~2022 年度，65 岁及以上人口的非劳动力人口从 1620 万人增加到 1673 万人，增幅为 3.3%，大幅小于同期 65 岁及以上人口增幅的 7.7%。以上数据说明女性和老年人正在积极进入劳动力市场。

然而，女性就业的 M 形曲线已经消失，65 岁及以上人口就业率已经处于高位，可以提升的空间非常有限。各项就业市场的统计指标表明，日本就业状况已经达到泡沫经济崩溃前的水准，甚至有些指标创有统计以来的新纪录。在劳动年龄人口大幅减少，女性、老年人的劳动参与率不断提高的背景下，已不具备大幅增加劳动力供给的潜在条件。说明日本就业市场已处于充分就业状态，劳动力市场出现空前的卖方市场，劳动力不足已经成为普遍现象。特别是劳动密集型的服务行业，如住宿餐饮服务业、零售业、交通运输业、护理服务业等成为劳动力不足的重灾区。因此，日本劳动力市场的卖方市场现象将长期持续。

4.2.2 护理行业劳动力不足问题

4.2.2.1 劳动力短缺状况

2022年度介护劳动安定中心实施的《护理劳动实态调查》中，针对被调查法人"对护理行业劳动力短缺感受度"的调查数据显示，被调查的护理法人之中感受到劳动力短缺的占比达到66.3%，受新冠疫情影响，该值低于2018年度的67.2%，但仍处于较高水平（见图4.11）。从2010年有此项问卷调查以来，该数据一直处于上升趋势，表明护理行业普遍存在劳动力不足。2022年度的调查结果显示，在护理服务职业中，认为户访护理员短缺的达到83.5%，设施护理员工为69.3%，均创有调查纪录以来的最高纪录。说明直接提供护理服务的人手不足状况非常严重。

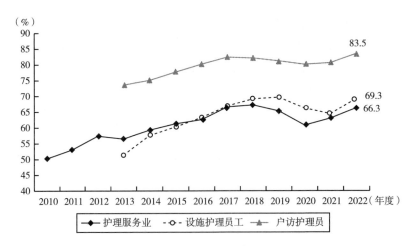

图4.11 2010～2022年度护理行业劳动力短缺感受度调查结果

注：劳动力短缺＝非常短缺＋短缺＋略感短缺，数值为占受调查事业所的百分比。

资料来源：日本（财）介护劳动安定中心各年版的《护理劳动实态调查》。

被调查法人中认为"护理行业劳动力短缺",得出此结论的前三项判断理由如图4.12所示。实施该项调查以来,"招聘困难"的选项一直处于较高状态,2020年度为86.6%,这也部分反映了日本劳动就业市场的状况。员工招聘困难必然影响到各个护理法人的规模扩张,妨碍供应商通过扩大生产规模获得规模经济效应,对促进护理服务业的劳动生产率提升产生不利因素(田荣富、卢虹,2019)。同时,从调查结果可以推测护理行业很难招聘到优秀的人才,人才供应无法满足该行业的可持续发展。

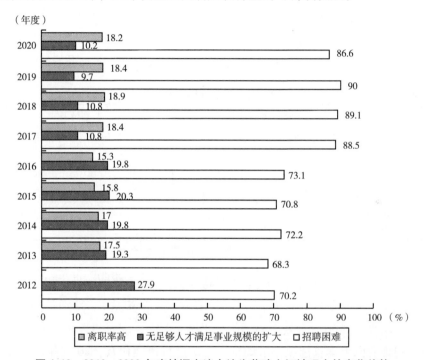

图 4.12 2012～2020 年度被调查法人认为劳动力短缺理由的变化趋势

注:数据为图4.11中认为劳动力短缺的被调查事业所回答的判断劳动力短缺的理由占比,选项可多选。

资料来源:日本(财)介护劳动安定中心的各年版的《护理劳动实态调查》。

4.2.2.2 护理员工招聘难问题

护理服务业的劳动力不足问题已经是困扰该行业的长期问题。在护理从业人员中护理员工占主导地位,2021年护理员工占护理服务业总就业人数的59.6%,该行业的劳动力不足主要是指在护理现场提供护理服务的护理员工不足，因此如果不特别强调，护理服务业的劳动力不足问题就是护理员工不足问题。日本厚生劳动省所指的护理人才，主要是指提供护理服务的护理员工。

2022 年度护理行业的平均有效求人倍率为 3.68 倍，即若有 368 个招聘职位，应聘的只有 100 人。其中，设施护理员工的有效求人倍率为 3.79 倍，户访护理员的有效求人倍率达到 15.53 倍。有效求人倍率越高说明劳动力市场的劳动力供给不足越严重。2000~2021 年度，护理服务事业所/设施增加了 273.5%，护理员工的增加幅度为 272.7%，说明要增加一定的护理服务供给数量，必须投入相应的护理员工。就表 4.11 的数据而言，2000~2021 年度，技术进步并没有能显著改变护理服务业的投入结构。结合护理行业的有效求人倍率，说明护理服务存在严重的护理员工人手不足问题。

表 4.11 护理服务事业所和员工数据

年度	护理服务事业所		护理员工	
	数量（所）	增加率（%）	总数（万人）	增加率（%）
2000	71005		54.9	
2010	232392	227.3	142.7	159.9
2021	265220	14.1	204.6	43.4
2000~2021 年度增加数	194215	273.5	149.7	272.7

资料来源：日本厚生劳动省各年的《护理服务设施/事业所调查》。

护理人才不足的主要原因是"招聘困难"，而导致护理员工招聘难的主要因素是"工资低""工作累""社会评价低"（多选），特别是护理员工的"工资低"选项一直处于第一位（见图 4.13）。该项调查从 2017 年开始对招聘难的原因调查选项作了调整，无法进行单纯比较。2020 年的"招聘困难"调查结果显示"同业之间人才争夺竞争非常激烈"占 53.1%，"劳动条件比其他行业差"占 53.7%，"因经济景气护理行业缺乏人才吸引力"占 19.1%（见图 4.14）。以上调查数据说明，随着日本劳动年龄人口的大幅减少，就业市场处于充分就业状态，在争抢劳动力人才过程中不仅要面对其他行业的竞争，护理行业内的竞争也非常激烈。① 最终影响员工招聘的

---

① 2020~2022 年因新冠疫情劳动力就业市场受到一定负面影响。然而，2023 年 5 月日本全国的有效求人倍率已经上升到 1.32 倍，高于 2022 年同期水平。而且，2024 年 3 月毕业生在 2023 年 7 月 1 日已经有 83.2% 拿到 1 家公司以上的内定协议，说明日本劳动市场已处于超卖方市场状态。

主要因素还是待遇问题（村田修，2011；田荣富、王桥，2019）。

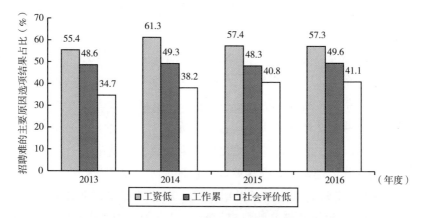

图 4.13 2013～2016 年度护理员工招聘难的原因

资料来源：日本（财）介护劳动安定中心各年版的《护理劳动实态调查》。

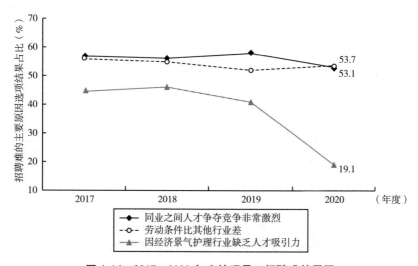

图 4.14 2017～2020 年度护理员工招聘难的原因

资料来源：日本（财）介护劳动安定中心各年版的《护理劳动实态调查》。

4.2.2.3 护理人才的供需预测

1947～1949 年婴儿潮出生世代在 2025 年将全部进入高龄老年人（75 岁及以上）行列。2023 年 3 月低龄老年人（65～74 岁）的护理认定率约 4.3%，而高龄老年人的认定是 31.3%，两者相差 7.3 倍。因此 2025 年后对护理服务需求将会大幅增加。针对护理保险制度面临的困境，日本厚生劳动省从中长期角度对护理人才的供需状况作了一些预测，作为制订解决护理人才不足政策方案的基础依据。

例如，2015 年 6 月 24 日，日本厚生劳动省公布了 2025 年度护理人才供需预测的最终数据。根据预测结果，2025 年度护理员工的需求人数为 253 万人，供给人数为 215.3 万人，护理人才缺口达到 37.7 万人。该预测是基于现状维持的线性外推方式，再考虑最近几年入职、离职的变化以及将来劳动力人口减少等人口动态变化的基础上得出的结论，不包括 2015 年度之后新实施的护理人才促进政策等对护理人才供给的影响。2018 年 5 月 1 日，日本厚生劳动省又公布了根据《第 7 期护理保险事业计划》推测的 2025 年度护理人才新增需求量为 55 万人，人才缺口达到 33.7 万人，每年必须新增 6 万人的护理人才，才能填补缺口。

2021 年 7 月 9 日，日本厚生劳动省公布了"根据《第 8 期护理保险事业计划》护理员工的必要人数"，具体数值如表 4.12 所示。以 2019 年度的 211 万人为基准值，2020～2025 年度必须每年增加 5.3 万护理员工的供给才能满足 2025 年度必要的护理服务需求。同样，要维持 2040 年，护理服务供给体系的正常运营，2026～2040 年度护理员工必须每年增加 3.3 万人。

表 4.12 护理员工的供求预测 单位：万人

年度	需求预测	不足人数	每年需增加护理员工人数
2023	233	22	
2025	245	34	5.3
2040	280	69	3.3

注：不足人数以及每年需增加人数是以 2019 年的 211 万人为基准值算出。

资料来源：日本厚生劳动省的《根据第 8 期护理保险事业计划所需护理人才数量》。

根据 2017 年日本国立社会保障与人口问题研究所公布的人口预测数据，日本劳动年龄人口将从 2022 年度的 7313 万人减少到 2025 年度的 7170.1 万人，减少幅度为 2%。在此人口结构下，劳动力市场供给不足问题将长期存在。并且从长期数据可观察到，护理有效求人倍率和失业率之间存在强负相关（见图 4.15）。① 而现在的日本就业市场已处于充分就业状态，在宏观经

---

① 2004－2022 年度护理有效求人倍率和失业率之间的相关系数是 −0.96。

济不出现大规模衰退的前提下，很难实现大幅增加护理人才供给。因此
2025 年度阶段护理员工的供给人数极有可能少于预测值的 245 万人，供需
缺口可能远超预测缺口数值。

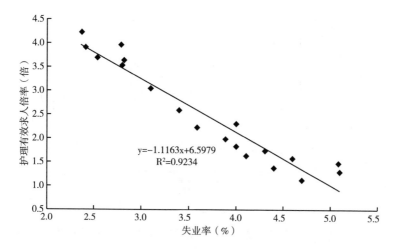

图 4.15 护理有效求人倍率与失业率的关系（2004~2022 年度）

资料来源：日本厚生劳动省的《职业安定业务统计》；日本总务省的《劳动力调查》。

另外，日本国立社会保障与人口问题研究所 2017 年的人口预测数据还
表明，日本的总人口以及劳动年龄人口（15~64 岁）处于长期下降趋势
中，65 岁及以上人口将持续增加并在 2042 年度达到峰值（3935.2 万人）。
医疗技术进步以及平均寿命增长等因素将导致 75 岁及以上老年人口大幅增
加。综合上述因素，田荣富和王桥（2019）的测算结果显示，即使 65 岁及以
上人口到达峰值后，护理认定人数以及护理利用人数还会惯性增加。由于劳
动年龄人口大幅减少和护理认定人数、护理利用人数的增加，劳动年龄人口
对护理认定人数以及护理利用人数的比例值将持续下降（见图 4.16）。在此
人口结构背景下，大幅增加护理人才供给存在非常大的不确定性。如何确
保护理员工数量，维持稳定的护理服务供给是日本护理保险制度正面临的
难题。

此外，铃木亘（2017）、河合雅司（2017，2019，2022）、前田正子
（2018）的研究认为，大都市圈和地方老龄化进程存在明显差异，一些老龄
化严重地区已出现老年人口减少现象，而大都市圈的老龄化正进入加剧状
态，老年人口数量庞大。这样的进程差异会导致今后护理人才在地区间出

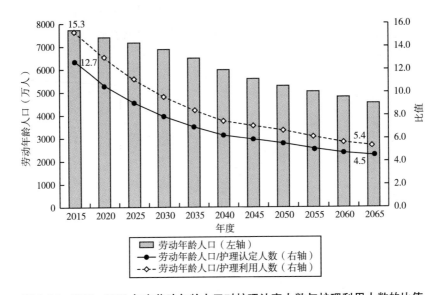

图 4.16　2015～2065 年度劳动年龄人口对护理认定人数与护理利用人数的比值

资料来源：劳动年龄人口来自日本国立社会保障与人口研究所的推测数据，其他数据是笔者推测数值。

现配置不均衡问题，如果护理人才不能在地域之间重新进行有效配置，护理人才供给不足问题可能会进一步恶化。

4.2.3　护理员工短缺的原因

4.2.3.1　基于经济学视角的研究

护理员工不足现象并非近期出现的问题，在 2006～2008 年日本经济扩张期，护理员工不足问题已经开始表面化。如前文分析结果，护理有效求人倍率和失业率之间存在显著的负相关。经济处于扩张期间，一般就业市场表现较好，失业率处于持续下降状态，对应的护理行业招聘员工变得相对困难，或者员工的离职率会上升。对于护理员工不足问题，从经济学视角的研究积累比较丰富，侧重从工资收入层面分析的研究较多。从护理员工工资影响的角度分析护理员工不足原因的研究有：周燕飞（2009）；花冈智惠（2009）；山田笃裕和石井加代子（2009）；小桧山希（2010）；铃木亘（2010，2011a，2011b）；岸田研作和谷垣静子（2011）；佐野洋史和石井加代子（2011）；田荣富和王桥（2019）；等等。

周燕飞（2009）对于护理员工短缺的原因从"劳动市场买方垄断假说""僵尸事业所假说""外部市场冲击假说""政策冲击假说"4 个层面进行了验证，研究结果表明"劳动市场买方垄断假说""外部市场冲击假说""政策冲击假说"对降低护理员工工资具有较大影响，提出应针对这些问题制定相应的解决对策。山田笃裕和石井加代子（2009）、小桧山希（2010）、岸田研作和谷垣静子（2011）主要从工资收入对护理员工辞职意向和转职意向视角分析了护理员工不足的原因；花冈智惠（2009）进一步针对实际离职率分析了护理员工不足的影响。上述研究如铃木亘（2017）所指，并未能区分护理员工离职或转职之后究竟是彻底离开护理行业还是留在护理行业，如果离职后的护理员工还是留在该行业，则在短期很难对护理员工短缺造成大的影响。

对此，岸田研作和谷垣静子（2011）通过独自调查，针对有明确离职意向的受调查人员中"是否希望退出护理劳动市场"的分析结果显示，在护理行业相对工资下降后，"想转职到其他行业"的回答概率明显上升，但是护理行业和其他行业的外部相对工资的变化对辞职意向并无影响。而铃木亘（2011a，2011b）使用公益财团法人与家庭经济研究所在 2010 年实施的问卷调查数据，对从护理行业向其他行业转职行动的具体状况进行验证分析，得出其他行业工资的上涨会增加护理行业从业人员向其他行业转职，得出与岸田研作和谷垣静子（2011）正相反的结论。田荣富和王桥（2019）则从劳动生产率的视角出发，根据护理保险设施劳动生产率的测算结果，得出护理服务业低劳动生产率、低工资的特征是导致护理员工短缺的重要因素。

尽管上述研究切入问题的视角各不相同，护理员工收入是阻碍劳动力进入或导致护理员工退出护理行业的内在逻辑是一致的。不可否认，护理行业员工短缺是受多元因素影响的，然而相对于工作内容强度，获得的工资收入太低已成为对于护理员工的高离职率、人手不足等问题解释的主流观点（村田修，2011；铃木亘，2017；等）。2021 年，日本（财）介护劳动安定中心实施的《令和 3 年度护理劳动实态调查》调查数据也证实，护理的工作强度和对应的低工资收入是护理员工离职的重要原因。

4.2.3.2 护理员工的工资待遇低

众所周知，日本的终身雇佣制和年功序列制都对员工的工资收入产生很大影响，这已超出本书的分析范畴。以下主要针对护理员工工资收入的时间跨度比较和行业间横向比较来分析护理行业的工资待遇特征。

如图 4.17 所示，尽管在 2001～2022 年度，户访护理员和设施护理员工的工资与全国平均工资的差距有所缩小，但是绝对金额的差距依然显著。2022 年度户访护理员和设施护理员工的月工资收入比 2001 年度分别增加了 14.6% 和 24%，高于全国平均增幅（2.1%），然而绝对金额依然存在 7.9 万日元和 8.2 万日元的差距。即使是在护理服务业中属于高工资职业的护理经理，2022 年度月工资依然比全国平均值低 5.5 万日元。因此，就长期而言，护理员工的工资收入和全国平均工资相比虽有缩小趋势，但仍存在较大差距。

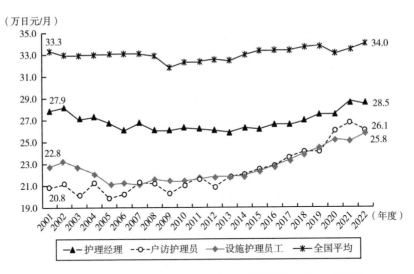

图 4.17　2001～2022 年度护理三职业和全国平均工资变化趋势

注：本图使用的月工资为固定工资加上加班费，不包含奖金。

资料来源：日本厚生劳动省各年版的《工资结构基本统计调查》。

由表 4.13 可知，护理员工的平均工资和同是对人服务的住宿餐饮服务业和生活相关服务业/娱乐业的加权平均数据相比整体差距约 5 万日元，和全国月平均工资 44.2 万日元相比，差距较为突出，说明对人服务业的低劳动生产率、低工资的特征具有一定的共性。按性别工资，女性护理员工和女性住宿餐饮服务业、生活相关服务业/娱乐业的工资和工龄没有显著差距，但从业者年龄大幅高于后者。而男性护理员工工资收入则大幅低于上述行业，且工龄与之相比较短，更是大幅低于全国平均工龄（14 年）。综上所述，护理员工在年龄大幅高于全国平均从业年龄以及住宿餐饮等服务业的同时，存在工资水平低和工龄短的显著特征。

表 4. 13　　　　2022 年度护理员工工资收入和其他行业的比较　　　单位：万日元

项目	男女合计	男性	女性
（A）+（B）的加权平均	30. 2 （44. 5 岁，7. 9 年）	32. 5 （41. 3 岁，7. 8 年）	29. 0 （46. 2 岁，8 年）
户访护理员（A）	29. 4 （49. 1 岁，8. 6 年）	32. 2 （42. 5 岁，6. 6 年）	28. 7 （51 岁，9. 2 年）
设施护理员工（B）	30. 2 （44. 2 岁，7. 9 年）	32. 5 （41. 3 岁，7. 8 年）	29. 0 （45. 8 岁，7. 9 年）
（C）+（D）的加权平均	35. 0 （41 岁，10. 6 年）	38. 2 （42. 2 岁，11. 2 年）	29. 7 （38. 2 岁，9 年）
住宿餐饮服务业（C）	34. 8 （41. 5 岁，10. 3 年）	37. 6 （43 岁，11. 2 年）	30. 0 （38. 8 岁，8. 8 年）
生活相关服务业/娱乐业（D）	35. 2 （40. 3 岁，11. 1 年）	39. 2 （42. 2 岁，12. 3 年）	29. 4 （37. 5 岁，9. 2 年）
全行业	44. 2 （42. 6 岁，12. 8 年）	48. 3 （43. 5 岁，14 年）	36. 0 （40. 8 岁，10. 3 年）

注：本表中的月工资包含奖金，奖金按 12 等分加入其中。（ ） 内是平均年龄和工龄，工龄是指在同一公司连续工作年数，数据来自企业（法人）规模 10 人以上的统计数据。
资料来源：日本厚生劳动省的《令和 4 年工资结构基本统计调查》。

　　一般而言，工龄上升，工资收入也会增加。绫高德（2014）认为护理员工和全行业的平均工龄不同，应该使用工龄调整过的数据进行比较。绫高德（2014）对工龄调整过的护理员工月工资和全行业平均月工资进行比较，发现两者之间并没有太大差距，得出工资低导致离职率高的解释过于牵强的结论。确实工龄和工资之间存在一定的正相关，绫高德的分析并没能说明护理员工平均工龄短的根本原因，以及工资与离职率之间的内在逻辑。并且，铃木亘（2011b）使用年龄、工龄、学历等控制变量，实证分析结果得出，和其他行业相比护理行业属于低工资行业。考虑户访护理员、设施护理员工的平均工龄分别从 2010 年度的 4.4 年、3.7 年上升到 2022 年度的 7.3 年、6.8 年这一因素，可以推测，时隔 10 多年，护理服务业剔除工龄因素后的平均工资水平几乎没有变化。

护理服务是对人服务，提供护理服务的护理员工必须具备一定护理技能，现场的工作内容又需要一定的体力，并且时刻面对护理患者，这属于精神压力比较大的工作，若没有获得与之相匹配的收入，必然导致护理员工离职率高、招聘难，发生护理员工短缺。

4.2.3.3　准市场的局限性

在一般的自由竞争市场，劳动力可以自由进入或退出劳动市场。如果劳动力市场发生超额需求，通过价格调整功能促使工资上涨使得劳动力供给增加的同时，企业会降低对劳动力的需求。最终，劳动力的需求和供给在趋于一致之处决定均衡工资，劳动力不足问题得到解决。不存在因为工资水平低而导致劳动力不足。然而，日本的护理服务市场是属于公定价格下的准市场，护理保险制度下的护理服务价格（护理报酬）原则上三年改定一次，三年之内护理价格是固定不变的，这种价格体系无法及时反应劳动市场的供求状况，因此无法像自由市场那样通过工资的调整来影响劳动力市场的供需。并且，护理服务价格又是一种时间制，一定时间内提供什么服务，单价是多少都有明确规定，类似一种定额支付形式，在一定时间内提供再多的服务，服务报酬也不会增加。因此，服务提供法人很难通过提高单位时间内的生产率来增加服务收入，改善护理员工的工资收入。

对于招聘难以及离职率高的问题，理论上各类护理服务设施/事业所可以大幅提高护理员工的工资来解决员工短缺问题。然而，2021 年度的人工成本支出占护理事业收入的平均值达到 64.3%，不同经营主体的人工成本率虽然存在一定差异，但是都大幅超过护理事业收入的 50%（见表 4.14）。其中，一定数量的被调查对象的人工成本率超过 80%。在此基础上再大幅度增加人工成本支出必然影响到各类护理设施/事业所的正常经营。日本护理保险服务采用的准市场运营方式，在某种程度上加大了解决护理员工不足的难度。

表 4.14　　　　　　2021 年度护理服务业不同经营主体的人工成本率

经营主体	调查数（家）	平均人工成本率（%）	人工成本率80%以上的比重（%）
私营企业	5128	62.4	14.4
社会福祉协议会	367	73.9	34.6
其他社会福祉法人	1354	67.4	13.7
医疗法人	887	64.2	14.3
非营利法人	404	67.4	21.2
社团法人、财团法人	203	68.1	28.1
协同组合	121	69.2	19.8
地方自治体	86	69.7	29.1
其他	120	59.6	13.3
整体	8742	64.3	15.9

注：人工成本率=人工成本÷护理事业收入×100%。

资料来源：日本（财）介护劳动安定中心的《令和 3 年度护理劳动实态调查》。

4.3　日本政府解决护理员工不足的对策

4.3.1　直接改善护理员工待遇

如何确保护理人才不流失是日本护理保险制度实施以来面临的又一重大问题。根据日本厚生劳动省公布的资料，2021 年度护理费用总额达到 11.3 万亿日元，占当年名义 GDP 的 2%，大幅度提高护理报酬必然增加财政负担和被保险人的保险费负担金额。现在日本政府负债率在发达国家中已经是全球最高，扩大财政赤字来提高护理报酬需要达成政治共识。绫高德（2014）认为大幅增加被保险人的负担，必然会遭遇各方面的反对，对于民选政府而言不会轻易作出抉择。实际上为了抑制护理费用快速增加，从日本护理保险制度实施的 2000 年 4 月至 2023 年 8 月，护理保险报酬总计下调了 3.46%。① 因此，通过大幅提高护理报酬来解决护理员工不足问题，可持续性很低。

---

① 根据日本厚生劳动省公布的数据整理得到。

在上述背景下，日本政府主要是采用精准补贴手段来改善护理员工待遇，也就是直接对护理员工给予各种补贴加算（见表4.15）。例如，在2018年护理报酬改定时，整体报酬改定幅度仅为0.54%，却增加投入2000亿日元来改善护理员工工资待遇，缓解护理人才不足问题。本次待遇改善称为"护理员工等特定待遇改善加算"，主要为改善拥有一定经验和技能护理人才的待遇而设立的。待遇改善加算率以护理服务类别中连续工作10年以上的护理福祉士人数的比例为基准设定为加算Ⅰ和加算Ⅱ2个等级，同时考虑各类护理服务的护理人才紧缺程度，加算率有所差异。户访护理服务加算率最高，加算Ⅰ为6.3%、加算Ⅱ为4.2%。① 新增加的加算可以在原有加算的基础上累加，如原来加算是5%，新加算是6%，总体加算就是11%。

表4.15 护理员工的待遇改善措施

时间	项目	改善护理员工待遇的措施
2009 年	补充预算	增设待遇改善支付（员工人均月额约1.5万日元）
2012 年	护理报酬改定	将待遇改善支付作为护理报酬加算到护理员工待遇改善之中，月额约0.6万日元
2015 年	护理报酬改定	对于护理员工待遇改善，在原有1.5万日元基础上再增加加算金额（约1.2万日元）
2017 年	临时改定	增加月额约1万日元的待遇改善金
2018 年	护理报酬改定	特定待遇改善加算，护理服务业连续工作10以上的护理福祉士月工资增加8万日元以上或年收入达到440万日元以上（2019年10月开始实施）
2022 年 2 月	护理员工待遇改善加算	针对在获得护理员工待遇改善加算资格护理法人就业的护理员工月工资提高9000日元（注：2～9月为政府补贴，10月开始通过护理报酬加算对应）

资料来源：日本厚生劳动省。

"特定待遇改善加算"最大的特征就是在算定基准中明确规定了工资改善的目标。工资改善对象分为三类：拥有一定经验和技能的护理员工；其他护理员工；其他员工。对于"拥有一定经验和技能的护理员工"，每人每

---

① 加算率是指在原有护理报酬基础上的加算比率。假设，访问助浴的护理报酬是每小时1万日元，适用加算Ⅰ时，该护理报酬就是10630日元，加算的630日元主要是用于改善护理员工的工资待遇。

月工资待遇至少增加 8 万日元以上，或者工资待遇改善后的年收入必须达到 440 万日元以上；并且他们的工资改善平均金额为"其他护理员工"的 2 倍以上，"其他护理员工"的工资改善平均金额为"其他员工"的 2 倍以上，作为待遇改善的基准要求。①"特定待遇改善加算"将改善拥有一定经验和技能的护理员工作为待遇改善的对象，并明文规定倾斜分配方式。也说明日本政府对护理员工短缺的危机感，寄希望于通过改善护理员工待遇来防止人才流失，在确保护理人才稳定的基础上，提高护理行业人才吸引力，促使更多劳动力进入护理行业。

这次"特定待遇改善加算"从 2019 年 10 月开始实施。通过加大对拥有经验和技能的护理员工的待遇改善力度，最终是否能够留住护理人才，促进拥有护理福祉士资格的人才重返护理劳动市场的效应有多大，还有待政策实施后进行具体分析。日本政府针对改善护理员工待遇所作出的努力，在护理员工工资收入中得到了一定体现。

诚然，改善护理员工工资待遇，对增强员工稳定率、减少因工资收入待遇问题的离职人数具有一定的积极作用。然而，在日本劳动年龄人口大幅减少的背景下，对人服务业之间的劳动力争夺越发激烈，通过改善待遇能否达到吸引人才的作用，依然存在较大的不确定性。

4.3.2　促进护理人才培养，增加人才供给

首先，为了解决护理服务业的劳动力不足问题，日本政府一方面增加对护理员工的工资补贴，另一方面加强对攻读护理福祉专业学生的资金面援助，加大对护理人才的培养力度，增加护理服务核心人才供给。例如，2015 年通过补充预算对想成为护理福祉士的学生给予奖学金贷款，贷款金额为 80 万日元/年，共 2 年，毕业之后在护理行业工作 5 年就可免除返还。并且对享受最低生活保障或同等低收入家庭的学生每月给予 4.2 万日元生活费补助。② 除了金钱方面的补贴，还加强对在校学生以及职业规划负责人

---

① 对于"拥有一定经验和技能的护理员工"中的经验/技能规定要求是"连续工作 10 年以上的护理福祉士"。究竟是在同一事业所/法人连续工作 10 年，还是在护理服务行业累计工作 10 年以上，日本厚生劳动省并没有作严谨、明确的规定，而是由各个事业所/法人各自决定。

② 资料来源：日本厚生劳动省的《关于改善护理人才待遇》。

关于护理职业宣讲方面的投入，增加实施护理职业岗位体验，通过这些活动促进学生对护理服务业的了解。

其次，对正从事护理工作，想考取护理福祉士资格证书人员给予学习及考试费用补助，提高护理福祉士在护理员工总数的比重。同时推进挖掘护理离职人员中的潜在性人才政策实施力度。经调查，在每年约 14 万离职的护理员工中，有近 4 万人有重新回归护理服务业的意愿。为促进这些曾经在护理服务工作过的离职人员重返护理行业工作，给予一次性 20 万日元的就业贷款，在护理行业连续工作 2 年后免除返还。① 通过此种方式为有护理现场工作经验的护理员工重返护理行业提供便利。

最后，充分利用志愿者积分制推进志愿者在护理行业就业。政府、公众一同推进培养护理助手，拓宽多样性护理人才供给渠道。同时，通过民间团体在各类活动、电视、报纸以及社交网络等进行全国层面的宣传，提升护理工作的社会地位，让公众知晓护理相关就业咨询渠道以及政府的支持政策。

4.3.3　促进中老年人参与护理服务业

针对日本全国 50~64 岁约 120 万中老年人，实施"针对老年人"的社会性活动。促进无护理经验的居民积极参与护理，确保护理人才的多样性。提供"护理初级研修"和职业匹配一体化培训，主要通过福祉人才中心、银色人才中心和志愿者中心等组织的相互配合，以最终就业为目的，对中年人实施护理入门级研修、培训和职业体验。借助职业介绍所和福祉人才中心加强职业匹配支援。在人口老龄化和劳动年龄人口减少这样的背景下，增加中老年人进入护理劳动市场也是一种无奈之举。

4.3.4　降低离职率，增强就业稳定性

如果将护理行业的离职率降到全国平均水平，每年可减少 1.7 万人的离职人员。因此，日本政府在增加护理人才供给渠道的同时，在降低护理

---

① 贷款对象是具备 1 年以上工作经验的人。对于护理员工严重不足地区再就业贷款最高 40 万日元。

人才的离职率、促进护理人才的稳定性方面也积极推出各种措施。除了上述直接提高护理员工工资待遇的举措外，还加强了工作环境的改善、减轻工作负担等方面的支援。

　　主要内容有：（1）对于积极改善现场工作环境的事业所进行评选表彰。（2）设立职业稳定补助金菜单制度。对于导入工资制度（设置工资表等）的事业所给予 50 万日元补助（1 年之后达成离职率目标的给予 60 万日元，3 年之后离职率没有上升的给予 90 万日元）。（3）在护理设施/事业所设置托儿所，减轻在职员工育儿负担。托儿所的建设费补助 1130 万日元，开设费补助 310 万日元，相关运营费用根据当地的都道府县规定决定。（4）推进护理机器人的有效利用，并给予相应补助，且作为护理报酬加算条件之一；积极导入 ICT 推进无纸化办公，减轻员工资料制作的负担。（5）为员工提供职业进修机会，负担部分职业进修费用等。

4.3.5　积极接纳外国劳动者

　　在日本劳动年龄人口减少，老龄化进一步加剧的背景下，上述措施只能一时缓解护理员工不足的问题，并不能从根本上解决。在此背景下，日本政府放宽了外国人进入护理服务业的条件。日本现行的制度可以通过在留资格"护理"、经济合作协定（EPA）、技能实习（护理）、特定技能 1 号等 4 种途径接纳外国人从事护理服务业工作。

　　2017 年 9 月新增设了在留资格"护理"签证，为促进在日本大学以及专门学校专攻福祉、护理专业的外国留学生在护理服务业就职，给予签证申请的优惠政策，在护理行业连续工作三年以上就可以申请永住。[①] 根据日本法务省入国管理局的统计数据，2018 年通过 EPA 接收的外国护理人才是 773 人，截至 2022 年 12 月末该制度在留人数为 3713 人，这些护理人才称为 EPA 护理福祉士候补人。截至 2022 年 12 月末，在留资格"护理"的总人数为 6284 人；2022 年 10 月末，以"技能实习（护理）"身份在护理服

---

　　① 一般情况下要在日本待满 10 年、工作 5 年以上、持有 5 年工作签证的人才能申请日本永住（绿卡）。

务业工作的外国护理人才是 11496 人。[①] 然而，采用上述三种方式增加的护理人才，仍无法满足实际需求。因此，日本政府又增设了"特定技能（护理）"的在留资格，于 2019 年 4 月 1 日开始实施，目标是在 5 年内引进不超过 6 万人的外国护理人才，填补国内护理人才的不足。

在引进外国护理人才之时也必须满足一些条件，根据接纳人才层次不同，工作内容也有一定限制，具体内容如表 4.16 所示。除了有严格的要求、规定之外，日本政府为了解决长期护理人才不足的问题，也为 EPA、技能实习（护理）、特定技能（护理）三种方式引进的护理人才实施了激励措施，只要在在留资格有效期间内考取护理福祉士国家资格的人就可以长期留在日本国内从事护理服务业工作，并能携带家属在日本共同生活。采用这种激励方式，既希望能够引进优秀的护理人才，也可以通过签证留住人才，解决护理人才长期不足问题。

表 4.16　　　　　　　　　　外国人护理人才引进状况

项目	EPA	在留资格（护理）	技能实习（护理）	特定技能（护理）
制度实施时期	2008 年 7 月	2017 年 9 月	2017 年 11 月	2019 年 4 月
工作内容有无限制	部分限制	无限制	访问系服务、附带护理服务的老年人公寓除外	访问系服务除外、工作内容有具体规定
就业时间	4 年	最长 5 年	3 年（最长 10 年）	5 年
来自国家	印度尼西亚、菲律宾、越南	无限制	有合作关系的 14 国	无限制
雇佣合同	与日本人同等	与日本人同等	与日本人同等	与日本人同等
人才介绍团体	国际构成事业团	无限制	监理团体	监理团体
接收人数	2022 年 12 月末 3713 人	2022 年 12 月末 6284 人	2022 年 10 月末 11496 人	2022 年 12 月末 16081 人
日语能力要求	N2	N2	入境时 N4，1 年后 N3	日语能力测试、实务技能考试

注：对 EPA 以及候补人、在留资格（护理）、技能实习（护理）、特定技能（护理），日本政府都开设了职业晋升通道。在各自规定期间内通过日本护理福祉士国考取得护理福祉士资格的外国人，以护理福祉士身份在护理服务业工作人员的签证更新次数不受限制。

资料来源：日本厚生劳动省和法务省出入国在留管理厅。

---

① 资料来源：日本厚生劳动省。

日本政府希望通过上述政策在护理服务业加大接收外国劳动力,从根本上解决护理员工不足问题,这是日本政府针对外国劳动力政策的一个重大转折。对此,日本国内持有怀疑态度的学者认为,护理服务是对人服务,必须具备一定语言交流能力,这对外国人而言是一大难点,语言上的障碍可能会降低护理服务质量。此外,外国护理人才要以合法身份留在日本继续工作,必须考取护理福祉士资格,首先面临语言障碍。第 35 次护理福祉士国家考试(2023 年 1 月 29 日实施)的考试人数为 79151 人,合格人数是 66711人,合格率达到 84.3%,比 2022 年提高 12 个百分点。EPA 护理福祉士候补人参加考试的人数为 1153 人,合格人数为 754 人,合格率为 65.4%,同比大幅上升 28.5 个百分点,但还是大幅低于平均合格率近 20 个百分点。如表4.17 所示,根据历年合格率可以判断,第 35 次考试合格率大幅上升,说明考试难度下降,提升了 EPA 护理福祉士候补人的国考合格率。

表 4.17 EPA 护理福祉士国家考试的合格率

项目			第 31 次	第 32 次	第 33 次	第 34 次	第 35 次
全部考生合格率(%)			73.7	69.9	71.0	72.3	84.3
EPA	整体	合格率(%)	46.0	44.5	46.2	36.9	65.4
		合格人数(人)	266	337	440	374	754
	首考	合格率(%)	50.8	49.9	53.0	47.9	71.3
		合格人数(人)	236	286	350	314	471
	复考	合格率(%)	26.5	27.6	30.8	16.8	57.5
		合格人数(人)	30	51	90	60	283

资料来源:日本厚生劳动省。

以 EPA 方式引进的护理人才的语言要求是日语能力测试 2 级水平,今后以特定技能(护理)接收的护理人才的日语能力要求大幅低于该水平,考取护理福祉士资格越发困难。对特定技能(护理)的政策效应的疑虑、疑问,还有待进一步深入分析、验证。

4.4 总　　结

严重的人口老龄化以及 65 岁及以上老年人口的结构变化,平均寿命增长和较长亚健康期间等诸多因素导致日本护理服务需求大幅增加。护理行业规模的扩大必然增加对劳动力的需求，特别是直接在现场提供护理服务的护理员工从 2000 年度的 54.9 万人增加到 2021 年度的 204.6 万人，增幅达到 272.7%。就护理员工的就业特征而言，与 2008 年度相比，不管是设施护理员工还是户访护理员的正式员工比率都有所上升，非正式员工比率有所降低，这在一定程度上反映了护理员工不足的背景下，各类护理设施/事务所通过改善雇佣条件增加正式雇佣来增强员工稳定性。从业人员的主体是女性的职业特征非常显著，其中户访护理员压倒性的是女性，随着时间推移并没有出现显著变化。

在劳动年龄人口大幅减少背景下，劳动力不足已经成为日本经济面临的重大难题，护理服务业劳动力不足，特别是护理员工不足问题尤为严重。护理服务业的有效求人倍率和失业率之间存在显著的负相关，对已经处于充分就业状态的日本劳动力市场而言，想增加护理员工的雇佣非常困难。护理员工不足的最主要原因是相对于护理服务的工作强度而言工资收入太低。结果导致员工的离职率高，稳定性差，进一步加剧现场工作员工的工作负担，进入一种恶性循环状态。并且，护理服务市场属于公定价格的准市场，因此很难根据劳动市场的供需状况及时调整工资待遇。

针对上述问题，日本政府采用精准补贴提高护理员工的工资待遇，增加护理职业的吸引力；加强对护理人才培育资助，确保核心人才的稳定供给。在加强挖掘潜在护理人才的供给，推出辞职者重返护理行业再就业政策的同时，还采取各种措施改善工作环境，减轻护理员工的工作负担，借此降低离职率，增加员工的稳定性。并且，根据日本人口的长期变化趋势，加大从国外引进护理人才的力度来弥补国内护理人才供给不足。

关于护理人才供给不足问题，日本政府采取的各种措施应给予一定评价。然而，对于非移民国家而言，如何解决人口问题，特别是人口结构问题，是人口严重老化的日本社会所面临的困境。现行的各种措施、政策只是被动地应对，并不能解决根本性问题。在日本少子老龄化以及劳动年龄人口持续减少的不可逆转趋势下，护理劳动力不足问题将会长期存在，特别是经济处于扩张期时越发显著。

第5章 护理行业营利法人的状况和经济特性

在人口老龄化加剧背景下，因为日本护理服务的成长性预期比较确定，所以日本许多企业跨界进入护理行业。营利法人能够进入经营的护理服务领域的壁垒较低，各种业态都容易参与经营。小规模经营的事业所为数众多，但在护理服务价格为公定价格的前提下，很难改善劳动生产率。因此，护理行业也需要通过规模经营获取规模效应。

然而，护理服务市场和一般自由市场不同，它是一个管制较多的准市场。护理服务价格受政府严格管制，在这样的经营环境下，营利法人如何获取利润？多业界的跨界经营是否提升了护理行业的经营集中度？经营规模扩大能否产生规模经济效应？基于上述问题意识，本章首先简单概述护理服务状况，重点分析营利法人积极参与经营的居家护理服务的动向及其经营环境的变化。其次，以上市护理企业为中心分析护理服务发展动向，通过经营指标等分析大型护理企业的经营特征，探讨护理企业规模和生产效率之间的关系。最后，对分析结果进行简要总结。

5.1 护理保险服务发展动向

5.1.1 护理认定人数和利用人数

护理认定人数的变化取决于老年人口数量和护理认定率。如前面章节所述，日本 65 岁及以上老年人口规模从 2000 年度的 2242 万人增加到 2022 年度末的 3627 万人，其中 75 岁及以上高龄人口从 923 万人增加到 1937 万人。根据 2023 年 3 月的护理认定数据，低龄老年人（65～74 岁）的护理认定率是 4.3%，高龄老年人的护理认定率是 31.3%，两者相差 7.3 倍。高龄老年人口的大幅增加推高了护理认定率，护理/支援认定率从 2000 年度的 11% 上升到 2023 年 5 月末的 19.4%。高龄老年人口数量增加和护理认定率上升所产生的叠加效应导致护理认定人数大幅增加。

护理认定人数的大幅增加必然促进护理服务利用人数的增加。护理服务利用率是指在护理认定人数中实际利用护理服务人数所占比重。根据统计数据，护理认定人数和护理实际利用人数并不相等，因为获得护理/支援认定的一部分人并没有实际利用护理服务。影响护理服务利用率的主要因素是高利用率的中重度护理认定率的变化。中重度护理认定率包括护理认定等级Ⅲ～等级Ⅴ的群体，该认定率从 2000 年度的 4.3% 上升到 2023 年 5 月的 6.6%。在此背景下，护理服务利用人数和利用率同时处于上升趋势（见图 5.1）。

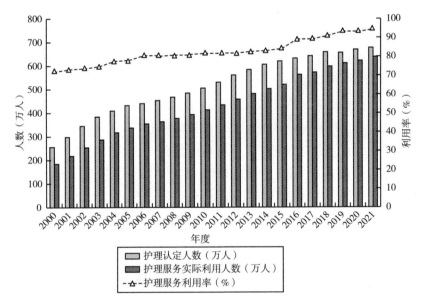

图 5.1　2000～2021 年度护理认定人数及利用人数的变化

注：护理认定人数是年度末数据，护理实际利用人数为年度数据，各个年度从 4 月至下一年 3 月。在此期间内凡是利用过 1 次护理预防服务或护理服务者皆统计在内，利用 2 次以上者按 1 人统计。

资料来源：日本厚生劳动省的《护理给付费等实态调查》《护理保险事业状况报告》。

5.1.2　护理费用和护理保险给付

随着护理保险制度的实施以及社会认知度的提高，护理潜在性需求逐步转化为实际需求，在护理认定人数和利用人数变化上较为显著。护理需求的增加，包含护理利用者本人负担在内的护理费用，护理保险基金向护理服务提供方支付的护理保险给付都呈现持续上升趋势（见图 5.2）。护理费用从 2000 年度的 3.6 万亿日元增加到 2021 年度的 11.3 万亿日元，保险给付从 3.2 万亿日元上升到 10.4 万亿日元。根据 2021 年的《护理保险事业状况报告》数据，第 1 号被保险人年均护理保险给付金额从 2000 年度的 14.5 万日元上升到 2021 年度的 29.1 万日元，增幅为 100.7%，年复合增长率达到 3.4%。假设人均利用费用维持现有上升趋势，可以推测护理利用人数持续增加背景下护理服务总费用以及保险给付将保持增加趋势。

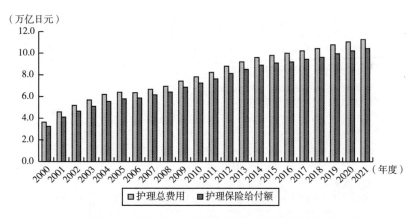

图 5.2　2000 ~ 2021 年度护理总费用和护理保险给付的变化趋势

资料来源：日本厚生劳动省的《护理给付费等实态调查》《护理保险事业状况报告》。

5.2　营利法人的经营环境

5.2.1　提供可能的主要护理服务内容

在日本护理保险制度实施之前，由市町村地方政府部门主导的"措置制度"下，护理服务几乎全部由社会福祉法人提供。随着护理保险制度的实施，护理服务的利用从原先的"措置制度"转变为"契约制度"。即护理服务利用人事先和护理服务提供方（事业者）签订护理服务合同，根据合同内容利用护理服务的制度方式。并且，护理服务的提供方除社会福祉法人之外，对于护理保险设施以外的护理服务允许营利法人、非营利法人等参与经营活动。这种规制放松实现了护理服务供给的多元化。日本政府期望通过导入市场竞争原理促进服务质量的提高和能够提供满足多样化需求的护理服务。

根据日本《护理保险法》规定，原则上禁止营利法人参与护理保险设施（护理老人福祉设施、护理老人保健设施、护理疗养型医疗设施以及护理医疗院）的经营。户访型康复站以及短期居住生活护理等护理服务类型，针对营利法人也设置了一定的限制措施。完全对营利法人开放的是居家护理服务和福祉器具租赁等，这两个领域是营利法人的主要市场。营利法人可以参与的主要护理服务类型见表5.1。

表5.1 营利法人可以提供的代表性护理服务

项目	营利法人允许经营的护理业务	限制营利法人参与的护理业务（禁止或进入困难）	
护理内容	①户访护理；②日托护理；③户访助浴；④户访看护；⑤特定福祉器具销售；⑥福祉器具租赁；⑦认知症对应型集体生活护理；⑧小规模多功能型；⑨特定设施入居者生活护理；⑩定期巡回与实时对应型户访护理看护；⑪复合型服务；⑫居家疗养管理指导；⑬居家护理支援等	①户访康复站；②日托康复站；③短期居住生活护理；④短期居住疗养护理	①特别养护老人院；②老人保健设施；③护理疗养型医疗设施；④护理医疗院
服务类型	居家护理服务	居家护理服务	设施护理服务

资料来源：日本厚生劳动省。

5.2.2　经营机构数量的变动趋势

随着护理需求的增加，护理设施/事业所的开设也大幅增加。营利法人能够参与提供的护理服务类别中，事业所总数以及营利法人占比如表5.2所示。2021年数据显示，营利法人经营的户访护理、户访助浴、认知症对应型集体生活护理、特定设施入居者生活护理的设施/事业所的数量超过全体的 50%，在福祉器具租赁方面占比超过 90%。

表 5.2　　　　　　　　营利法人设施/事业所的开设情况

项目	2008 年度		2021 年度		增长率（%）
	总数（所）	占比（%）	总数（所）	占比（%）	
设施/事业所	256799		309547		20.5
户访护理	20885	55.1	35612	70.3	70.5
户访助浴护理	2013	40.5	1705	72.5	−15.3
户访看护站	5434	22.5	13554	59.2	149.4
日托护理	22366	40.6	24428	53.3	9.2
认知症对应型集体生活护理	9292	53.1	14085	54.4	51.6
特定设施入居者生活护理	2876	68.7	5610	68.9	95.1
福祉器具租赁	4974	89.6	7770	94.3	56.2
居家护理支援	28121	37.2	39047	52.6	38.9

注：表中数据均为截至当年度 10 月 1 日正常运营的设施/事业所数据。
资料来源：日本厚生劳动省的《护理服务设施/事业所调查结果概况》。

　　护理服务业相对于其他行业而言，进入壁垒比较低，跨界进入的企业比较多。并且营利法人能经营的护理服务类型，具有容易进入的特征，因此竞争非常激烈。特别是初期投资比较少的户访护理和居家护理支援，营利法人经营这些业务的数量众多，增加幅度较大（见表 5.2）。营利法人大举进入护理服务业的主要理由有：（1）稳定性。护理保险制度下提供的护理服务是和政府做交易，不必担心销售款项的拖欠问题，销售债权百分之百能够定期回收。对于经历泡沫经济崩溃之后，大量债权无法回收的企业而言，这是非常稳健的商业经营。（2）可预期性。人口老龄化以及总人口减少，许多行业的需求处于饱和状态、甚至持续减少。护理行业是一个持续增长行业，行业未来预期比较明确，进入该行业只要经营得当就能确保一定营业收入。因此，众多企业跨界进入护理服务业。

5.2.3　可参与经营的护理服务发展状况

5.2.3.1　护理给付变化趋势

日本护理保险服务根据提供方式可简单划分为居家护理服务、地区密

切型护理服务以及护理保险设施服务三大类型，营利法人主要参与经营的
是居家护理服务和地区密切型护理服务。三大护理服务年度月平均给付金
额如图 5.3 所示，居家护理和地区密切型护理的增幅较为显著。2021 年度
月平均居家护理给付规模为 4134 亿日元，占总给付的比重比 2000 年度上
升了 16.5 个百分点，地区密切型护理是 1410 亿日元，占总给付的比重比
2006 年度上升了 10.4 个百分点。

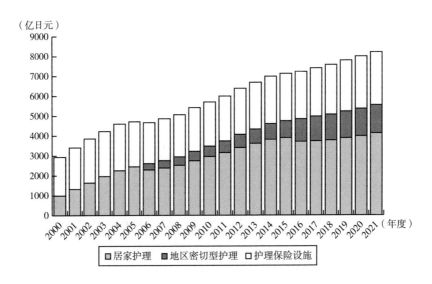

图 5.3　2000～2021 年度按年度月平均给付金额

资料来源：日本厚生劳动省的《护理保险事业状况报告》。

导致这两种类型护理服务给付大幅增加的一个重要因素是日本政府护
理政策导向的改变。日本政府出于抑制护理保险费用增长速度的目的，主
动控制高成本的护理保险设施服务需求，鼓励从设施护理回归护理成本较
低的居家护理以及地方政府主导的地区密切型护理。① 在此政策导向变化的

---

① 2005 年《护理保险法》修订时明确提出，并且在 2006 年新开设了地区密切型护理服务。
名义上是为了满足多样的护理服务需求，实际上就是护理服务的责任与费用从中央向地方转移的开
始。护理保险设施的护理成本高主要是因为入住护理保险设施必须是护理认定级别较高的需护理
人。护理认定级别高的护理投入劳动量会增加，并且护理频率会增加，因此护理成本必然增加。而
且，在护理保险设施是属于 24 小时服务，而居家护理有一部分护理是由家庭成员承担的，因此护
理成本差别很大。例如，2023 年 4 月同样护理等级 V 的服务利用者人均费用显示，居家护理是
22.6 万日元，地区密切型护理为 28.7 万日元，护理保险设施是 34.5 万日元。

背景下，居家护理和地区密切型护理的需求大幅增加，市场规模的扩大促进了营利法人加速进入该服务领域。

5.2.3.2　居家护理服务利用状况

虽然，截至 2023 年 8 月，护理报酬总计下调了 3.46%，但是政府护理政策导向从"护理保险设施"向居家护理的切换为居家护理服务发展提供了政策保障。同时，服务利用人的护理认定等级上升也促进了服务利用率的上升，提高了护理服务利用均价。政策以及人口结构因素都有利于居家护理服务市场规模的扩大。

如表 5.3 所示，2022 年 12 月，护理认定等级 I ~ 等级 V 的给付人数、平均给付单位数、平均利用率与 2006 年同期比较都有显著增加。平均给付单位数的增加意味着人均护理费用增加，该费用增加主要因素是居家护理服务平均利用率的上升（见表 5.3）。护理平均利用率是指各个护理等级实际利用金额占支付上限额度的比率。为了防止护理服务供应商与利用人的道德风险，日本《护理保险法》针对居家护理服务的护理认定等级设定了相应的月度支付上限额度。护理认定等级 I ~ 等级 V 的月度支付上限额度为 16 万 ~ 36 万日元。利用率的上升以及利用人数增加的叠加效应，促进了居家护理市场规模的扩大。并且，营利法人参与的居家服务中主要护理服务类别的人均服务利用费用以及年累计利用人数也都有所增加（见表 5.4）。这些状况都有利于营利法人在居家服务领域拓展业务。

表 5.3　　　　　　　　　　居家护理服务利用状况

	项目	要护理 I	要护理 II	要护理 III	要护理 IV	要护理 V
2006 年 12 月 (1)	给付人数（万人）	61.52	50.80	35.39	22.16	14.60
	平均给付单位数	6398.7	9203.0	13039.7	16641.5	19930.9
	支付上限额度（单位）	16580	19480	26750	30600	35830
	平均利用率（%）	38.6	47.2	48.7	54.4	55.6
2022 年 12 月 (2)	给付人数（万人）	107.26	90.46	54.04	38.46	22.82
	平均给付单位数	7073.8	9929	15210.7	18743.1	23555.1
	支付上限额度（单位）	16765	19705	27048	30938	36217
	平均利用率（%）	42.2	50.4	56.2	60.6	65

续表

项目		要护理Ⅰ	要护理Ⅱ	要护理Ⅲ	要护理Ⅳ	要护理Ⅴ
变动情况 (2)-(1)	给付人数（万人）	45.74	39.66	18.65	16.30	8.22
	平均给付单位数	675.1	726.0	2171.0	2101.6	3624.2
	平均利用率（%）	3.6	3.2	7.5	6.2	9.4

注：1 单位的基本单价是 10 日元。

资料来源：日本厚生劳动省的《护理给付费等实态调查》。

表5.4　　　　按护理服务类别人均费用以及年度累计利用人数

项目	按服务类别月人均费用 （万日元）		按服务类别年度累计护理 利用人数（万人）	
	2006 年 4 月	2022 年 4 月	2006 年	2021 年
户访护理	4.9	8.5	1180.0	1273.5
户访助浴护理	5.2	7.0	96.2	83.0
户访看护站	4.0	5.1	290.2	690.8
日托护理	6.0	9.5	1084.9	1370.0
认知症对应型集体生活护理	25.35	29.2	143.3	255.1
特定设施入居者生活护理	18.0	22.6	87.2	271.2
福祉器具租赁	1.5	1.5	1057.3	2345.4
居家护理支援	1.0	1.5	2524.1	3413.0

注："按服务类别年度累计护理利用人数"的统计范围是各年的 5 月至下一年 4 月的护理服务利用人数之和。

资料来源：日本厚生劳动省的《护理给付费等实态调查》。

5.2.4　护理服务类别收支差率

护理保险服务收支差率是指护理服务的营业收入减去营业费用（支出）的差额除以营业收入。护理保险制度下的护理服务价格是受政府管制的公定价格。因此营利法人的收支差将受到护理报酬改定和企业自身经营努力程度的影响。护理报酬改定属于国家政策，企业层面无法左右，只是价格的被动接受者。因此，企业通过自身努力经营增加护理收入或削减成本支出改善收支差尤为重要。2008 年度护理保险服务平均收支差率为 4.5%，营利法人参与经营活动的主要护理服务收支差率低于平均值，甚至为赤字。

2018 年度的平均收支差率是 3.1%，比上一年度下降 0.8 个百分点，比
2008 年度减少 1.4 个百分点。2021 年度开始护理报酬平均上调改定 0.7%，
并且推出新冠疫情感染补贴政策，相当于上调护理报酬 0.1%，这些政策措
施对护理服务法人的运营产生了一定的正向效应。然而，人工成本和物价
上涨以及新冠疫情的反复，影响了护理需求，导致护理服务业平均收支差
仅为 3%，同比下降 0.9 个百分点。其中去除疫情补贴之后的收支差率是
2.8%，税后收支差实为 2.6%。

　　由于不同护理服务类别的投入结构（即成本结构）存在较大差异，以
及 2021 年护理报酬改定率的差异，营利法人主要参与的护理服务类型的收
支差多数高于平均值（见表 5.5）。

表 5.5　　　　　　　　按护理服务种类收支差率和人工成本率　　　　　　单位：%

护理服务类型	收支差率			人工成本占收入比重		
	2008 年度	2018 年度	2021 年度	2008 年度	2018 年度	2021 年度
户访护理	0.7	4.5	5.8	81.5	77.2	73.3
户访助浴护理	1.5	2.6	3.6	78.1	65.7	64.8
户访看护	2.7	4.2	4.4	79.4	76.5	73.9
日托护理	7.3	3.3	3.2	60.7	63.3	64.8
特定设施入居者生活护理	4.4	2.6	3.0	48.7	44.6	45.4
福祉器具租赁	1.8	4.2	4.7	49.6	36.5	38.5
居家护理支援	−17.0	−0.1	−1.6	99.4	83.4	78.3
认知症对应型日托护理	2.7	7.4	5.6	69.0	65.5	68.4
小规模多功能型居家护理	−8.0	2.8	3.1	72.7	68.5	67.6
认知症对应型集体生活护理	9.7	4.7	3.1	57.8	61.8	63.7

　　注：以上数据皆为年度数据，从该年 4 月至下一年 3 月。收支差率 =（护理服务营业收入 − 护
理服务费用）÷ 护理服务营业收入 ×100%，收支差率为税前数值。护理服务营业收入包括护理事业
收入和贷款利息补贴收入。护理事业收入包括护理报酬收入（含利用者本人负担部分），护理保险
适用范围以外的护理收入、补贴收入（针对运营费用的补贴）。护理服务费用包含护理事业费用、
贷款利息以及总部经费。
　　资料来源：日本厚生劳动省的《护理给付费实态调查》（2008 年）、《护理事业经营概况调查》
（2018 年和 2021 年）。

　　此外，如表 5.5 所示，人工成本占总成本比重与收支差率的变动之
间有较显著的负相关性。随着人工成本占总成本比重的下降，收支差率
得到了改善。可以推测，护理法人之间的经营效率也存在较大差异。另

外，对于多数的营利法人而言，人工成本依然是最大的费用支出。特别是劳动年龄人口大幅减少，经济逐渐从疫情影响中恢复，导致护理员工的招聘难成为社会性问题，可以预测今后人工成本的持续增加对企业经营将产生影响。并且，由于护理财政面临着资金不足问题，抑制护理给付增长速度将是长期的政策倾向。这在一定程度上会影响护理营利法人的经营状况。

5.3 营利法人护理保险适用范围外服务的提供状况

5.3.1 护理保险外服务

日本的护理保险有两种类型：第一类是以社会保险形式实施提供的护理保险，具有强制参保特征；第二类是民营保险公司提供的护理保险，属于任意保险，据推测，参保率约5%（铃木亘，2017）。护理服务供应商都可以为这两类护理保险的参保人提供护理服务，只是服务价格以及最终服务报酬的支付对象不同而已。因为民营保险公司提供的护理保险的参保率较低，一般情况下护理服务是指护理保险制度下提供的护理服务。护理保险制度适用范围之外（以下简称"护理保险外服务"）主要是指《护理保险法》法定给付对象外的服务。

正如前面所述，护理保险服务报酬属于公定价格，服务质量的优劣无法在价格上体现出来，对于众多护理法人而言确保营利并不容易。并且，护理保险制度实施以来，护理报酬整体处于下调趋势。对于进入护理行业的营利法人而言，过度依赖护理保险服务的经营方式存在较高风险。因此，开拓新的营业收入来源，分散经营风险是营利法人的必然选择。此外，随着外部环境的变化，也存在一定护理保险外服务的市场需求。例如，宣贤奎（2009）指出，仅仅依赖护理保险服务无法支撑需要护理/支援群体的日常生活，随着老龄化的加剧，对护理保险制度规定之外的护理服务需求也逐年增加。因此，市场需求增加了营利法人提供保险之外服务的可行性，促进了服务产品的开发与提供。

宣贤奎（2009）将护理保险外服务归纳为"横向服务"和"附加服

务"两大类，服务费用全部由利用者负担。① 所谓的"横向服务"主要包括供餐、配餐、应急呼唤、家政协助、外出支持、床上用品洗涤、室内卫生、上门美容、上门牙科诊疗、陪伴就诊、病人转移、适老化旅行、仪容护理、葬礼等。这些是维持老年人丰富多彩生活不可或缺的生活支援服务。"附加服务"是指根据护理利用人的需求提供的超过护理给付支付上限额度的护理服务，不包含市町村地方政府实施的增加护理利用次数或延长利用时间的补助部分。此处的"附加服务"类似于混合护理所提供的服务。

5.3.2　其他服务

营利法人除了积极开拓上述服务之外，还积极参与收费养老院、配套服务型老年人住宅的经营活动。收费养老院分为"配套护理型""住宅型""健康型"三类，划分的标准主要是根据有无护理服务、服务提供主体不同以及利用人入住和退出的基准。

"配套护理型"收费养老院是根据《护理保险法》规定，获得各个都道府县"特定设施入住者生活护理"认定的收费养老院。入住养老院后如需护理服务，可以直接利用该设施服务人员提供的护理服务。"住宅型"收费养老院属于可以利用居家户访护理服务等外部提供的护理服务的收费养老院，它与"配套护理型"收费养老院的不同之处在于，参与经营无须获得"特定设施入住者生活护理"认定。因此，需要护理之时，必须与提供居家护理服务的外部法人事先签订护理服务利用合同之后才能利用服务。"健康型"收费养老院主要针对不需要护理，能够独立生活的老年人设施。该设施对入住者提供饮食等服务。

日本厚生劳动省公布的数据显示，截至 2021 年 10 月 1 日，收费养老院的设施/事业所的数量总计 16724 所，定员人数 634395 人，入住人数540047 人，入住率为 85.7%；2008 年收费养老院为 3400 所，定员 176935人，入住人数是 140798 人，入住率是 79.6%。可见，机构数量以及定员、

---

① "横向服务"通常是指市町村通过独自财源提供的护理保险给付对象外的与需要护理人的生活密切相关的服务，服务费用因地方政府而异，一般利用人负担一部分。与本章分析内容略有差异。

入住人数都大幅增加。营利法人进入收费老人院相对容易，如表 5.6 所示，截至 2021 年 10 月收费养老院的经营主体中营利法人占比达到 82.7%。

表 5.6　　　　2021 年度收费养老院的经营主体设施数以及构成比

项目	公营	民营						合计
	市町村等	社会福祉法人	医疗法人	公益法人等	营利法人	其他法人	其他	
数量（所）	12	925	1543	13	13833	659	39	16724
占比（%）	0.1	5.5	9.2	0.1	82.7	3.9	0.2	100

注：数据截至 2021 年 10 月 1 日。

资料来源：日本厚生劳动省的《令和 3 年社会福祉等调查》。

配套服务型老年人住宅是指符合作为住宅必须具备的规模、设备等登记基准，至少满足设有专业护理人员能够提供安全确认服务和生活咨询服务义务条件，针对老年人出租的房屋。日本全国这类出租房屋的登记数量，从 2011 年 12 月的 112 栋 3444 户快速增加到 2023 年 6 月末的 8222 栋 28.35 万户。① 如表 5.7 所示，该种类型设施的经营主体也主要是营利法人。

表 5.7　　　　2021 年度配套服务型老年人住宅的经营主体设施数以及构成比

项目	公营	民营						合计
	市町村等	社会福祉法人	医疗法人	公益法人等	营利法人	其他法人	其他	
数量（所）	14	517	766	5	4433	228	46	6002
占比（%）	0.2	8.6	12.8	0.1	73.9	3.8	0.8	100

注：数据截至 2021 年 10 月 1 日。

资料来源：日本厚生劳动省《令和 3 年社会福祉等调查》。

近年主要由营利法人参与经营的收费养老院和配套服务型老年人住宅的市场规模快速扩大，主要原因是特殊养老院（以下简称"特养"）等公办养老护理设施的供给不足。"特养"设施与其他护理设施相比，具有利用者本人费用负担较低，入住之后如果本人无退出意愿，可以颐养终身等优势，希望入住接收护理服务的需求量巨大。然而，日本政府为了抑制护理费用的快速增加，对公办护理设施利用采取了一定的入住限制措施，提高了入住人员的护理认定等级。根据日本厚生劳动省 2022 年的调查数据，截

————————

① 资料来源：配套服务型老年人住宅信息提供系统。

至 2022 年 4 月 1 日，排队等待入住"特养"设施的人数从 2014 年的 52 万人减少到 25.3 万人。① 据此推测，极有可能一部分排队等待入住人员，由于政府的限制措施不得不改变计划，分流到收费养老院和配套服务型老年人住宅。两者成为排队等待入住特殊养老院的承接对象。考虑排队等待入住"特养"设施的人数，可以预见收费养老院等机构的市场规模还会持续扩大。

然而，如前田由美子（2013，2017）所指，在上市的大型护理营利法人公布的护理营业收入中，几乎没有明确区分护理保险服务内收入和护理保险服务外收入的具体金额或比重。护理保险服务外收入规模、占营利法人营业收入比重等也因为基础数据的不足而无法把握，所以以下分析的大型护理营利法人的护理收入中包含护理保险服务外的护理相关服务收入。

5.4　大型护理营利法人的实际状况

如上文所述，营利法人虽然可以在护理保险制度下参与护理服务提供，但是参与经营范围受到一定限制，主要是提供居家护理服务。随着护理服务市场规模扩大，跨界参与经营的企业数量也逐渐增加。由于日本非上市企业的财务报表等一般不公开，即使公开也仅是公布整体经营数据，部门数据鲜有公开，收集非上市企业的护理经营数据非常困难。因此，基于数据的可收集性，下面主要针对 35 家参与护理经营的上市企业展开分析（见表 5.8）。② 此外，本章分析的对象企业以 2022 财年的护理相关营业收入 50

---

① 该数据为日本厚生劳动省 2022 年 12 月 23 日公布的数据。2014 年推测的"特养"排队等待入住人数是 52 万人，在 2015 年将入住"特养"的护理等级提高至护理Ⅲ以上，导致排队等待入住"特养"人数大幅减少。

② 本章涉及的日医学馆股份有限公司由于私有化，于 2020 年 11 月 5 日终止在东京证券交易所主板上市，成为非上市企业。津久井股份有限公司在 2021 年 5 月 31 日被 MBK partners 收购，并于 2021 年 6 月 17 日终止上市。联合企业团体股份有限公司在 2021 年 6 月 10 终止上市被私有化，MBK partners 在 2023 年 1 月 27 日宣布了对该企业的收购。N. 菲尔德在 2021 年 2 月被投资基金 Unizon Capital 私有化收购，2021 年 6 月 1 日终止上市，成为非上市企业。本章在数据分析中涉及上述企业，特此说明。

亿日元以上为基准，低于此数值的上市企业不作为分析对象。在表 5.8 中附有各个企业的简称，如无特别说明，本章以下的分析一律使用企业的简称。

表 5.8　　　　　　　　2022 财年日本大型护理企业的营收状况

公司名称	总营业收入（亿日元）	护理营业收入（亿日元）	护理营收占总营收的比重（%）	2018 财年护理营收占总营收的比重（%）	文中简称
日医学馆股份有限公司	2979.7	1538.0	51.6	52.6	日医
SOMPO 控股股份有限公司	46071.3	1516.8	3.3	3.5	SOMPO
倍乐生控股股份有限公司	4118.8	1326.9	32.2	26.6	倍乐生
津久井股份有限公司	932.5	932.5	100	100	津久井
西科姆股份有限公司	11013.1	778.6	7.1	7.1	西科姆
学研控股股份有限公司	1560.3	722.4	46.3	22.8	学研
三特护理控股股份有限公司	525.5	525.5	100	100	三特护理
联合企业团体股份有限公司	585.6	522.0	89.1	86.9	UNIMAT
卲拉斯图股份有限公司	1310.9	485.4	37.0	31.4	卲拉斯图
综合警备保障股份有限公司	4922.3	475.1	9.7	6.0	综合警备保障
度假信托股份有限公司	1698.3	448.2	26.4	5.3	度假信托
care21 股份有限公司	384.0	384.0	100	100	care21
西普保健控股股份有限公司	5773.9	336.6	5.8	5.3	西普保健
魅力护理股份有限公司	290.7	290.7	100	100	魅力护理
日本护理供应股份有限公司	258.9	258.9	100	100	日本护理供应
Amvis 控股股份有限公司	230.7	230.7	100	100	Amvis
内山控股股份有限公司	269.1	214.6	79.7	65.7	内山控股
喜达尔股份有限公司	164.4	164.4	100	100	喜达尔
Leopalace21 股份有限公司	4064.5	139.4	3.4	2.8	Leopalace21
SUNWELS 股份有限公司	137.2	137.2	100	100	SUNWELS
Living Platform 公司	136.9	136.9	100	100	LP 公司
阿斯莫股份有限公司	197.2	135.0	68.5	69.9	阿斯莫
N. 菲尔德股份有限公司	117.4	117.4	100	100	N. 菲尔德
长乐控股股份有限公司	126.0	114.7	91.0	92.9	长乐

公司名称	总营业收入（亿日元）	护理营业收入（亿日元）	护理营收占总营收的比重（%）	2018 财年护理营收占总营收的比重（%）	文中简称
Human 控股股份有限公司	915.7	113.2	12.4	11.8	Human
Starts 股份有限公司	2338.7	111.7	4.8	4.2	Starts
京进股份有限公司	236.5	102.4	43.3	29.7	京进
FB 护理服务股份有限公司	96.2	96.2	100	100	FB 护理
护理服务股份有限公司	92.4	92.4	100	100	护理服务
日本 Hospice 控股公司	78.9	78.9	100	100	日本 Hospice
医疗一光股份有限公司	339.0	76.7	22.6	19.5	医疗一光
Like 股份有限公司	576.7	75.1	13.0	12.1	Like
穴吹兴产股份有限公司	1113.4	58.5	5.3	6.0	穴吹兴产
工藤建设股份有限公司	170.1	53.3	31.3	20.6	工藤建设
MEDIUS 控股股份有限公司	2216.9	53.1	2.4	2.4	MEDIUS

注：本表涉及的上市企业 2022 财年的护理营收是以 50 亿日元为基准筛选得到，不包含护理营收低于 50 亿日元的企业。医疗一光的财报年度是 2022 年 3 月至 2023 年 2 月，Like 公司、京进的财报年度是 2021 年 6 月至 2022 年 5 月，魅力护理、穴吹兴产、工藤建设、MEDIUS 的财报年度是 2021 年 7 月至 2022 年 6 月，学研、Amvis 为 2021 年 10 月至 2022 年 9 月，长乐和 care21 是 2021 年 11 月至 2022 年 10 月，日本 Hospice 是 2022 年 12 月财报年度数据。其他公司数据皆为截至 2022 年 3 月的财报数据。此外，日医是 2019 财年，津久井、UNIMAT 和 N. 菲尔德是 2020 财年数据。

资料来源：各企业年报。

5.4.1　护理营业收入和市场份额

如表 5.8 所示，2022 财年日本 35 家大型护理企业的护理相关营收总额为 12843.4 亿日元，占企业总营收的 13.4%。由于营利企业被禁止参与提供护理保险设施服务，只能提供居家护理和地区密切型护理相关护理服务（详细内容参见表 5.1），以 2022 年度居家护理和地区密切型护理给付初步统计数据为基准，上述企业 2022 财年的护理营收占该给付总额的 19.1%，市场占有率比上一财年提高了 0.5 个百分点。然而，在 35 家公司的护理相关营收中包含了护理保险外的服务收入，如果去除这部分营收，护理收入占整体的比重会更低。此外，SOMPO 公司的护理部门通过收购兼并，护理相关经营规模一举成为业界第二位，被视为跨界经营的典范。虽然，近几年以 SOMPO 为代表的跨界收购兼并，以及护理行业内企业并购有加速迹象，但是就上述数据而言，护理行业集中度较低，依然是中小规模经营为主。

大型护理上市企业中护理营业收入排名前 10 位的企业营收变动状况如表 5.9 所示。2008~2022 年，虽然护理营业收入排名前 10 位企业有部分变动或名次有所变化，但是总体营收大幅增加。2022 财年的护理营业收入是 2008 财年的 2.76 倍，其中第 10 名的护理营收增加了 489.5%。此外，排名前 10 的护理营收占护理给付费（居家护理和地区密切型护理总计金额）的比率从 2008 财年的 5.4% 上升到 2018 财年的 12.0%，2022 财年达到 13.1%，说明护理行业的经营集中度有所提高。正如堀田真理（2017）分析指出的，通过收购兼并，护理企业的经营规模在不断扩大的同时，经营资源逐步向大企业集中。

表 5.9　　　　　　　大型护理企业的护理相关营收变化　　　　　　单位：亿日元

2008 财年		2018 财年		2022 财年	
日医	997.7	日医	1514.4	日医	1537.0
倍乐生	403.5	SOMPO	1275.2	SOMPO	1516.8
津久井	361.8	倍乐生	1170.6	倍乐生	1326.9
西科姆	353.5	津久井	863.5	津久井	932.5
Message	319.3	西科姆	724.5	西科姆	778.6
UNIMAT	247.9	UNIMAT	476.5	学研	722.4
三特护理	197.9	三特护理	411.0	三特护理	525.5
和民	146.9	度假信托	347.3	UNIMAT	522.0
长乐	84.5	care21	281.2	卸拉斯图	485.4
日本护理供应	80.6	综合警备保障	266.6	综合警备保障	475.1
总计	3193.6	总计	7330.8	总计	8822.2

注：联合企业团体股份有限公司 2008 财报是截至 2009 年 5 月的数据，长乐控股股份有限公司和 care21 股份有限公司截至 2008 年 10 月，其他为截至每年 3 月的数据。在 2022 财年数据中，因日医、津久井、UNIMAT 被私有化，3 家企业的数据分别为 2019 财年和 2020 财年数据。

资料来源：各企业的年报和《有价证券报告书》。

2021 年度的护理报酬改定幅度上调了 0.7%，考虑到今后护理需求还会大幅增加，以及护理财政的严峻性，期待大幅上调护理报酬不太现实。另外，由于护理行业人手短缺导致用工成本增加，以及新冠疫情影响和行

业竞争激化等，经营环境恶化引起的相关企业倒闭在不断增加。东京商工
调研公布的一项调查数据显示，2022 年"老人福祉、护理事业"倒闭的法
人数量是 143 所，负债总额是 221.4 亿日元（同比增加 71.8%），创护理行
业年度最高纪录；倒闭企业中，员工人数为 10 人以下占整体的 88.1%，公
司成立 5 年以内的占 31.5%，负债金额 1 亿日元以内的小微法人占倒闭总
数的 78.3%。经营规模小、成立时间短的公司倒闭件数的增加推高了整体
的倒闭数量。从倒闭企业结构可以推测，经营环境的变化正在加速护理行
业的内部淘汰，大型护理企业可以凭借资金和经营实力通过并购扩大经营
规模。此外，该调查还显示，2022 年关闭和解散的护理法人达到 495 家，
同比增加 15.6%。今市辽佑（2015）的研究结论认为，护理行业也存在规
模经济效应。随着护理行业经营规模集中，规模经济效应会有利于促进护
理行业劳动生产率的提高，又会进一步加速小微护理企业的淘汰。

5.4.2　上市公司护理保险外服务收入

如前面所述，护理企业除提供护理保险规定的护理服务之外，为了增
加营业收入还为服务对象提供护理保险之外的服务。例如，家政协助、陪
伴就诊、配餐、保健商品销售、收费养老院和配套服务型老年人住宅入住
服务等。护理保险外服务费用，一般由服务利用人负担。主要上市护理企
业中仅有个别企业公布了护理保险外的营业收入，因此，无法推测护理保
险外服务的市场规模的大小。日医公司 2013 财年的股东大会发布的资料
中，公布了 2011 财年和 2012 财年的护理保险外营业收入分别为 111.5 亿日
元和 124.7 亿日元，分别占当年护理营业收入的 8.1% 和 8.8%，年增长率
为 11.8%，大幅高于护理保险服务营业收入的增长幅度（1.2%）。除这两
年的数据，在日医公司的年报等资料中没有公布其他财年的相关数据。

在上市护理企业中，UNIMAT 公司在每年度的财报中都具体公布了护
理保险内服务收入和护理保险外服务收入的金额。2020 财年的护理保险外
服务收入为 146.3 亿日元，占护理营业收入的 28%，2015 年之后该比率值
的波动并不显著（见图 5.4）。说明护理保险外服务收入增加速度趋缓，增
加速度大致与护理保险内服务收入相近，极有可能护理保险外的市场开拓
进展并不顺利。

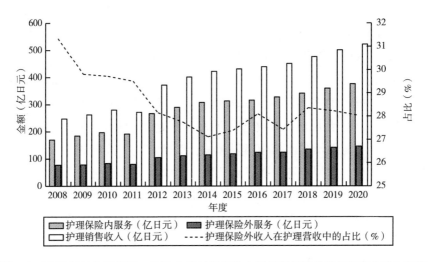

图5.4　UNIMAT 公司 2008～2020 年度护理保险内及护理保险外的护理营业收入变化

资料来源：UNIMAT 公司各财年年报和《有价证券报告书》。

此外，UNIMAT 公司 2012 财年的护理保险外服务收入是 104.6 亿日元，对应的护理营业收入是 371.6 亿日元。就护理营业收入规模而言，UNIMAT 公司在拓展护理行业的多元化经营方面要比日医公司积极。对于护理保险外服务收入的盈利状况，UNIMAT 公司在年度财报中没有具体公布。因此，无法判断护理保险外服务的盈利状况对护理部门整体利润的贡献程度。对护理企业而言，拓展护理保险外服务市场的影响因素主要来自两方面：一是护理保险外服务的盈利程度；二是护理保险外服务全额为利用者本人负担，需考虑利用者的负担承受能力。

5.4.3　大型护理企业的特征

基于分析上的便利，本章对上市护理企业作如下划分：护理部门营业收入占公司总营业收入 90% 以上的称为护理专业企业；护理部门营业收入占比 50% 以上低于 90% 的护理业务作为企业的核心业务；占比 25% 以上低于 50% 的企业，将护理业务定为该企业的基本业务；护理部门营业收入在 25% 以下作为企业的副业。

图 5.5 是 35 家大型护理企业 2022 财年的护理营业收入和营业收入比

率的散点图，其中营业收入比率是用护理营业收入除以总营业收入的比率值。首先，就经营规模而言，护理专业企业除了津久井公司和三特护理控股的经营规模较大之外，其余都相对比较小。按照常理，护理专业企业参与护理经营的历史大多比较悠久，属于行业的开拓者，理所当然应该拥有较大的经营规模，然而事实并非如此。例如，总公司位于东京的护理服务股份有限公司从 1970 年开始参与老人福祉事业的经营活动，2022 财年的护理营业收入只有 92.4 亿日元。再如，总公司位于九州福冈县北九州市的喜达尔公司的情形也非常相似。作为开拓者常年深耕于护理行业，行业经验以及经营能力应高于后发企业，为什么对扩大经营规模比较保守？这些企业又都是上市企业，有一定的筹资渠道，可以推测资金问题不是妨碍企业经营规模扩张的主要因素。不排除企业相对于经营规模扩张，更重视经营质量的可能性，因此对扩张经营规模持有谨慎态度。究竟是出于何种动机谨慎扩张，是一个值得深入研究的问题。

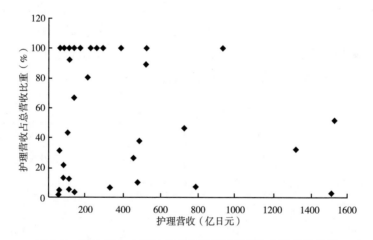

图 5.5　2022 财年大型护理企业的护理营收和占总营收比重

资料来源：根据各企业年度财报数据制作。

其次，以护理服务为副业的企业中，护理营业收入少或护理之外营业收入金额巨大的特征非常显著。2022 财年 SOMPO 公司护理部门的营业收入是 1516.8 亿日元，营业额排在护理行业第二位，因其他部门的营业收入金额巨大，护理业务营收占比只有 3.3%（见表 5.8）。SOMPO 公司的主营业务是损害保险和海上保险，是最近几年跨界进入护理行业的著名案例。SOMPO 公司于 2015 年 12 月合并收购了和民股份有限公司的子公司和民护理股份有限公司，2016 年 3 月又对 Message 股份有限公司实施了私有化收购。通过上述并购，护理部门的营收规模一举成为行业第二。日医公司是唯一护理营业收入超过 1000 亿日元，以护理服务业作为核心业务的企业。

　　大型护理上市企业的另一个显著特征是，参与护理经营企业的所属行业众多，许多是跨界经营（见表 5.10）。这也表明护理行业进入壁垒较低，从其他行业进入相对比较容易。对于跨界经营企业，护理部门能否和原先经营的业务部门产生协同效应，今后还需确认。三宅卓（2015）认为资金雄厚的大公司通过并购进入护理行业，凭借大企业的资金力量扩大设备投资，充实服务内容，这点值得期待。类似 SOMPO 公司进入护理行业，提高行业集中度，促进资本设备投资，从而实现人均资本劳动比率的提高，最终实现提升劳动生产率的目的。或者在经营规模扩大过程中，通过护理服务内容的多样化和标准化，发挥企业内部的协同作业效应，提高资源的利用效率。根据笔者的管见，还无相关的计量实证分析。随着跨界经营的增加以及数据的积累，还需要深入分析把握跨界经营效应以及协同效应、规模效应的有无或程度，这是今后的研究课题之一。

表 5.10　　　　　　　　　跨界经营企业的行业类别

企业名称	核心业务	企业名称	核心业务
日医	护理、医疗	邵拉斯图	医疗事务劳务派遣
SOMPO	保险	Leopalace21	不动产
倍乐生	教育	阿斯莫	食品
西科姆	安保	Human	教培
度假信托	宾馆	医疗一光	处方药店
综合警备保障	安保	穴吹兴产	不动产
西普保健	医疗	工藤建设	建筑
学研	教培	Starts	不动产、建筑
京进	教培	Like	保育、劳务派遣
MEDIUS	医疗器具销售		

资料来源：各企业的《有价证券报告书》。

5.5 大型护理营利法人的经营特性

5.5.1 大型护理企业的经营状况

护理保险服务价格属于公定价格，具有无法通过价格反映服务质量优劣的特性。然而，护理保险服务利用之前，需护理人必须事先和护理服务供应商签订合同，并且利用人有选择与任一护理服务供应商签订合同的权利。从这个层面弥补了部分由于服务价格公定，且三年改定一次，难以发挥市场价格应有功能的缺陷。这主要借助于护理服务利用人通过各种信息判断服务供应商的服务质量，既然服务是同一价格，当然会选择服务质量高的服务供应商。并且，护理法人规模越大，能够提供的护理服务种类就越多，容易满足护理服务的多层次、多种类的需求，提高服务利用人的便利性，容易获得更多的护理业务。而且，企业规模大也能为持续经营提供一定保障，能够持续提供相应的护理服务，降低服务利用人更换服务供应商的成本费用。因为护理保险下的护理服务边际收益是一定的，所以获得的护理需求越大，意味着护理营业收入就越多，有利于促进企业经营稳定的同时，伴随规模扩大以及服务内容的多样化又有利于提高劳动生产率。

表5.11～表5.14显示了各类大型护理企业2022财年的经营指标，这些指标仅仅针对企业的护理部门经营状况。表中"护理业务内容"列的"综合护理"是指能够提供所有护理服务，"收费"是收费养老院的简称，"日托"指日托护理，"户访"即户访护理（上门护理），"老住"就是"配套服务型老年人住宅"，"居家"是居家护理服务的简称，"福祉器具"是指福祉器具租赁和销售。

表5.11　　2022财年护理专业企业的经营指标

企业名称	护理营收（亿日元）	营业利润（亿日元）	利润率（％）	营业成本（亿日元）	成本率（％）	护理业务内容
津久井	932.5	28.9	3.1	804.6	86.3	综合护理
三特护理	525.5	25.4	4.8	461.4	87.8	综合护理

续表

企业名称	护理营收 （亿日元）	营业利润 （亿日元）	利润率 （%）	营业成本 （亿日元）	成本率 （%）	护理业务内容
care21	384.0	11.1	2.9	291.2	75.8	综合护理
魅力护理	290.7	23.1	7.9	244.2	84.0	收费养老院
日本护理供应	258.9	21.2	8.2	164.2	63.4	福祉器具
Amvis	230.7	61.3	26.6	133.9	58.0	安宁护理、看护
喜达尔	164.4	1.4	0.9	148.5	90.3	收费 + 日托
SUNWELS	137.2	14.3	10.4	99.7	72.7	PD 专护
LP 公司	136.9	Δ2.3	Δ1.7	124.2	90.7	收费养老院
N. 菲尔德	117.4	7.7	6.6	97.2	82.8	户访看护
长乐	114.7	1.2	1.0	96	83.7	收费 + 户访
FB 护理	96.2	5.4	5.6	80.7	83.9	收费养老院
护理服务	92.4	4.3	4.7	79.8	86.4	日托护理
日本 Hospice	78.9	9.6	12.2	63.1	80.0	医护、户访看护

注：各企业数据主要是 2023 年 3 期财报数据，一些企业的财年期限略有不同，详细说明请参照表5.8的注释。PD 专护是指在 PD 之家等为帕金森病患者提供专门医护。Δ 表示亏损。

资料来源：各企业年报和《有价证券报告书》。

表 5.12　　　　　　2022 财年护理作为副业企业的经营指标

企业名称	护理营收 （亿日元）	营业利润 （亿日元）	利润率 （%）	护理业务内容
SOMPOHD	1516.8	7.9	0.5	综合护理
西科姆	778.6	58.7	7.5	综合护理
综合警备保障	475.1	5.28	1.1	综合护理
西普保健	336.6	20.5	6.1	收费养老院
Leopalace21	139.4	Δ12.1	Δ8.7	综合护理
Human	113.2	2.1	1.9	综合护理
Starts	111.7	5.9	5.3	综合护理
医疗一光	76.7	Δ0.3	Δ0.4	收费养老院
Like	75.1	4.3	5.7	收费 + 老住
穴吹兴产	58.5	2.2	3.8	收费养老院
MEDIUS	53.1	4.6	8.7	收费养老院

注：各企业数据主要是 2023 年 3 期财报数据，一些企业的财年期限略有不同，详细说明请参照表5.8的注释。Δ 表示亏损。

资料来源：各企业财报和《有价证券报告书》。

表 5.13　　　　　　2022 财年护理作为核心业务企业的经营指标

企业名称	护理营收 （亿日元）	营业利润 （亿日元）	利润率 （%）	护理业务内容
日医	1538	158.6	10.3	综合护理
UNIMAT	522	44.8	8.6	综合护理
内山控股	214.6	8.6	4.0	综合护理
阿斯莫	137.2	4.4	3.2	户访＋居家

注：各企业数据主要是 2023 年 3 期财报数据，一些企业的财年期限略有不同，详细说明请参照表 5.8 的注释。

资料来源：各企业年报和《有价证券报告书》。

表 5.14　　　　　　2022 财年护理作为基本业务企业的经营指标

企业名称	护理营收 （亿日元）	营业利润 （亿日元）	利润率 （%）	护理业务内容
倍乐生	1326.9	66.5	5.0	综合护理
学研	722.4	56.3	7.8	老住
卻拉斯图	485.4	25.2	5.2	综合护理
度假信托	448.2	60.5	13.5	收费养老院
京进	102.4	Δ2.5	Δ2.4	综合护理
工藤建设	53.3	1.4	2.6	收费养老院

注：各企业数据主要是 2023 年 3 期财报数据，一些企业的财年期限略有不同，详细说明请参照表 5.8 的注释。Δ 表示亏损。

资料来源：各企业年报和《有价证券报告书》。

营业利润是反映企业在经营活动中赚钱能力的重要指标。虽然仅依据一年的经营数据很难反映企业的经营状况，但是同是护理部门的盈利指标，具有一定的横向比较价值。从表 5.11～表 5.14 中数据可以得出，护理营业收入规模大或者提供护理服务种类多的企业能够获得一定的营业利润。而且，营业利润率和护理营业收入之间存在一定的正相关。护理企业经营结果验证了今市辽佑（2015）提出的护理行业也存在规模经济效应的结论。SOMPO 公司 2022 财年的护理部门营业收入达到 1516.8 亿日元，营业利润仅有 7.9 亿日元的主要原因是对前期实施大型并购发生的商誉费用等进行处理所致。Amvis、日本护理供应和度假信托的营业利润率较高。Amvis 主要从事安宁护理、看护并涉及居家医疗等，利润率相对较高；日本护理供应的核心业务是福祉器具租赁和销售，人工成本占比较低；度假信托的护理营业收入中包含部分医疗关联的销售收入，可能对营业利润产生影响。

根据 2008～2020 年度的平均营业利润率，护理营业收入规模较大的日医（6.5%）、倍乐生（6.6%）、津久井（5.9%）、UNIMAT（7.1%）维持在较高水准，并且几乎没发生经营性亏损。因此，可以推测企业规模越大，越有可能实施标准化经营有利于成本控制，应对外部风险（如护理报酬下调）能力越强，能够维持经营的稳定性。

上市护理专业企业都公布了护理服务的生产成本，其他护理上市企业仅公布了总收入的生产成本，没有护理部门的生产成本。就 14 家上市护理专业企业的生产成本而言，存在较大的差异（见表 5.11）。本章选择部分上市历史比较长久的护理企业 2008～2020 财年 13 年平均生产成本占营业收入比率以及 2020 财年成本率进行了比较（见图 5.6）。

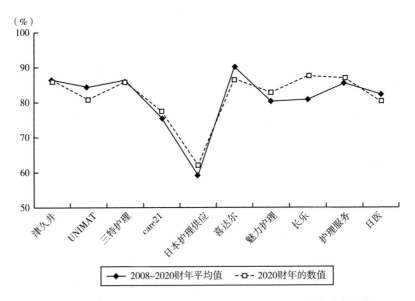

图 5.6 大型护理企业的平均销售成本率和本期销售成本率的比较

注：平均销售成本率 =（2008～2020 年平均营业成本）÷营业收入×100%，本期销售成本率 = 本期营业成本÷营业收入×100%。日医公司的数据为母公司数据，母公司的护理营收占合并报表护理业务总营收的 81.6%（2008～2019 年的平均值），因此母公司的成本销售率可以代表护理业务部门。各企业数据主要是 2021 年 3 期财报数据，一些企业的财年期限略有不同，详细说明请参照表 5.8 的注释。

资料来源：各企业年报和《有价证券报告书》。

因各个企业提供的护理服务类别不同，劳动投入和资本投入占成本比重存在一定差异，导致成本率存在一定差距。如图 5.6 所示，各护理上市企业的生产成本占比相对比较稳定，企业规模和成本率存在一定的负相关，说明规模较大的护理企业在"销售及一般管理费"的成本控制相对较好。今后，有必要通过计量分析，验证护理企业规模、护理业务内容等与生产效率的关联性。

5.5.2　大型护理企业的生产率

护理保险服务的报酬属于公定价格，用"单位"表示。每一种类型的护理服务都规定有一定的单位数，并且同一护理服务的单位数在全国范围内相同，没有地区差异。1 单位的基本单价是 10 日元，考虑地域间的经济差距以及劳动成本等差异，使用"地域单价"进行调整，并且根据服务类型还存在服务价格加算。"地域单价"和"加算"可能会对护理企业的营业收入产生影响，对于在全国主要地区开展业务的上市护理企业而言，这种影响不会存在显著的差异。因此，本章将护理营业收入作为护理生产额，假定人均生产额多寡表示生产效率的高低。

护理服务属于对居民服务，是典型的劳动密集型行业，在护理服务生产提供过程中需要投入大量劳动力。一般情况下，企业为了节约成本，除正式员工外，还会雇佣非正式员工（包括合同工、派遣工、临时工等）。在企业的财报中，大型护理企业的员工除正式雇佣之外，还存在大量的非正式雇佣，非正式雇佣员工以"平均临时雇佣人数"公布。问题是公布的非正式员工的统计方式存在差异。例如，UNIMAT 公司将该财年的临时雇佣人数以每天工作 8 小时为基准，折算为具体人数进行公布，而多数企业直接以"平均临时雇佣人数"项目，公布这一财年中非正式员工的平均雇佣人数。

图 5.7 是 34 家大型上市护理企业（护理部门）的临时正式雇佣比和人均生产额的散点图，数据为 2022 财年各企业公布的年度数据。① 如上文所述，临时雇佣人数的统计方法存在一定差异，虽然无法进行单纯比较，但是可以观察到临时正式雇佣比越低，人均生产额越高的倾向。这种差异是

---

①　Like 股份有限公司的护理部门员工全部是正式雇佣，因此该图不包括 Like 公司数据。

因为正式雇佣比率越高，导致员工的工作积极性越高？或者是减少离职促进员工的稳定性，从而提升员工工作年限，实现员工素质提升？还是因为主营护理服务类型不同所产生的差异？或者是部门之间的协同作业效应？因受数据制约，本书无法进一步深入分析。总而言之，这是一个值得深入分析的问题。

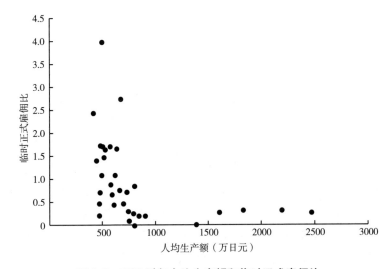

图 5.7　2022 财年人均生产额和临时正式雇佣比

注：临时正式雇佣比 = 年平均非正式员工雇佣人数 ÷ 年平均正式员工雇佣人数。数据为 2022 财年数据，企业的财年期限略有不同，详细说明请参照表 5.8 的注释。其中，日医、UNIMAT 公司和津久井是 2019 财年数据，N. 菲尔德是 2020 财年数据。

资料来源：各企业年报和《有价证券报告书》。

5.6　总　　结

本章主要针对营利法人参与经营的护理保险服务进行研究。分析结果表明，营利法人经营范围主要集中在户访护理、户访助浴、认知症对应型集体生活护理、特定设施入居者生活护理以及福祉器具租赁等领域。高龄老年人口的增加以及政府护理政策导向的变化，促进了居家护理服务和地区密切型护理服务市场规模的扩大。营商环境的改变有利于营利性企业开拓业务，然而由于进入壁垒比较低，跨界经营比较容易，因此竞争非常激烈。

本章分析的35家大型护理企业2022财年的护理相关营收总额为12843.4亿日元，占2022年度护理给付费的19.1%。虽然前10位的企业护理营业收入在2008~2022年增加了2.76倍，占该领域比重从5.4%上升到13.1%，经营集中度有所提高，但是并没有改变护理行业依然是中小规模经营为主的现状。随着竞争激化等经营环境的变化，护理行业有加速淘汰的迹象，经营资源有进一步向大型护理企业集中的趋势。

以护理营业收入和营收比率（护理营收/总营收）为基准对上市护理企业进行分类，发现护理专业企业的规模相对较小。以护理为副业的企业之中存在护理营收很少或者护理之外的营收金额巨大的特征。并且，跨界进入护理行业的企业行业特征呈多样性。近几年以SOMPO为代表的跨界收购兼并，以及护理行业内企业并购有加速迹象。跨界收购兼并有利于提高行业集中度，促进资本设备投资，加速资本深化，有利于提升劳动生产率。同时经营规模扩大也利于护理服务内容的充实化和标准化，有利于发挥企业内部的协同作业效应，进而提高资源的利用效率。

大型护理企业的经营指标方面，观察到护理营收规模越大，营业利润率越高的倾向。即护理行业极有可能存在规模经济效应。此外，对上市专业护理企业的生产成本比较结果显示，规模较大的护理专业企业对"销售及一般管理费"的成本控制可能优于规模较小的上市护理专业企业。通过临时正式比率和人均生产额组合分析，可以观察到临时正式比率越低，人均生产额越高的倾向。随着护理行业经营规模集中，规模经济效应会有利于促进护理行业劳动生产率的提高。

大型护理企业为了避免过于依赖护理保险服务，实现营业收入的多元化，积极参与护理保险外服务的开拓。根据UNIMAT公司公布的护理保险外服务营收，市场拓展不容乐观。本章分析内容并没有对大型护理企业的护理业务内容、企业规模、护理服务类型及数量、主要营业地区、跨界经营企业的主营业内容、部门间协同作业和生产效率的相关性展开分析。今后有必要通过计量分析进行确认。

第6章 护理服务业劳动力资源逆向配置的影响效应

    护理服务业已成为日本就业增长的重要引擎，同时该行业的快速崛起意味着劳动力资源正向护理服务业配置，导致就业结构发生变化。一般认为护理服务是对人服务，属于劳动密集型行业[①]，劳动生产率较低（下野惠子，2004；村田修，2011；绫高德，2014；森川正一，2016；田荣富、王桥，2019）。而劳动生产率与经济增长（白川浩道等，2009）、工资水平（村田修，2011；绫高德，2014；明治安田生活福祉研究所，2014；田荣富，2020）有着密切的关系。[②] 日本经验表明，严重的人口老龄化会导致护理需求大幅增加，必然影响供给结构，加速劳动等生产要素向护理服务业配置。劳动力资源向劳动生产率较低的护理服务业流动将对全国平均劳动生产率产生怎样的影响？本章首先测算日本护理服务业的劳动生产率，从时间序列角度分析其变化趋势，并与其他行业进行对比。然后，测算劳动力资源配置变化对全国平均劳动生产率增长率的影响程度。

---

    ① 在日本总务省公布的投入产出表中（行业中分类 108 个部门），护理是作为一个独立行业部门对待的。虽然日本护理保险制度从 2000 年 4 月开始实施后，允许民间营利法人进入居家护理服务，但是，如设施护理服务等方面至今未对营利法人开放。并且，各类护理服务价格也是由政府设定的公定价格。因此，严格地讲护理保险制度下提供的护理服务还不能成为一个真正行业或产业，依然有较强的事业性质，因此本章中如无特别强调统一采用"护理服务"或"护理服务业"进行表述。

    ② 笔者根据日本经济产业省公布的 2021 年日本经济普查数据，按大行业分类的 14 个行业（不包括农林渔业、采矿业、水电煤气）就业人员人均工资收入和人均劳动生产率之间存在高度相关（$R^2 = 0.883$），劳动生产率高的行业对应较高的工资水平。

6.1　护理服务业劳动生产率测算范围

本章首先测算日本护理保险设施的劳动生产率，然后推测护理保险服务整体的劳动生产率。护理保险设施是指根据《护理保险法》规定，能够为利用人提供护理保险服务的居住型护理机构。截至 2023 年 8 月，护理保险设施包括护理老人福祉设施、护理老人保健设施、护理疗养型医疗设施和护理医疗院等四大类。护理医疗院于 2018 年 4 月设立，主要是替代护理疗养型医疗设施，本章不单独测算。护理保险服务是指根据日本《护理保险法》相关规定提供的护理服务，文中的护理服务如无特别说明，皆为护理保险服务。以下对劳动生产率测算对象的基本概况进行简要说明。

6.1.1　护理保险三设施的基本概况

护理老人福祉设施一般称为特别养护老人院（以下简称"特养"），是为中重度护理认定者提供日常生活、护理服务的设施。该类设施主要由社会福祉法人运营，以提供日常生活必需的护理服务为中心，附带康复训练和娱乐服务等。入住对象原则上是护理认定等级Ⅲ以上、居家生活困难的老年人，使其能安度晚年，并提供临终护理的公共护理设施。该类设施主要特征有以下 3 点：（1）因为是公共设施，所以在养老院之中相对入住费用性价比最高；（2）能够提供看护，可以在此度过最后的人生；（3）排队等待入住时间不同地区差异较大。设施运营费用主要由护理保险财政投入，入住者需要负担"设施服务费""床位费""餐费（伙食费）""日常生活费"等费用。根据家庭收入状况"护理服务费""床位费""餐费"可以申请减免。并且不收取一次性设备使用费（赞助费），与民间运营的收费养老院相比费用低廉，性价比高，因此非常有人气。根据日本厚生劳动省公布的数据，截至 2022 年 4 月 1 日，日本全国排队等待入住"特养"设施的人数为 25.3 万人。护理老人福祉设施相关基本数据信息详见表 6.1。

表 6.1   护理保险三设施的基本概况

项目	护理老人福祉设施	护理老人保健设施	护理疗养型医疗设施
设施数（所）	8414	4279	421
床位数（万床）	58.6	37.1	1.4
每设施平均床位数（床）	69.6	87.0	32.5
平均利用率（%）	95.5	88.8	83.2
从业人数（万人）	48.7	27.4	1.7
其中：护理员（万人）	29.6	12.8	0.5
护理利用人数（万人/月）	57.1	34.7	0.7
护理给付费（亿日元/月）	1540.7	1004.6	21.7
人均给付额（万日元/月）	27.3	29.4	32.5
护理费用总额（亿日元/月）	1682.7	1098.7	24.3
人均护理费用（万日元/月）	29.5	31.7	34.6

注：护理服务利用人数、护理给付费、护理费用总额为 2022 年 12 月数据。护理费用总额包含了本人利用护理服务时个人负担部分（10% 或 20% 或 30%），不包括超额服务费以及床位费、餐费的公费负担部分等。护理服务机构数、从业人员为 2021 年 10 月 1 日数据。

资料来源：日本厚生劳动省《护理保险事业状况报告（暂定）》《护理给付费等实态统计　月报》《令和 3 年度护理服务设施/事业所调查》。

护理老人保健设施是处于居家和医院两者之间的护理设施（以下简称为"老健"），主要是医疗法人和社会法人运营。入住对象为护理认定等级 I ～ 等级 V，主要针对治疗结束出院后回归家庭日常生活之前需要医疗护理和康复训练的老年人。"老健"除配置医生、护士以及护理员工外，还有康复专业技师。因此，入住"老健"后既可以接收日常生活护理，还可以接收医疗护理和康复训练。然而，"老健"主要是以回归家庭日常生活为目标，原则上入住期限为 3～6 个月，禁止长期滞留，这是和"特养"的不同之处。因为是公有护理设施，所以不收取一次性设备使用费（赞助费），"床位费"和"餐费"可以根据家庭收入状况申请减免。整体费用大幅低于收费养老院。"老健"的主要数据见表 6.1。

护理疗养型医疗设施的入住对象为护理认定等级 I ～ 等级 V，需要"导管供养""吸痰""癌症疼痛管理"等持续性医疗、护理服务的老年人。实际入住人员以护理认定等级 III 以上的中重度护理认定老年人为主。虽然，在护理疗养型医疗设施可以接受助餐、排泄介助等护理服务，但是该设施原属于医疗机构，主要是针对从急性疾患恢复过程中卧床不起的老年人提供医学护理服务。因此，利用人身心状况获得改善后，一般会要求退出。护理疗养型医疗设施不收取一次性设备使用费（赞助费），每月整体费用略高于"老健"，又具有医疗护理、身体机能训练充实等特色，入住难度较高。由于《护理保险法》的修订，护理疗养型医疗设施截至2024年3月末结束，现有设施主要由2018年4月新设的护理医疗院承接。护理疗养型医疗设施的相关数据如表6.1所示。

6.1.2　日本护理服务体系的基本概况

日本护理保险服务按照服务提供方式大致可分为三大类：居家服务、地区密切型服务和设施服务。护理保险设施服务主要是指前面所述的护理保险四类设施。护理保险居家服务是指保险参保人在获得护理认定之后，在维持居家生活的前提下可利用的护理保险提供的护理服务。护理认定人居住在经济型养老院和收费养老院时，利用的护理服务也划归于居家服务。因此，居家护理服务又可分为访问系、日托系、短期入住系和其他服务等四种类型。不论是护理利用人数还是护理服务费用，居家护理服务都占据主导地位（见表6.2）。

表6.2　　　　2022年12月日本主要护理服务类别及相关数据

项目	居家服务	地区密切型服务	设施服务	总计
设施数（所）	225438	70378	13731	309547
从业人数（万人）	128.9	44.3	65	238.2
其中：护理员（万人）	68.4	31.8	38.7	138.9
护理利用人数（万人/月）	416.8	90.7	95.3	602.8
护理给付费（亿日元/月）	4242.7	1452	2723	8417.7
人均给付额（万日元/月）	10.2	16	28.6	14
护理费用总额（亿日元/月）	4534.1	1620.4	2977.6	9132.1
人均护理费用（万日元/月）	10.9	17.9	31.2	15.1

注：护理服务利用人数、护理给付费、护理费用总额为2022年12月数据。护理费用总额包含了本人利用护理服务时个人负担部分（10%或20%或30%），不包括超额服务费以及床位费和餐费的公费负担部分等。护理服务机构数、从业人员为2021年10月1日数据，本表中的从业人员及护理员工人数为常勤换算人数。

资料来源：日本厚生劳动省的《护理保险事业状况报告（暂定）》（令和5年2月）、《护理给付费等实态统计　月报》《令和3年度护理服务设施/事业所调查》。

地区密切型服务是 2006 年 4 月开始实施的以地方为中心提供的护理服务。服务利用人必须拥有服务提供主体所在地的住所。根据服务方式内容可分为访问、日托型服务，认知症应对型服务和设施及特定设施型服务。如表 6.2 所示，居家护理服务利用人数最多，设施护理服务利用人数虽少，但是护理保险给付金额占比高达 33.3%，远高于利用人数比例。[1] 护理保险除提供相关护理服务，还有护理预防服务等。本章测算的护理服务劳动生产率包括护理预防服务。

6.2 日本护理服务业的劳动生产率测算

6.2.1 生产率概念

生产率是一个内涵丰富的概念，一般用产出/投入的比率来表示，是作为衡量效率的一种指标。生产率增长率是指该种生产率的变化率。虽然通常用生产率来表示技术进步，但是并非完全是技术进步。生产率作为技术进步的代理变量被使用的同时，实际上在既有技术水平（技术一定的条件下）所实现的效率提升，也有节约成本等因素的影响。

在生产率核算过程中，对投入采用何种要素来测算尤为重要。如投入采用单一生产要素来衡量产出被称为单一要素生产率，如采用多种要素来衡量产出叫作多要素生产率（MFP）。投入用劳动则是劳动生产率，用资本则是资本生产率，如果投入是多种生产要素（劳动 + 资本 + 中间投入）就属于多要素生产率。另外，产出是使用附加值（增加值）还是采用包含中间投入的产出，也会导致生产率的定义产生差异。生产率还会因测算范围（企业、行业、全国）不同而异。在生产率分析中具有代表性的指标是劳动

---

① 根据日本《护理保险法》的规定，护理保险服务设施只能由社会福祉法人等公益性法人设立，至今没有向营利法人开放。2000 年 4 月《护理保险法》开始实施，居家护理服务允许营利法人进入运营。为了避免发生居家护理服务利用人的过度消费和提供护理服务企业的引诱消费等道德风险，对于不同要护理认定等级明确规定了护理给付上限金额。例如，要护理等级为 I ~ V 级的护理保险最大月给付金额分别为 167650 日元、197050 日元、260480 日元、309380 日元和 362170 日元，这种限制必然影响护理服务利用人的利用次数，从而达到减少护理给付的目的。

生产率、资本生产率和多要素生产率。[①]

劳动生产率是指1单位劳动投入量对应的产出水平，表示劳动者人均或者每小时劳动成果的指标。现在，一般所指的生产率通常是指劳动生产率，该指标是衡量生产率指标中最有代表性的。虽然，该指标受资本、技术进步、中间投入变动的影响，投入只考虑劳动存在一定的缺陷，但是相对于多要素生产率而言，其数据容易收集、计算简单、不易产生误差等优势较为明显。在经济分析中，多要素生产率一般作为技术进步的代理变量，并不完全是技术进步；它除包括技术进步的代理要素之外，还包含规模经济的程度、经营效率的提升、劳动能力的提高、核算误差等；作为一种高级别的指标，它也存在受到数据不完整的限制、计算过程复杂、核算误差大、要因分析难等缺陷，而劳动生产率在这方面的优势较为明显。

并且，劳动生产率已经反映了在一定技术水平下各种要素资源的增减、配置和利用状况的结果。本章所使用的生产率指标是劳动生产率指标，用粗附加值（增加值）除以劳动投入量得到。此外，劳动生产率是指行业层面的平均劳动生产率。

6.2.2　前提假设与测算方法

6.2.2.1　护理服务事业收入的测算方法及假设

绫高德（2014）采用护理设施的护理费用总额作为护理服务的生产额（即营业收入）对护理设施的劳动生产率进行了测算。2005年护理保险改革中规定，从2005年10月开始[②]，在护理保险三设施利用护理服务时的餐费和床位费原则上由本人负担，对于低收入利用人的餐费和床位费按收入等级给予一定的减免，减免部分由公费负担，日本厚生劳动省统计的护理费用总额中不包含个人负担的餐费和床位费用。[③] 因此采用护理费用总额作为护理服务生产额存在一定的过小统计，利用者本人负担的餐费、床位费

---

① 这里的多要素生产率包含全要素生产率（TFP）。

② 日本护理保险制度实施初期（2000年4月至2005年9月），在护理服务三设施利用护理服务时的餐费及居住费全部由公费负担。

③ 详情参见日本厚生劳动省老健局总务课2015年的《公共护理保险制度的现状及今后的课题》。

等是护理服务整体的一部分，应该作为护理服务生产额统计在内。并且各个护理提供主体在除了提供护理保险范围内的服务之外，还提供护理保险外的服务。本章使用的事业收入数据不仅包含个人负担的餐费和床位费外，还包含护理保险外服务收入。根据日本厚生劳动省的《护理事业经营现状调查》《护理事业经营概况调查》《护理保险事业状况报告》各年事业收入和护理保险相关收入数据，计算得到 2002～2021 年护理保险设施和护理保险服务业的总收入（营业收入）。

6.2.2.2　护理设施从业人员数据的核算方法

从业人员数据采用的是常勤换算人数。根据日本厚生劳动省的定义，常勤换算从业人数是指常勤人数加上兼职常勤人员以及非常勤人员按工作时间换算后的人数得到。[①] 各类设施的常勤换算从业人员数据根据日本厚生劳动省《护理服务设施/事业所调查》各年数据获得。

6.2.2.3　增加值率的推测方法

增加值的计算方法根据日本厚生劳动省公布的社会福祉法人、医疗费法人、非营利法人等会计准则，增加值采用式（6.1）计算获得。

增加值＝服务收益－服务费用＋人工成本＋折旧费＋动产（或不动产）租赁费＋租税

$$(6.1)$$

根据《护理事业经营现状调查》《护理事业经营概况调查》的样本数据，计算得到各类护理服务的增加值，再以该增加值除以事业收入得到相应的增加值率，最后通过加权平均获取护理服务业的平均增加值率。此外，2002 年、2003 年、2006 年、2010 年无相关的调查样本数据，对于缺失的指标数据采用以下方法获取：（1）基于护理报酬（护理保险服务价格）是公定价格，原则上三年改定一次，到报酬改定之前服务价格基本固定不变；在假设经营经费比例不变的前提下，将报酬改定的增减百分比与上年度的

---

① 根据日本厚生劳动省定义的常勤换算从业人数是指：兼职常勤人员（完成该设施/事务所规定工作时间的工作人员）以及非常勤人员，在该设施/事务所 1 周累计工作时间（不含加班时间）除以该设施/事务所常勤从业人员 1 周应工作时间数（低于 32 小时，则按 32 小时），小数点以下第二位四舍五入的数值加上专职员工人数为常勤换算从业人数。

增加值率相加获取该年度的数值，无报酬改定年份则沿用上年度的指标值。（2）结合日本福祉医疗机构公布的《护理老人保健设施的经营分析参考指标》《护理老人福祉设施的经营分析参考指标》中的指标数据计算获得该年份的增加值率。

6.2.3　测算结果

根据上述数据测算得到的日本护理保险设施以及护理服务业的劳动生产率（2002～2021年）如表6.3和表6.4所示。就测算结果而言，护理设施中护理老人保健设施的劳动生产率较高，护理疗养型医疗设施的劳动生产率相对较低，护理三设施的劳动生产率呈现一定的波动性下降趋势。2020年受新冠疫情影响，名义、实际劳动生产率都受到较大冲击，2021年政府实施疫情期间补贴对劳动生产率回升产生了一定的积极作用。① 2021年度护理老人福祉设施、护理老人保健设施和护理疗养型医疗设施的实际劳动生产率分别是446万日元、466万日元和430万日元（见表6.3），三者加权平均得到的护理保险设施的实际劳动生产率是453万日元，护理服务业整体为433万日元（见表6.4），与日本全国平均劳动生产率791万日元相比存在较大差距。

表6.3　　　　　2002～2021年度护理保险三设施的劳动生产率　　单位：万日元/年

年度	名义劳动生产率			实际劳动生产率		
	护理老人福祉设施	护理老人保健设施	护理疗养型医疗设施	护理老人福祉设施	护理老人保健设施	护理疗养型医疗设施
2002	513	517	417	501	505	407
2003	481	493	434	474	486	428
2004	478	495	450	477	494	449
2006	445	447	459	450	452	465

---

① 新冠疫情对日本护理服务业产生较大冲击，为了降低新冠疫情对护理法人经营的影响，日本厚生劳动省通过"特别措调"在2021年4～9月将护理服务基本报酬上调0.1%作为对护理行业的支援。2021年9月末该"特别措施"到期后，日本政府决定针对护理服务机构因新冠疫情预防对策新增费用给予全额补助。政府相关支援政策对护理服务行业相关法人的经营发挥出一定支撑作用。

年度	名义劳动生产率			实际劳动生产率		
	护理老人福祉设施	护理老人保健设施	护理疗养型医疗设施	护理老人福祉设施	护理老人保健设施	护理疗养型医疗设施
2008	431	472	488	440	482	498
2009	438	478	424	441	481	427
2010	422	462	418	421	461	417
2011	422	460	435	420	458	433
2012	428	457	460	424	453	456
2013	428	447	447	426	445	445
2014	443	469	448	441	467	446
2015	453	470	438	453	470	438
2016	449	472	429	446	469	426
2017	450	474	430	447	471	427
2018	447	474	428	445	472	426
2019	450	471	432	446	467	429
2020	445	465	430	439	459	424
2021	449	469	433	446	466	430

注：实际值是使用保健卫生和社会事业平减指数计算，2015 年价格为基准价格。

表 6.4　　2002~2021 年度护理保险设施和护理服务业的劳动生产率

单位：万日元/年

年度	护理保险设施（名义值）	护理服务整体（名义值）	护理保险设施（实际值）	护理服务整体（实际值）
2002	490	543	479	530
2003	474	511	467	504
2004	477	496	476	495
2005	448	456	447	455
2006	448	458	453	464
2007	461	459	470	468
2008	453	458	463	468
2009	451	444	454	447
2010	436	440	435	439

续表

年度	护理保险设施（名义值）	护理服务整体（名义值）	护理保险设施（实际值）	护理服务整体（实际值）
2011	437	431	435	429
2012	442	439	438	435
2013	437	437	435	435
2014	453	448	451	446
2015	458	444	458	444
2016	455	437	452	434
2017	458	435	455	432
2018	456	435	454	433
2019	455	437	451	434
2020	451	431	445	425
2021	456	436	453	433

注：设施平均劳动生产率为加权平均数值，实际值是使用保健卫生和社会事业平减指数计算，2015 年价格为基准价格。

就整体而言，日本护理服务业的实际劳动生产率呈一种波动性下降趋势，2009 年度之后处在低位徘徊，并无明显的改善迹象。虽然护理保险设施的利用者人均护理收入较高，但是相应的人员配置标准也较高。日本厚生劳动省的资料显示，2021 年度护理保险服务设施的常勤换算从业人数占护理服务业从业人员总数的 27.3%，总护理费用占总费用的 33.4%。考虑费用占比和从业人数占比，以及中间投入相对于其他护理服务类型较多这一特征，推测劳动生产率应无显著优势，这与测算结果基本一致。

绫高德（2014）推测的 2007～2010 年度护理保险设施平均劳动生产率分别为 406 万日元、403 万日元、416 万日元和 430 万日元。下野惠子（2004）利用问卷调查数据对从事户访护理服务的户访护理员的劳动生产率推测结果显示，社会福祉法人的人均劳动生产率是 411 万日元，营利法人的人均劳动生产率是 403 万日元。虽然使用数据和测算对象不同，无法进行单纯比较，但是本书与先行研究的测算结果都说明了护理服务业具有低劳动生产率的特征。因此，结合测算结果可以确定护理服务业是对人服务的劳动密集型、低劳动生产率部门。

6.2.4 与其他行业劳动生产率的比较分析

6.2.4.1 实际劳动生产的比较

综合日本内阁府和日本生产性本部公布的资料可知，2021 年度日本全国平均实际劳动生产率为 791 万日元，其中制造业和服务业分别是 1128 万日元和 744 万日元。护理保险设施和护理服务业的实际劳动生产率只有全国平均劳动生产率的 57.3% 和 54.7%，制造业的 40.2% 和 38.4%，服务业的 60.9% 和 58.2%，高于住宿餐饮行业（194 万日元）。2002 年同样的比例分别是 62.6% 和 69.3%，61.3% 和 68.3%，60.9% 和 67.3%。2020 年、2021 年数据在一定程度上受到新冠疫情的影响，特别是线下服务业受到影响比较严重，这必然影响这些行业的劳动生产率。基于这一因素，选择疫情前 2019 年数据比较发现，护理保险设施和护理服务业的实际劳动生产率也只有全国平均劳动生产率的 56.2% 和 54.1%，制造业的 41.8% 和 40.3%，服务业的 59% 和 56.8%，并无显著变化（见图 6.1 和图 6.2）。

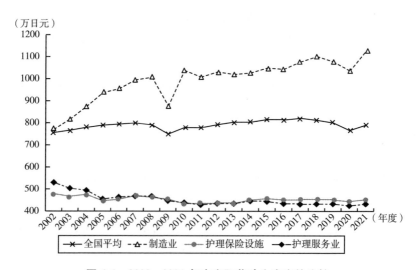

图 6.1　2002 ~ 2021 年度实际劳动生产率的比较

注：实际值根据日本内阁府的《按经济活动类别的国内生产总值与要素收入》平减指数计算，2015 年价格为基准价格。

资料来源：日本生产性本部的《日本劳动生产率的变化》（2023 年版）。

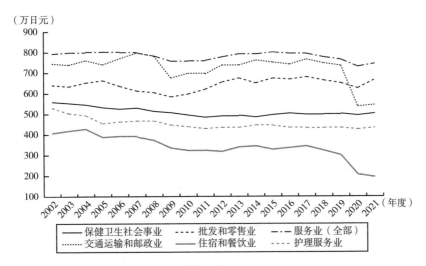

图 6.2　2002～2021 年度日本服务业部门实际劳动生产率的变化趋势

注：实际值根据日本内阁府的《按经济活动类别的国内生产总值与要素收入》各行业部门平减指数计算，2015 年价格为基准价格。

资料来源：日本生产性本部 2023 年的《日本劳动生产率的变化》《主要行业劳动生产率水平的变化》。

如图 6.1 和图 6.2 所示，护理保险设施以及护理服务业的实际劳动生产率不仅长期大幅低于全国平均水平，在传统服务业中也属于低劳动生产率部门，即使考虑疫情影响等特殊因素，与其他行业相比，劳动生产率的差距并没有缩小的迹象。而且长期处于波动性下降趋势中，说明在现有技术水平下，很难提升护理服务业的劳动生产率。

此外，2000～2021 年度，日本护理服务业年复合增长率达到 5.6%，成为日本屈指可数的成长性部门。然而，在护理服务业规模扩大过程中，劳动生产率不仅没有得到改善，而且处于趋势性下降状态。因此，随着护理服务业的规模扩大，资本、劳动等生产要素向低生产率的护理服务业部门的配置增加，这种现象极有可能存在生产要素的逆向配置。

6.2.4.2　不同行业属性特征的比较

图 6.3 显示了不同行业的劳动生产率和就业人数变化情况，图中第一象限表示劳动生产率上升就业人数也同时增加，第二象限为就业人数减少

状况下的劳动生产率上升，第三象限则是劳动生产率和就业人数同时下降，第四象限是指就业人数增加和劳动生产下降的情形。

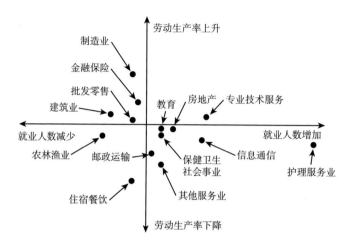

图 6.3　按行业劳动生产率和就业人数的变动

注：护理服务业属于行业中分类，隶属于保健卫生和社会事业。其余为行业大分类。图中按行业劳动生产率和就业人数的变动数据是 2021 年度与 2002 年度的比值。

资料来源：日本内阁府的《国民经济核算》。

　　如图 6.3 所示，2021 年度与 2002 年度的数据相比，劳动生产率上升且就业人数增加的行业为专业技术服务业。劳动生产率水平较高的金融保险和制造业的就业人数处于减少状态。虽然保健卫生和社会事业以及隶属于该部门的护理服务业的就业人数大幅增加，但是 2021 年度护理服务业的实际劳动生产率较 2002 年度下降了 18.3%。说明日本长期护理保险制度的实施促进了护理服务业的发展，劳动投入大幅增加提高了该行业部门在国民经济中的地位，然而劳动生产率并没有得到有效提升。在图 6.3 的第三、第四象限，劳动生产率降幅较大的住宿餐饮和其他服务业都属于对居民部门的服务行业，共性是很难通过增加资本—劳动比率（资本深化）实现劳动生产率的提升。[1] 然而在人口老龄化和经济服务化的背景下，这些部门又是接纳劳动力转移的重要行业。

_____

　　① 2021 年度这两个行业部门受新冠疫情影响较大，劳动生产率存在一定失真。然而，就疫情之前 2019 年度实际劳动生产率数据而言，住宿和餐饮是 300 万日元/年（2002 年度为 407 万日元），其他服务业是 366 万日元/年（2002 年度为 516 万日元），显然属于低劳动生产率部门。

6.2.4.3　劳动生产率上升类型

某个行业的劳动生产率增长率可分解为由行业内因素和行业外因素引起的两大部分。行业内因素是指该行业的技术进步和资本深化导致的劳动生产率的提升；行业外因素是指行业部门之间资源移动、重新配置等促进的劳动生产率提升。各行业劳动生产率水平以及增长率决定了全国平均劳动生产率的水平和增长速度，并且不同类型的劳动生产率的提升对于全国平均劳动生产率的促进作用是有差异的。

1. 劳动生产率增长的五种类型

假设行业劳动生产率 $y = Y/L$，Y 为行业增加值，L 是行业劳动投入量。根据计算公式，劳动生产率 y 上升有以下五种类型：（1）Y 不变 L 减少，y 上升；（2）Y 增加 L 减少，y 上升；（3）Y 增加 L 不变，y 上升；（4）Y 增加 L 增加，且 Y 增加幅度大于 L 增加幅度，则 y 上升；（5）Y 减少 L 减少，且 Y 减少幅度小于 L 减少幅度，则 y 上升。

从结果看都是劳动生产率上升，但不同类型的上升其经济学意义相差甚远。

2. "成本削减型"和"成长型"劳动生产率上升

劳动生产率的上升可简单分为"成本削减型"和"成长型"。提高劳动生产率可以在行业增加值不变或减少的情况下，通过减少劳动投入来实现，一般称为"成本削减型"的劳动生产率提升。上述劳动生产率上升类型的第（1）、第（2）、第（5）种就是典型的"成本削减型"劳动生产率提升，一般而言，这种类型的行业都为衰退型或景气度低的行业。即使劳动生产率获得提升，但是整个行业处于衰退缩小之中，就业规模缩小过程中的劳动生产率提升很难对全国平均劳动生产率产生正向效应。

"成长型"是指行业规模扩大的过程中，从业人数也随之增加，同时劳动生产率也不断提高。第（4）种劳动生产率上升类型就是典型的"成长型"劳动生产率提升。"成长型"行业又可分为两种类型。第一类，该行业的劳动生产率高于全行业平均值，属于高劳动生产率行业，伴随行业规模扩大的就业增加对全国平均劳动生产率的提升发挥正向效应。第二类，该行业的劳动生产率大幅低于全行业平均值，属于低劳动生产率行业，就业规模的扩大对全国平均劳动生产率的提升产生负面作用，会拉低全国平均劳动生产率。显然，这两种类型的"成长型"行业因为劳动生产率水平的差异，行业规模扩大对整体经济的影响效应迥然不同。在养老护理社会化加速的背景下，拥有庞大老年人口基数，养老护理服务业的成长性毋庸置疑。然而，针对日本护理服务业劳动生产率的研究结果表明，提高属于"成长型"行业的护理服务业的劳动生产率水平以引领经济增长非常重要。

6.2.4.4 护理服务业低劳动生产率的解释

服务业和一般物品相比具有无形性、变动性、消失性、同时性四个主要特征（小宫路雅博，2010）。无形性是指：服务本身没有实体存在，无法触摸；服务生产方和消费者因为人为因素，所提供的服务并不能完全保证同一性；服务仅在生产消费时存在，不存在物理性的库存；并且服务的生产、流通和消费是同时进行的，具有不可分割性。因此，服务业不可能和产品生产一样，通过库存调整来润滑生产波动，维持一定的产能利用率，使劳动生产率达到一定的水平。特别是对人服务方面，很难通过增加资本投入提高资本劳动比率，即资本深化，以实现劳动生产率的提升（田荣富，2020）。一般认为劳动密集型服务业具有低劳动生产率特征（森川正之，2016）。日本护理保险提供的护理服务，也具有上述服务业的基本特性，是典型的劳动密集型行业，低劳动生产率特征非常显著（村田修，2011；绫高德，2014；田荣富、王桥，2019）。除服务业固有的行业因素之外，日本护理保险制度自身因素也是影响护理服务业劳动生产率的重大要因。

首先，日本护理保险下的护理服务业并非自由竞争市场，而是受政府各种规制影响的准市场（田荣富、励利，2019）。绫高德（2014）、铃木亘（2017）指出，日本的设施等护理服务都有严格的人员配置硬性指标。不可否认，人员配置指标在维持服务质量水平上发挥着重要作用，然而它也成为资本深化的障碍。田荣富（2020）认为除上述规制因素之外，护理服务是典型的对人服务业，在现有技术水平下资本对劳动的替代相对比较困难，无法实现图 6.4（a）中资本和劳动的替代，其投入结构极有可能是图 6.4（b）中的劳动（L）和资本（K）按照一定固定比例投入生产护理服务，劳动和资本必须同比例增加才能增加护理服务产量。如果没有重大技术进步，难以改变护理服务业的要素投入结构，促进劳动生产率的提升。

其次，日本政府对各类护理法人提供护理保险以外的增值服务以增加保险之外的营收也设有诸多限制，对于提供护理保险之外的"混合护理"服务

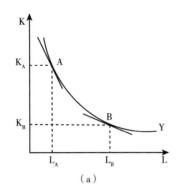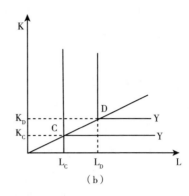

（a）　　　　　　　　　　　　　　　（b）

图6.4　护理服务业的投入结构特征

采取消极态度（铃木亘，2017）。因此，护理法人的营收主要依赖于护理保险
（见图6.5）。并且，护理报酬（护理保险服务价格）是公定价格，一般三年
进行一次报酬改定，到下一次报酬改定期间的服务价格固定不变。护理服务
质量的提升无法在服务价格上体现出来，同时针对护理保险之外增值服务的
限制必然影响护理法人的营收，这些都不利于劳动生产效率的提升。

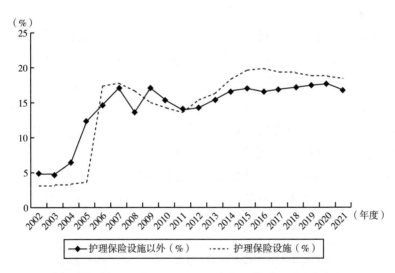

图6.5　2002～2021年度护理保险外的营收占总营收比重

资料来源：笔者根据日本厚生劳动省的《护理事业经营实态调查》各年版、《护理事业经营概
况调查》各年版以及日本福祉医疗机构的《护理老人保健设施的经营分析参考指标》各年版、《特
别养护老人院的经营分析参考指标》各年版的数据计算得到。

此外，护理服务业的服务内容有明确的标价，类似一种定额制，即在一定的时间内根据提供服务内容对应一定的服务报酬。虽然，医疗服务价格也是公定价格，但是医疗服务采用的是计件制，在相同的时间内处置的病例越多，医疗服务收入也就越高。因此，护理服务的价格体系也阻碍了护理服务劳动生产率的提升。

综上所述，技术、制度等多方面的因素影响护理劳动生产率的提升，在短时间内很难解决。护理服务业的低劳动生产率是既成事实。然而，在日本行业部门中护理服务业属于成长性部门，该部门的增长必然导致资源配置的改变。劳动力资源配置变化引发的就业结构变化对全国平均劳动生产率到底会产生怎样的影响呢？以下将进行详细分析。

6.3 结构性变化对日本平均劳动生产率的影响

6.3.1 劳动力资源的逆向配置问题

根据日本内阁府《国民经济核算》中的就业数据，2021 年度日本全国就业人数为 6813 万人，与 2002 年度①相比增加了 362 万人，按国际标准划分的行业大分类②中保健卫生和社会事业（又称为"医疗和福祉"）就业人数为 903 万人，增加了 401 万人，一跃成为第三大就业部门；其中隶属于该部门，属于行业中分类的护理服务业增加了 180 万人。劳动生产率较高的制造业减少了 96 万人，建筑业减少了 156 万人（见表 6.5）。上述数据也表明，在人口老龄化日益严重的日本，保健卫生和社会事业成为创造就业岗位的重要部门，在此期间护理服务业新增了 180 万个就业岗位，约占新

---

① 笔者注：2002 年度之前的行业分类就业人数的统计口径与现行方法不同，为了确保可比性，故采用 2002 年度数据与 2021 年度进行比较。此外，日本内阁府《国民经济核算》中的就业数据和日本总务省公布的《劳动力调查》数据由于统计口径不同，就业数据存在一定差异。两者 2021 年度就业数据分别是 6813 万人和 6667 万人。然而，在测算行业劳动生产率时，一般采用《国民经济核算》中的各行业就业数据。因此，此处也采用日本内阁府《国民经济核算》中就业数据及各行业数据进行分析。

② 此处的行业大分类是根据国民经济核算体系 2008SNA（System of National Accounts）的国际标准行业分类划分，共分为 16 大行业部门。具体分类详见表 6.5。

增就业人数的50%。这种结构性变化促使资源重新配置，随着护理服务业规模的扩大，劳动力等生产要素从其他行业部门向护理服务业移动。

表6.5 就业结构的变化 单位：万人

行业	2002年度	2021年度	增减	行业	2002年度	2021年度	增减
全行业	6451	6813	362	信息通信	150	219	69
农林渔业	357	244	-113	金融保险	173	166	-7
矿业	6	4	-3	不动产	104	129	24
制造业	1140	1044	-96	专业技术服务	515	770	255
水电煤气	59	59	1	公务	205	203	-2
建筑业	619	463	-156	教育	191	213	22
批发零售	1127	1034	-94	保健卫生和社会事业	501	903	401
邮政运输	366	390	24	护理服务业	135	315	180
住宿餐饮	413	376	-37	其他服务业	523	597	74

注：表中全行业就业人数为各行业部门就业人数的加总数据，与日本总务省统计局公布《劳动力调查》数据中的全国就业总人数略有差异。护理服务属于行业中分类，隶属于保健卫生和社会事业之内。表中的不动产不包括房地产开发，是指不动产的中介、租赁服务。专业技术服务包括学术研究。

资料来源：护理服务从业人数为笔者根据日本厚生劳动省各年的《护理服务设施/事业所调查》数据计算，其余数据来自日本内阁府的《国民经济核算》。

如果将劳动力资源从低劳动生产率部门移动到高劳动生产率部门称为劳动力资源的优化配置，那么相反方向的移动则可称为逆向配置。一般而言，在一国的经济发展初期，劳动力资源在部门间的移动，如农业向工业或服务业的转移，是资源优化配置的结果。然而，当经济发展到一定阶段后，国民经济中各个行业部门的劳动生产率水平以及增长率存在较大差异（见图6.3），劳动力资源重新配置的结果不一定存在优化配置的必然性。因此，极有可能出现劳动力资源向低劳动生产率部门移动的现象。根据日本护理服务业的劳动生产率测算结果，护理服务业的规模扩大就是一个典型的劳动力资源逆向配置的经济现象。虽然，低劳动生产率部门规模持续扩大提高了该部门在国民经济中的地位，但是该部门的劳动生产率增长率不能持续改善，最终必然会影响全国平均劳动生产率水平以及增长率。

6.3.2 全国平均劳动生产率增长率的因素分解

6.3.2.1 分解等式及理论分析

首先针对全国平均劳动生产率的变动进行分解，分析各行业部门的变动对全国平均劳动生产率的影响。若 Y 为总增加值，劳动投入为 L，行业 i 的劳动生产率为 $y_i(=Y_i/L_i)$，$\theta_i(=L_i/L)$ 表示行业 i 劳动投入占总劳动投入的比重，则全国平均劳动生产率 $y(=Y/L)$ 可通过劳动投入占比进行加权平均求得。可用式（6.2）表示：

$$y = \sum_i (y_i\theta_i) \tag{6.2}$$

对式（6.2）取 y 的变化量，可得式（6.3）：

$$\Delta y = \sum_i \Delta y_i\theta_i + \sum_i y_i\Delta\theta_i \tag{6.3}$$

式（6.3）的两边除以 y，整理后可将 y 的变动因素分解为式（6.4）：

$$\begin{aligned}
\frac{\Delta y}{y} &= \sum_i \frac{\Delta y_i}{y}\theta_i + \sum_i \frac{y_i}{y}\Delta\theta_i \\
&= \sum_i \Delta y_i \frac{L}{Y}\frac{L_i}{L} + \sum_i \frac{y_i}{y}\Delta\theta_i \\
&= \sum_i \frac{Y_i}{Y}\frac{\Delta y_i}{y_i} + \sum_i \frac{y_i}{y}\Delta\theta_i
\end{aligned} \tag{6.4}$$

式（6.4）中，$\dfrac{Y_i}{Y}$ 表示行业 i 的增加值比重，$\dfrac{\Delta y_i}{y_i}$ 为行业 i 劳动生产率增长率，$\dfrac{Y_i}{Y}\dfrac{\Delta y_i}{y_i}$ 表示 i 行业内部劳动生产率变动对全国平均劳动生产率增长率的影响，$\sum_i \dfrac{Y_i}{Y}\dfrac{\Delta y_i}{y_i}$ 表示所有行业的总影响，称为"行业内要因"，即：i 行业内部劳动生产率变化率大（或小）则会导致全国平均劳动生产率变化率大（或小）。式（6.4）中 $\dfrac{y_i}{y}\Delta\theta_i$ 表示行业 i 劳动投入占总劳动投入比重（就业结构）变化与该行业劳动生产率和全国平均劳动生产率比值的加权之积，表示行业之间劳动力资源配置变化对全国平均劳动生产率增长率的影响，称为"行业间要因"。当劳动生产率水平高（或低）的行业的劳动投入比重上升时，全国平均劳动生产率则上升（或下降）。"行业间要因"反映了劳动力资源在行业间重新配置的状况。

根据式（6.4）反映的全国平均劳动生产率的变动可以从行业内部劳动生产率的提升和就业结构变化两个角度解释。如果该行业在整个国民经济中属于高劳动生产率、成长性行业，则该行业的规模扩大将有利于促进全国平均劳动生产率的提升；反之，低劳动生产率行业规模的扩大，虽然提高了该行业在整体经济中的地位（增加值占比提高），但是对全国平均劳动生产率的负面影响是显而易见的。

6.3.2.2　数据及分解结果

1. 数据

本章使用数据为日本内阁府的《国民经济核算》全国以及各行业的实际 GDP 和就业数据。基于体现劳动生产率真实变动状况，全国 GDP、不动产行业 GDP 以及劳动生产率中不包括自有住房净折算租金。护理服务业就业数据来自日本厚生劳动省的《护理服务设施/事业所调查》，劳动生产率采用前面的测算数据。此外，在日本按行业分类中，护理服务业属于行业中分类，隶属于保健卫生和社会事业的行业大分类。为了便于测算比较，将护理服务业从保健卫生和社会事业中独立，作为一个行业大分类处理。因此，以下测算使用的保健卫生和社会事业数据中不包含护理服务业。实际值皆以 2015 年价格为基准价格。

2. 分解结果

根据式（6.4）全国平均劳动生产率增长率分解的结果如图 6.6 所示。2002～2021 年度，日本实际全国平均劳动生产率上升了 3.6%，其中"行业内要因"约促进劳动生产率增长 5.3%，"行业间要因"约是 -1.6%。"行业内要因"主要是制造业部门的劳动生产率提升贡献了 7.56 个百分点，保健卫生和社会事业、护理服务业分别是 -0.37 个和 -0.16 个百分点。此外，住宿餐饮和其他服务业劳动生产率下降的负面作用较为显著。对于全国平均劳动生产率增长率影响最大的"行业间要因"也是制造业部门，贡献了 -3.02 个百分点。由于日本国内产业空洞化，导致高劳动生产率的制造业部门就业比重下降对于全国平均劳动生产率的影响非常显著。在经济服务化背景下，劳动力资源从制造业向服务业的重新配置是经济发展的趋势。然而，保健卫生和社会事业、护理服务以及其他服务业等行业的劳动生产率大幅低于制造业，分解结果也说明低劳动生产率部门就业比重上升对全国平均劳动生产率的正向效应，并不能抵消制造业就业比重下降对全国平均劳动生产率造成的负面影响。

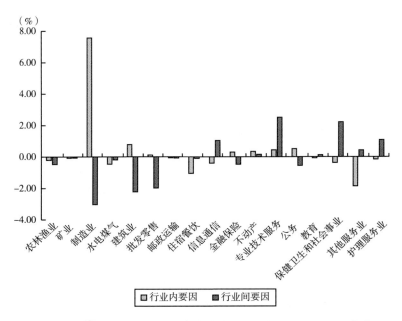

图 6.6　全国平均劳动生产率增长率变动要因分解（2002～2021 年度）

注：实际值以 2015 年度基准价格计算。全国平均劳动生产率和不动产劳动生产率不包含自有住房净折算租金。

资料来源：笔者根据日本厚生劳动省各年的《护理服务设施/事业所调查》数据以及日本内阁府的《国民经济核算》计算，护理服务业劳动生产率为笔者测算。

　　各个行业的"行业内要因"和"行业间要因"对全国平均劳动生产率变动的贡献率见图 6.7。2002～2021 年度，日本实际全国平均劳动生产率增长了 3.6%，其中，制造业由"行业内要因"促进的劳动生产率提升贡献了 67.5%，然而制造业就业人数的减少带来的负面效应也非常显著。说明提高劳动生产率水平行业的就业人数，对促进全国平均劳动生产率的提升也非常重要。测算结果说明，包括护理服务业的保健卫生和社会事业为主的低劳动生产率部门对劳动需求的大幅增加，不利于全国平均劳动生产率的提升。

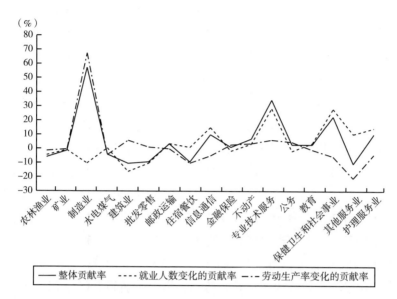

图 6.7　各个行业对全国平均劳动生产率增长率的贡献率（2002~2021 年度）

注：实际值以 2015 年基准价格计算。

资料来源：护理服务从业人数为笔者根据日本厚生劳动省各年的《护理服务设施/事业所调查》数据计算，劳动生产率为笔者测算，其余数据来自日本内阁府的《国民经济核算》。

综上所述，人口老龄化导致消费偏好变化，促使护理服务业在内的低劳动生产率部门快速增长，劳动力资源持续流入该部门，一定程度上提升该部门在整体经济中的地位，但是护理服务业属于对人服务业，很难通过提高资本投入加快资本深化等手段提高劳动生产率。因此，提高属于成长性部门的护理服务业的劳动生产效率非常重要。同时，有效扩大高劳动生产率行业的就业规模，也是促进全国平均劳动生产率提升的有效途径。

6.3.3　就业结构性变化对全国平均劳动生产率的影响效应

劳动力资源流向低劳动生产率部门发生的逆向配置现象将对全国平均劳动生产率产生何种程度的影响？现有数据只能把握 2002~2021 年度各个行业部门的劳动力增减变动情况，无法精确到劳动力由哪个行业部门移动到某个行业部门。无法区分进入护理服务业的就业人员，究竟是首次进入劳动市场的新增就业人员，还是从其他行业部门转职到护理服务业；也无法区分究竟是高劳动生产率行业的从业人员转职到护理服务业,还是从劳动生产率更低的行业转职到护理服务业,等等,这些具体的行业之间就业人员移动数据无法获取。因此,很难精准测算劳动力资源向护理服务业配置对全国平均劳动生产率影响的精确数值。

假设以 2002 年度全国平均实际劳动生产率 699 万日元作为基准值,劳动力向高于基准值的行业移动称为劳动力资源的优化配置,向低于基准值行业的移动则称为劳动力资源的逆向配置,从而获取各行业劳动生产率的变化量;再对各行业就业比重变化进行加权处理,测算出各行业劳动力资源配置变化对全国平均劳动生产率增长率的影响程度。计算结果表明,2002~2021 年度,劳动力资源向保健卫生和社会事业的配置对全国平均劳动生产率增长率的负面影响最大,拉低了 0.97 个百分点的增长率,护理服务拉低了 0.77 个百分点(见图 6.8)。显然人口老龄化下,对于公共服务需求增加引发的就业结构变化导致劳动力资源配置变化的结果,将对全国平均劳动生产率的提升产生显著的负面效应。

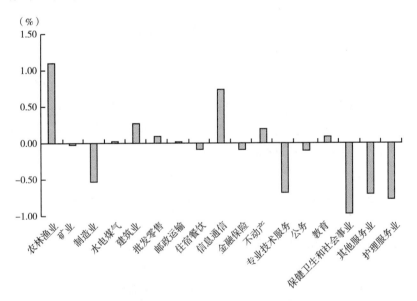

图 6.8 劳动力资源逆向配置对全国平均劳动生产率的影响测算(2002~2021 年度)

注:实际值以 2015 年度基准价格计算。

资料来源:护理服务从业人数为笔者根据日本厚生劳动省各年的《护理服务设施/事业所调查》数据计算,劳动生产率为笔者测算,其余数据来自日本内阁府的《国民经济核算》。

限于数据的可获取性，虽然无法精准测算劳动力资源逆向配置对全国平均劳动生产率增长率的影响程度，但是本章使用上述方法测算的结果已经反映出，劳动力资源逆向配置对全国平均劳动生产率增长率存在一定的负面影响。随着日本老龄化的进一步加剧以及平均寿命的延长，护理服务业的需求增加是确定性的事项。因此，低劳动生产率行业规模扩大对宏观经济产生的负面影响将进一步加剧。

6.4　对未来趋势的分析

6.4.1　护理需求趋势预测

以日本国立社会保障与人口问题研究所2017年的《日本未来人口推测》数据为基础，结合日本厚生劳动省公布的各个年龄组护理认定数据和护理利用人数，笔者对未来的日本护理保险服务的需求进行了预测，结果如表6.6所示。如果日本政府在护理认定和护理利用方面不采取进一步限制，护理认定人数将在2061年度达到峰值1001.9万人，护理利用人数将为838.3万人。护理费用的规模（不包含护理保险外）将在护理利用人数的峰值之后出现。日本65岁及以上人口预计在2042年度达到3935.2万人，护理服务的需求峰值大幅滞后，主要是受75岁及以上高龄老年人大幅增加造成的结构性因素的影响。如前面所述，75岁及以上老年人的护理认定率以及中重度护理认定等级大幅高于65～74岁老年人，并且中重度护理认定等级需护理人员的护理利用频率和利用金额都比较高，导致护理服务总费用增加。

表6.6　　　　　**2025～2065年度护理保险服务需求预测结果**

年度	护理认定人数（万人）	护理利用人数（万人）	市场规模（亿日元）
2025	780.6	635.8	136168.6
2030	859.5	703.5	160405.2
2035	918.2	757.7	183954.8
2040	943.3	784.8	202834.5

年度	护理认定人数（万人）	护理利用人数（万人）	市场规模（亿日元）
2045	934.2	775.8	213499.7
2050	939.3	776.8	227591.8
2055	972.6	805.3	251194.5
2060	1000.9	834.6	277169.3
2065	989.4	831.7	294082.6

注：基于不同年龄阶层护理认定率差距巨大，随着年龄结构的变化，各年龄阶层人口数量也会发生变化。先将65岁及以上老龄人口分为65～69岁、70～74岁、75～79岁、80～89岁和90岁及以上5个年龄组，然后假设以2017～2021年的各年龄组要支援、要护理认定率的加权平均值为基准值保持不变，进行推测。同理护理利用人数也考虑不同护理认定等级的利用率和利用费用差异等因素进行推测。

资料来源：根据日本国立社会保障与人口问题研究所和日本厚生劳动省数据预测。

如果表6.6中预测的护理需求都能够给予满足，那么护理服务行业的成长性是可预期的。因此，随着护理服务需求的进一步扩大，劳动力资源将会持续性地向护理行业配置。如果该行业的劳动生产率无法获得大幅度提高，那么必然将发生前面分析的结果，影响全国平均劳动生产率的提升。随着护理部门的持续扩大，意味着对全国平均劳动生产率产生的负面影响有进一步扩大趋势。此外，日本将来总就业人数呈大幅减少趋势，护理部门就业人数的大幅增加则表明行业结构和就业结构将出现巨大变化。

6.4.2 日本行业结构和就业结构的变化趋势

根据日本国立社会保障与人口问题研究所和独立行政法人劳动政策研究与研修机构（JILPT）的预测数据，2040年度日本总人口为11092万人，其中65岁及以上人口约为3920.6万人，占总人口的35.3%。15～64岁劳动年龄人口将持续减少，从2017年度的7596万人减至5977.7万人，下降幅度达到27.1%（见表6.7）。在劳动参与率提高的假设前提下，最终就业人数的减少程度预计为19.7%，低于劳动年龄人口的减少幅度。在深度老龄化，总人口大幅减少的状况下，需求结构变化必然引起产业结构变化和就业结构变化。

表 6.7 就业人口、劳动年龄人口及总人口

项目	2017 年度（1）	2025 年度（2）	2030 年度（3）	2035 年度（4）	2040 年度（5）	各年度与 2017 年度的差值			
						(6) = (2) − (1)	(7) = (3) − (1)	(8) = (4) − (1)	(9) = (5) − (1)
就业总人数（万人）	6530	6082	5808	5541	5245	−448	−722	−989	−1285
劳动年龄人口（万人）	7596	7170	6875	6494	5978	−426	−721	−1102	−1618
总人口（万人）	12671	12254	11913	11522	11092	−417	−758	−1149	−1579
65 岁及以上人口占比（%）	27.7	30.0	31.2	32.8	35.3	2.3	3.5	5.1	7.6

资料来源：总人口、劳动年龄人口等出自日本国立社会保障与人口问题研究所的《日本未来人口推测（2017 年 4 月推测）》；就业人数来自日本劳动政策研究与研修机构的《根据劳动力供需模型对未来劳动力供需的推测（2018 年度版）》JILPT 资料系列 No. 209，2019 年 3 月。

此外，人口总规模减少必然影响国内需求。如表 6.8 所示，一些主要依赖于国内需求的行业部门的实际生产额大多处于持续减少状态，而与人口老化密切相关的医疗福祉的生产额保持持续增长，2040 年度医疗福祉的整体规模将达到 118.7 万亿日元，其中护理服务为 20.3 万亿日元。此外，海外需求的存在使制造业成为为数不多的持续保持增长的部门。在产业结构变化中，劳动力等生产要素从衰退行业转移到成长性行业，是迄今观察到的经验现象。劳动力在行业部门间的大规模移动加速了就业结构的变化。

表 6.8 各行业生产额变化趋势 单位：万亿日元

行业	实际数值 2017 年度（1）	推测数值 2025 年度（2）	推测数值 2030 年度（3）	推测数值 2035 年度（4）	推测数值 2040 年度（5）	各年度推测数值与 2017 年度实际值的差 (6) = (2) − (1)	(7) = (3) − (1)	(8) = (4) − (1)	(9) = (5) − (1)
农林水产	12.71	11.33	10.53	10.22	9.92	−1.38	−2.18	−2.49	−2.79
矿业和建筑业	66.83	61.92	56.24	53.67	51.17	−4.91	−10.59	−13.16	−15.66
制造业	297.83	306.92	309.89	309.38	309.02	9.08	12.06	11.55	11.19
水电煤气供热	23.10	22.64	22.32	22.24	22.18	−0.47	−0.79	−0.86	−0.92
信息通信	52.88	54.57	56.16	55.41	54.68	1.70	3.28	2.54	1.81
运输	40.72	38.07	36.81	36.55	36.31	−2.65	−3.92	−4.18	−4.42
批发零售	103.35	103.73	104.31	104.10	103.91	0.38	0.96	0.75	0.55
金融保险、不动产	112.75	111.47	110.38	108.90	107.43	−1.28	−2.37	−3.85	−5.32

续表

行业	实际数值	推测数值				各年度推测数值与2017年度实际值的差			
	2017年度 (1)	2025年度 (2)	2030年度 (3)	2035年度 (4)	2040年度 (5)	(6) = (2) − (1)	(7) = (3) − (1)	(8) = (4) − (1)	(9) = (5) − (1)
餐饮住宿	31.22	28.43	26.79	26.51	26.23	−2.79	−4.43	−4.71	−4.98
医疗福祉	72.46	87.85	98.50	108.61	118.71	15.39	26.04	36.15	46.25
教育培训	15.74	15.26	15.14	14.85	14.57	−0.48	−0.60	−0.88	−1.17
居民服务	13.93	12.46	11.58	11.49	11.41	−1.47	−2.35	−2.44	−2.52
其他企业服务	57.50	57.89	58.21	58.26	58.33	0.39	0.70	0.75	0.83
其他服务	50.31	46.17	43.97	43.29	42.63	−4.14	−6.34	−7.02	−7.68
公务及其他	43.54	39.85	38.63	38.02	37.42	−3.69	−4.92	−5.52	−6.12
全行业	994.87	998.55	999.43	1001.51	1003.92	3.68	4.56	6.64	9.05

注:"公务及其他"包括公务、综合服务、无法分类行业。

资料来源:日本劳动政策研究与研修机构的《根据劳动力供需模型对未来劳动力供需的推测(2018年度版)》JILPT资料系列 No. 209,2019年3月。

根据JILPT的预测数据,截至2040年度各行业的就业人数整体呈减少趋势,与民生密切相关的行业变动幅度相对较小。医疗福祉作为例外,相比2017年度增加了103万人,占就业总人数的17.3%,成为就业规模最大的行业部门(见表6.9)。根据笔者推测,包含在医疗福祉的护理保险服务业增加131万人,是最主要的保持增加的部门。在就业总人数从2017年度的6530万人减少到2040年度的5245万人的状况下,劳动力向护理服务业的移动是非常显著的。如前面的测算结果,护理服务业的劳动生产率大幅低于行业平均水平,那么,劳动力向低劳动生产率部门的持续转移对全国平均劳动生产率是否产生显著的影响?下面结合JILPT的预测数据使用式(6.4)进行测算。

表6.9 各行业就业人数和就业结构的变化

行业	2017年度实际情况		推测数值							
	人数 (万人)	占比 (%)	2025年度		2030年度		2035年度		2040年度	
			人数 (万人)	占比 (%)	人数 (万人)	占比 (%)	人数 (万人)	占比 (%)	人数 (万人)	占比 (%)
农林水产	218	3.3	180	3.0	150	2.6	123	2.2	102	1.9
矿业和建筑业	493	7.5	439	7.2	377	6.5	321	5.8	272	5.2

续表

行业	2017 年度实际情况		推测数值							
	人数（万人）	占比（%）	2025 年度		2030 年度		2035 年度		2040 年度	
			人数（万人）	占比（%）	人数（万人）	占比（%）	人数（万人）	占比（%）	人数（万人）	占比（%）
制造业	1009	15.5	938	15.4	898	15.5	854	15.4	803	15.3
水电煤气供热	29	0.4	26	0.4	25	0.4	25	0.5	25	0.5
信息通信	207	3.2	123	2.0	97	1.7	77	1.4	56	1.1
运输	324	5.0	312	5.1	311	5.4	310	5.6	307	5.9
批发零售	1117	17.1	1047	17.2	968	16.7	900	16.2	830	15.8
金融保险、不动产	256	3.9	246	4.0	243	4.2	239	4.3	234	4.5
餐饮住宿	333	5.1	315	5.2	306	5.3	300	5.4	293	5.6
医疗福祉	807	12.4	863	14.2	894	15.4	913	16.5	910	17.3
教育培训	311	4.8	317	5.2	313	5.4	306	5.5	296	5.6
居民服务	154	2.4	139	2.3	132	2.3	127	2.3	123	2.3
其他企业服务	411	6.3	363	6.0	350	6.0	335	6.0	318	6.1
其他服务	471	7.2	443	7.3	435	7.5	428	7.7	420	8.0
公务及其他	391	6.0	334	5.5	308	5.3	283	5.1	257	4.9
合计	6530	100	6082	100	5808	100	5541	100	5245	100

注："公务及其他"包括公务、综合服务、无法分类行业。

资料来源：日本劳动政策研究与研修机构的《根据劳动力供需模型对未来劳动力供需的推测（2018 年度版）》JILPT 资料系列 No.209，2019 年 3 月。

6.4.3　测算结果及分析

如前所述，2017～2040 年度由于需求变化，行业的生产额以及就业结构会发生重大变化。因各个行业部门的劳动生产率存在较大差异，行业结构的变化导致对全国平均劳动生产率的促进作用各不相同。就测算结果而言，除信息通信外，护理服务业对全国平均劳动生产率的负面影响较大（见图 6.9）。在老龄化严重、人口大幅减少的状况下，护理服务业作为极少的成长性部门，2040 年度的就业人数将达到总就业人数的 9.6%，可是护理服务业的劳动生产率较低，这种劳动力资源的配置并不能有效促进全国平均劳动生产率的提升。因此，促进成长性部门的劳动生产率引领经济增长非常重要。

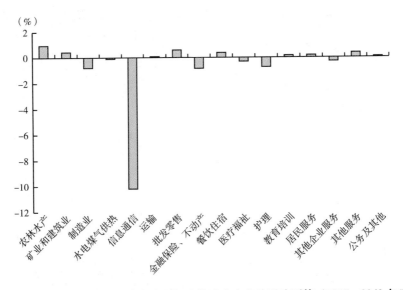

图6.9 劳动力资源配置对未来全国平均劳动生产率的影响测算（2017～2040年度）

资料来源：根据JILPT数据测算，护理数据为笔者预测数据。

6.5 劳动生产率与经济增长、工资收入之间的关系

6.5.1 经济增长与劳动生产率

经济增长率可以简单分解为式（6.5）：

$$实际经济增长率 = 实际劳动生产率增长率 + 就业增长率 \qquad (6.5)$$

即，实际经济增长率是由该年度的实际劳动生产率增长率水平和就业人数的增加程度决定的。在人口老龄化严重的国家，劳动力人口很难大幅度增加。理论上可以通过提高劳动参与率来提高就业增长率，但是实际可操作性很小。例如，在日本政府各种政策的支持下，一定程度上促进了女性和高龄者进入劳动市场，劳动力人口比率和劳动参与率指标有所改善，有利于就业人数的增加。2022年日本总务省统计局公布的《劳动力调查》数据显示，总就业人数为6723万人，比上一年增加10万人，已持续两年增加。

　　然而，增加的就业人数中有很大一部分是由于疫情缓解，外国劳动力大幅增加的结果。因此，少子化以及人口老龄化导致人口结构发生变化，会抑制劳动力的增加。在就业增长率很难大幅度提高的情况下，通过提高劳动生产率增长率来促进经济增长才是切实可行的途径。

6.5.2　工资和劳动生产率

　　就中长期而言，劳动生产率水平的高低决定劳动者工资的高低，特别是服务性行业这种特征非常明显。根据 2021 年日本经济普查数据，按行业大分类的 14 个行业从业人员人均工资和人均劳动生产率之间存在高度相关，高劳动生产率行业对应较高的工资水平，如图 6.10 所示。若想提高劳动者的工资，提高劳动生产率水平是一个重要前提。如果日本护理服务业的劳动生产率维持现状或持续下降，必然影响从业人员的工资收入。在工资收入难以提高的情况下，消费很难持续增加，最终必然会影响经济的稳定性。劳动力资源逆向配置的结果，容易陷进低劳动生产率导致低工资收入，跌入低消费水平的陷阱。因此，提高成长性行业的劳动生产率显得尤其重要。

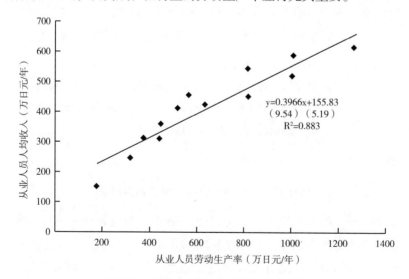

图 6.10　劳动生产率与工资收入的关系

注：按行业大分类的 14 个行业，不包括农林渔业、采矿业、水电煤气。

资料来源：日本经济产业省的《令和 3 年经济普查》。

6.5.3　劳动生产率增长率的减速影响分析

综上所述，老年人口增加引发的消费偏好变化加速资源在不同部门、行业间的配置，如果表现为低劳动生产率行业规模的扩张和就业的增加，其结果将会拉低全国平均劳动生产率，对长期经济增长产生深远影响。

第一，降低人均 GDP 增长率，不利于生活水平的提高。人均 GDP 是用来衡量一个国家经济发展水平或富裕程度的重要指标。人均 GDP 可以分解为劳动力与总人口比率和劳动生产率的乘积，即 $\dfrac{\text{劳动力（}L\text{）}}{\text{总人口}} \times \dfrac{\text{GDP}}{\text{劳动力（}L\text{）}}$。在少子化、老龄化的大背景下，劳动力对总人口比率在短时间内很难大幅提高，提高劳动生产率是提高人均 GDP 的主要途径。因此，提高劳动生产率是提高国民生活水平的前提条件，然而消费偏好变化对劳动生产率的负面影响不利于全国平均劳动生产率的提升。

第二，劳动生产率增长率的变动将影响国民收入增长，进而对国民福祉及投资、消费等带来冲击。劳动者报酬占 GDP 的比率值被称为劳动分配率，它反映经济活动的成果有多少是分配给劳动者的。通过对劳动分配率的分解，可以得到实际工资等于劳动分配率和实际劳动生产的乘积。

$$
\begin{aligned}
\text{劳动分配率} &= \text{劳动者报酬} \div \text{名义 GDP} \\
&= （\text{劳动者人数} \times \text{人均工资}）\div（\text{实际 GDP} \times \text{GDP 平减指数}） \\
&= （\text{劳动者人数} \div \text{实际 GDP}）\times（\text{人均工资} \div \text{GDP 平减指数}） \\
&= （1 \div \text{实际劳动生产率}）\times \text{实际工资} \qquad (6.6)
\end{aligned}
$$

即，

$$\text{实际工资} = \text{劳动分配率} \times \text{实际劳动生产率} \qquad (6.7)$$

如果劳动分配率保持不变，劳动生产率增长率应和实际工资增长率保持一致，劳动生产率的变动决定实际工资的变化。因此，劳动生产率增长率的高低直接影响到劳动者收入的增加幅度，收入增幅又会从消费层面影响投资，最终又反馈到收入的增减上。

第三，无持续的劳动生产率增长为前提的工资增长是不可持续的。因为一个行业或一个国家的劳动生产率水平反映其创造增加值的能力，而劳动者的工资就是增加值的一部分，劳动生产率水平必然影响工资水准，并且劳动生产率增长幅度直接影响工资的增长幅度。虽然通过提高劳动分配率也可以提高工资水平，但是在劳动生产率没有提高前提下的工资上涨，是一种非良性的不可持续的增长。就经济学理论层面，劳动生产率既是经济增长动因，又是经济增长的结果，从长期看，该结果又会反馈到经济增长上。

6.6 总　　结

本章测算了日本护理设施服务以及护理服务业 2002～2021 年度的劳动生产率，结果表明在此期间劳动生产率呈波动性下降趋势。劳动生产率的测算结果也反映了护理行业的低劳动生产率特征。2002～2021 年度，发生了劳动力资源明显向低劳动生产率的护理服务业配置现象，结果使全国平均劳动生产率增长率降低了 0.77 个百分点。今后随着护理服务需求的增加，劳动力资源逆向配置带来的负面效应存在进一步加剧的可能性。

通过分析劳动生产率的变化与经济增长和工资之间的关系，发现劳动生产率及其增长率对经济增长和工资产生重要影响。护理服务业在日本属于"成长性部门"，意味着劳动力、资本等资源正向该部门集中，其低劳动生产率特性导致进入该部门的资源并未发挥应有的生产效率。在低劳动生产率的状态下生产规模不断扩大，必然对全国平均劳动生产率增长率产生负面影响，最终会波及经济增长。另外，还会通过低劳动生产率导致低收入，陷入低收入、低消费、低投资的陷阱，最终反馈到经济增长上。随着老龄化的加剧，护理服务对于整个社会而言是不可或缺的，作为成长性部门，必须提高劳动生产率，以减少对全国平均劳动生产率的负面影响。

第7章 日本护理服务业基于投入产出表的分析

在日本认为"老人福祉服务"属于"负商品"而非"商品"的观念曾经较为普遍（儿山正史，2017）。这主要是"老人福祉"方面的支出完全是单纯的消费行为，对于经济再生产的促进作用甚微。然而，宫泽健一（Miyazawa，1972，1976）提出扩大里昂惕夫乘数的投入产出（I－O）分析工具，使医疗福祉等消费服务得到重新审视。该模型将消费进行内生化处理，在里昂惕夫乘数基础上导入收入乘数（凯恩斯乘数），新增1单位最终需求的经济波及效应从仅考虑传统的媒介中间投入对生产的拉动效应（里昂惕夫效应），扩展到由于新增产出导致收入增加，进一步带动消费、生产增加，最终促进收入增加（凯恩斯效应）（仁平耕一，2007）。护理服务的劳动者报酬占行业增加值的比重极高（田荣富，2020），政府对护理投入增加导致收入增加。宫泽健一（Miyazawa，1972，1976）提出的消费需求内生化 I－O 模型，能够更加全面地反映出对经济的影响（塚原康博，2011）。

根据此模型，宫泽健一（2000）使用 1995 年日本投入产出表数据构建的 52 个部门（28 个商品部门 + 24 个服务部门）测算的结果显示，医疗、社会福祉（含护理）具有较高的经济拉动效应和远高于行业平均的雇佣创造能力。使用 2000 年的数据也得出同样的结论（宫泽健一，2006）。塚原康博（2011）进一步利用 2005 年投入产出表数据构建 60 个部门（商品、服务各 30 个部门），测算结果显示，护理服务的雇佣创造能力和扩大经济波及效应皆高于政府主导的经常用于刺激经济的公共事业。前田由美子

（2009）运用 2005 年投入产出表数据研究发现，政府对护理和公共事业各增加 1 万亿日元投入时，护理增加 62.9 万人，公共事业增加 16.5 万人，护理的扩大乘数效应也略高于公共事业。明治安田生活福祉研究所（2014）的调查研报分析进一步验证了上述结论。

此外，小松秀和（2012）对日本全国以及日本四国地区，护理服务和公共事业、医疗和保健的比较分析的结果表明，护理的雇佣创造效应显著，扩大经济波及效应与公共事业、医疗和保健相似，对于人口老龄化严重地区的经济拉动效应越发显著。浦田仁（2013）使用 2005 年茨城县投入产出表以及樱井靖久（2012）采用 2005 年兵库县投入产出表，也得出促进护理服务业的发展有利于扩大地方就业，促进地区经济增长的结论。

然而护理服务业属于典型的对人服务，低劳动生产率的性质显著（田荣富、王桥，2019），投入结构的特性很难借助于技术进步提升劳动生产率（田荣富，2020），劳动密集型服务业的属性（森川正之，2016）容易陷入鲍莫尔（Baumol，1967）提出的鲍莫尔病（Baumol's disease），劳动生产效率停滞部门的快速扩大导致成本上升，最终导致政府部门的肥大化和服务提供的非效率化。可是，医疗、社会福祉等是居民部门不可或缺的消费服务，如何降低资源配置成本，促进资源顺利移动生产提供社会所需的服务内容尤为重要（Baumol，1993；阪本崇，2002）。

虽然政府部门增加福祉方面支出，会面临劳动生产率停滞、部门规模扩大导致成本费用上升的困境，但是日本学者利用扩大里昂惕夫乘数测算的结果显示，增加护理投入能创造大量就业机会，该行业部门就业增加带来的收入增加通过消费支出增加能扩大对经济的波及效应，因为护理服务业的劳动者报酬占增加值比重非常高。就整体经济波及效应而言，与政府主导的公共投资事业匹敌，雇佣创造能力远高于前者。说明在经济衰退时期，增加护理等福祉方面投入对促就业稳经济具有一定效应。

上述研究使用投入产出表的数据比较陈旧，且是日本护理保险制度实施的初期阶段。截至 2023 年 3 月护理保险已运营了 23 年，护理行业规模扩大以及投入产出表数据经历数次更新，有必要对护理服务业的经济波及效应再次进行验证。本章首先使用日本投入产出表的相关数据对护理服务业的结构特征进行简要概述；其次，验证护理服务业的发展对就业的促进效应；最后，运用"消费内生化模型"测算护理服务业的经济波及（拉动）效应。此外，本章中的护理服务如不作特别说明，则指基于日本护理保险制度下的护理服务。

7.1 投入产出表中护理服务业的特性

7.1.1 护理服务业在国民经济中的地位

2000 年 4 月日本护理保险制度开始实施，护理服务的相对便利化使一部分由家庭部门自产自销的护理服务转向社会化生产与消费，促使潜在性护理需求迅速得到释放。同时 65 岁及以上老年人口从 2000 年度的2204.1 万人增加到 2022 年度的 3623.6 万人，特别是 75 岁及以上高龄老年人口增加了 1033.2 万人。这些叠加效应促使护理需求大幅增加。2000～2021 年度，护理服务业需求的年复合增长率达到 5.6%，成为名副其实的成长性行业。如表 7.1 所示，2000 年投入产出表的护理服务业生产值为4.01 万亿日元，占国内生产值 950.27 万亿日元的 0.42%；2015 年度的护理生产值是 9.91 万亿日元，占比达到 0.99%，在此期间生产值比重增加了 135.71%。护理增加值在 GDP 中所占比重的增幅高于生产占比，主要是由护理服务业的投入结构决定的。由此可见，护理服务业在国民经济中的地位得到大幅提升。今后，护理服务业成长性是相对确定的，而日本经济增长很难脱离低增长状态，说明护理服务业在国民经济中的地位将得到进一步提升。

表 7.1　　　　　　　　护理在国民经济中的地位

项目	2000 年度	2005 年度	2011 年度	2015 年度
护理生产值（万亿日元）	4.01	6.39	8.24	9.91
国内生产值（万亿日元）	950.27	967.02	930.45	997.12
护理生产值/国内生产值（%）	0.42	0.66	0.89	0.99
护理增加值（万亿日元）	2.70	4.66	6.18	7.28

续表

项目	2000 年度	2005 年度	2011 年度	2015 年度
GDP（万亿日元）	526.03	514.98	476.90	521.77
护理增加值/GDP（%）	0.51	0.90	1.30	1.40

注：数值都是当年价格。

资料来源：日本总务省的《平成 12 - 17 - 23 年连续投入产出表》《平成 27 年（2015）投入产出表》。

7.1.2　护理服务业的投入结构

7.1.2.1　关于投入结构

投入产出表的列阵表示各个行业部门生产 1 单位生产物所需原材料、劳动等投入构成。投入构成分为中间投入和增加值投入（又称为"初始投入"），中间投入部门又称为内生部门，是反映生产某种产品时对其他行业部门的需求。用中间投入除以总投入得到的比率值称为中间投入率，该数值的大小直接反映增加 1 单位产品生产对其他行业的需求拉动程度。中间投入率高就意味着增加值投入率低，通常，工业部门的中间投入率较高，服务业部门的中间投入率较低。

了解护理服务部门的投入结构（费用结构），可以通过投入产出表中的《投入系数表》进行确认。投入系数是表示各个部门新增 1 单位生产时投入原材料、燃料等投入量的大小。计算公式为各个部门原材料、燃料等的投入额除以该部门的国内生产值，投入系数在投入生产模型中又称为技术系数。按部门分类计算的投入系数一览表称为《投入系数表》。投入系数表又可以分为中间投入系数和增加值投入系数两部分。

7.1.2.2　投入结构的变化

如表 7.2 所示，护理服务业的中间投入系数呈持续下降趋势，相对应的增加值投入保持上升趋势，并有加速迹象。说明在现有技术水平下，护理服务业的中间投入结构没有发生大的改变，增加值投入占据主导地位。投入产出表的里昂惕夫乘数（逆矩阵系数）由中间投入率的大小决定，中间投入率越小,一次波及效应(经济拉动效应)就越小。因此,根据里昂惕夫乘数效应,在现有技术水平下,护理服务生产规模扩大对其他行业部门生产的拉动效应较小。

表 7.2   护理投入结构的变化趋势

项目	2000 年度	2005 年度	2011 年度	2015 年度
中间投入总计	0.32632	0.26984	0.25042	0.22280
增加值投入总计	0.67368	0.73016	0.74958	0.77196
国内生产值	1.00000	1.00000	1.00000	1.00000

资料来源:日本总务省的《平成 12 - 17 - 23 年连续投入产出表》《平成 27 年(2015)投入产出表》。

就表 7.2 中具体数据而言,护理中间投入率由 2000 年度的 32.63% 降到 2015 年度的 22.28%(下降 10.35 个百分点),低于 2015 年度行业平均的 46.14%,也低于医疗的 43.11%,在 107 个行业部门中从低到高排第 10 位,说明护理服务是中间投入非常少的部门。一般而言,在没有大的技术革新情况下,中间投入发生大幅度变化的可能性较低。2000 年护理中间投入数值较高的主要因素是该年度刚开始实施护理保险制度,在院护理治疗、药品使用等行为并没有能够完全分离,导致医药投入所占比重较高,而 2005 年、2011 年、2015 年医药中间投入所占比重分别是 0.77%、0.39% 和 0.04%。

7.1.2.3 中间投入的结构变化

表 7.3 列出了护理服务业中间投入中排名前 5 位的构成,其中"其他对事业所服务"所占比重有所上升,2015 年度位列第 1 位。"其他对事业所服务"主要是指外包服务,占中间投入比率上升说明护理服务部门将一些业务进行外包,这其中最重要的是接收派遣劳务服务。例如,日本(财)介护劳动安定中心《令和 3 年度护理劳动实态调查》的数据显示,2021 年护理服务业法人支付的劳务派遣费用占护理事业收入的 8.9%。物品租赁服务是指护理服务设施、事业所在提供护理服务过程中对一些福祉用品的租赁利用。根据日本(财)介护劳动安定中心《令和 4 年度护理劳动实态调查》结果,护理服务设施通过租赁方式导入护理机器人、护理穿戴等高技

术产品很少，因此物品租赁服务主要是租赁常用的福祉用品。表7.3表明，尽管2000～2015年度护理服务中间投入前5位的排序有所变化，但是并没有改变护理服务中间投入低这一特征。

表7.3　　　　　　　护理服务业中间投入品前5位的结构变化　　　　　　单位:%

排位	项目	2000 年度	2005 年度	2011 年度	2015 年度
第五位	中间投入品	食品	物品租赁服务	食品	电
	占比	6.45	5.92	6.84	4.45
第四位	中间投入品	金融保险	其他对事业所服务	物品租赁服务	零售
	占比	7.14	6.95	8.68	7.05
第三位	中间投入品	商业	食品	餐饮服务	物品租赁服务
	占比	11.6	9.32	8.81	7.16
第二位	中间投入品	药品	餐饮服务	其他对事业所服务	餐饮服务
	占比	13.48	10.6	9.03	8.42
第一位	中间投入品	餐饮服务	商业	商业	其他对事业所服务
	占比	14.6	14.34	10.15	10.3
中间投入率		32.63	26.98	25.04	22.28

资料来源：日本总务省的《平成12－17－23年连续投入产出表》《平成27年（2015）投入产出表》。

7.1.2.4　增加值投入的结构变化

中间投入率低则意味着增加值投入率高。一般认为服务性行业的增加值投入率较高。根据日本总务省公布的资料，2015年度护理服务的增加值投入率达到77.2%，高于医疗的56.89%，以及行业平均的53.86%，说明护理部门是高增加值投入行业部门。其中劳动报酬占据增加值投入的主要部分，2015年度达到增加值投入的82.31%（见表7.4），说明劳动成本是护理服务业的主要投入。日本（财）介护劳动安定中心的调查数据显示，2021年度护理服务业的劳动成本占事业收入的64.3%，也进一步证明了护理服务业属于劳动密集型的行业特征。雇佣者报酬系数持续上升，说明护理行业人手不足的问题越发突出，劳动力成本是该行业最大费用支出。换言之，增加值的主要部分是劳动者报酬，说明护理行业的劳动分配率高。日本总务省的资料显示，2015年度的劳动分配率达到82.4%，大幅高于全行业平均值48.5%。然而，护理服务价格属于公定价格，劳动成本的大幅上升必然压迫护理服务法人的经营活动（田荣富、卢虹，2019）。

表7.4   护理服务的增加值投入结构变化

项目	2000 年度	2005 年度	2011 年度	2015 年度
增加值总计	0.67368	0.73016	0.74958	0.77196
企业消费支出	0.01836	0.01464	0.01342	0.01681
雇佣者报酬	0.57669	0.58403	0.59315	0.63538
营业盈余	−0.02641	0.04414	0.04778	0.03169
固定资产消耗	0.11426	0.08315	0.07696	0.07584
间接税	0.00252	0.01111	0.02215	0.01601
补助金（扣除）	−0.01174	−0.00692	−0.00388	−0.00377
劳动报酬/增加值	0.8560	0.7999	0.7913	0.8231

资料来源：日本总务省的《平成 12 −17 −23 年连续投入产出表》《平成 27 年（2015）投入产出表》。

7.1.3 护理服务业产出结构

投入产出表的行向表示各个行业部门生产物的销售路径，也就是指生产物的需求来自哪些部门，根据需求的目的可以分为中间需求和最终需求。此处分析的护理服务业产出结构就是护理服务业的需求结构，是指生产出的护理服务是由哪些需求部门购买的。在投入产出表中，护理服务业的中间需求为零，所有需求都是来自最终需求（见表7.5）。表明生产的护理服务没有作为中间产品销售给其他部门，全部用来满足最终需求。在日本投入产出表行业的中分类（107 个部门）中，中间需求为零的共有 14 个部门，护理部门就是其中之一。

表7.5   需求结构   单位：亿日元

项目	2000 年度	2005 年度	2011 年度	2015 年度
需求内容	护理	护理	护理	护理
护理	0	0	0	0
企业消费支出	0	0	0	0

续表

项目	2000 年度	2005 年度	2011 年度	2015 年度
家庭消费支出	4384	6605	5949	7349
政府消费支出	35749	57271	76434	91783
出口	0	0	0	0
进口	0	0	0	0
护理国内生产值	40133	63876	82383	99132

注：数值都是当年价格。

资料来源：日本总务省的《平成 12 – 17 – 23 年连续投入产出表》《平成 27 年（2015）投入产出表》。

由表 7.5 中数据可知，从最终需求层面，护理服务最大的需求方是政府消费支出，其占护理服务生产值比重从 2000 年度的 89.1% 上升到 2015 年度的 92.6%，家庭消费支出占比从 10.9% 下降到 7.4%，进出口皆为零。护理服务的总产出就是由政府和家庭两个部门的消费支出构成的。根据日本《护理保险法》规定，政府通过向第三方购买护理服务提供给护理利用人，原则上护理费用的 10% 是利用人本人负担，其余 90% 由公费和保险费各占 50% 进行给付。2015 年度护理服务政府消费支出达到 92.6%，从投入产出表层面再次验证了铃木亘（2017）所指出的公费投入高于 50% 的结论。

在投入产出表行业的中分类（107 个部门）中，行业部门产出的中间需求为零，且进出口为零的部门总计 8 个部门，说明护理服务业是比较特殊的部门。同时说明护理服务是典型的国内生产国内消费，是完全依赖国内市场的内需型部门，这种特性并没有随着时间的推移发生变化，而且政府购买占绝对主导地位，有进一步强化趋势，也体现了护理服务的社会保险性质。

7.1.4 行业部门投入结构比较

同样生产 1 单位最终产品或劳务，各个行业部门的投入相差甚大（见表 7.6）。制造业、基础素材行业（钢铁）生产 1 单位最终产品所需中间投入较多，服务业相对较少，特别是护理服务中间投入系数仅为 0.2228，只有轿车制造业的 26.9%。中间投入多表示该部门新增 1 单位最终需求所引致的生产需求较大。同理，护理服务业在生产过程中中间投入较少，对其

他部门的直接拉动效应较弱。然而，每1单位投入中，护理的增加值投入
为0.772，远高于其他部门，说明护理服务业是一种增加值投入部门；并且
雇佣者报酬达到0.6354，大幅高于制造业和全行业平均水平，在服务业中
也属于高比率。其增加值的主要部分是劳动者的工资报酬，这也是护理服
务业作为对人服务业、劳动密集型行业的一个基本特征，医疗保健也具有
同样的特征。说明促进护理服务业的发展有利于增加收入促进消费的增长。

表7.6   2015年度投入产出表各部门投入结构比较

项目	医疗	护理	餐饮服务	商业	轿车制造	粗钢	一般机械	行业平均
中间投入总计	0.4311	0.2228	0.5973	0.3011	0.8293	0.7115	0.5582	0.4614
企业消费支出	0.0073	0.0168	0.0153	0.0239	0.0079	0.0183	0.0162	0.0148
雇佣者报酬	0.4483	0.6354	0.2814	0.3898	0.0648	0.0296	0.2291	0.2611
营业盈余	0.0423	0.0317	0.0255	0.1551	0.0324	0.1127	0.0887	0.1021
固定资产消耗	0.0709	0.0758	0.0479	0.0889	0.0865	0.0993	0.0996	0.1108
间接税	0.0160	0.0160	0.0325	0.0416	-0.0209	0.0285	0.0081	0.0350
补助金扣除	-0.0159	-0.0038	0.0000	0.0976	0.0000	0.0000	0.0000	-0.0032
增加值总计	0.5689	0.7720	0.4027	0.5983	0.1707	0.2885	0.4418	0.5386
生产值	1.0000	1.0000	1.0000	1.0000	1.0000	1.0000	1.0000	1.0000

资料来源：日本总务省的《平成27年（2015）投入产出表》。

7.1.5 投入结构和劳动生产率

投入产出表以固定投入比例作为假设前提，反映的是经济在某一时点
的运营状况，无法体现技术进步对要素投入比例变化的影响以及生产要素
之间的替代性，这是投入产出表一个显著特征。然而，通过5年一次时间
序列考察投入产出表中护理服务业的投入结构及投入系数，可以避免上述
缺陷的影响，技术进步等也会从投入结构和投入系数中体现出来。

通过上述对护理服务业的产出结构和投入结构的分析结果可知，其他
行业部门对护理服务生产物的中间需求为零，最终需求主要来自家庭部门
和政府部门；进出口为零也表明护理服务是国内生产国内消费，典型的内
需型部门。从投入结构看，护理服务的中间投入占比非常小，说明在生产
提供护理服务时对其他部门的需求很少，这是护理服务属于对人服务的典

型特征。2005年、2011年、2015年投入产出表中的护理服务业的中间投入以及投入结构并没有显著变化,劳动报酬对增加值比保持高位,说明在现有技术水平下,对人服务的护理服务业很难通过增加资本投入实现资本深化,进而提高劳动生产效率。投入结构只是反映在一定技术水平下的结果,并不能解释无法进行资本深化的原因。

假设护理服务生产过程中只投入资本和劳动,在有一定成本预算约束的前提下,资本与劳动的投入量是由同样增加1元的资本与劳动投入所带来的边际收益(边际收益=服务价格P×资本或劳动的边际产量MP)决定的,如果资本的边际产出小于劳动的边际产出,在经济学的理性人假设前提下,企业没有必要增加资本投入。

作为一种可能性,护理服务业的劳动和资本投入结构是固定的,在现有技术水平下,在护理服务生产过程中使用资本很难替代劳动。如第6章图6.4(b)所示,护理服务生产函数是一种固定投入比例生产函数,只有按照一定固定投入比例增加劳动和资本投入才能增加护理服务生产数量,因此,很难通过资本深化促进劳动生产率的提升。就长期而言,护理服务业投入结构的变化主要依赖于技术进步的程度。对于现状,提高经营规模实现规模经济的溢出效应可能是实现劳动生产率提升的一种有效途径。

7.2 护理服务业对就业的促进作用

7.2.1 护理服务业就业地位变化

事实上,护理保险制度从2000年实施之后,加速了潜在护理需求向社会需求的转化,护理服务业成为日本代表性的成长部门。护理服务业是典型的劳动密集型行业,护理需求的增加必然带动护理就业需求的大幅增加(见图7.1)。从业人员从2000年度的98万人增加到2021年度的315.4万人,增幅达到221.8%,占总就业人数比重由1.5%提高至4.6%。在此期间日本总就业人数从6462万人增加到6667万人,仅增加了205万人(增幅为3.2%)。因此,可以推断日本长期护理保制度的实施,对就业的促进作用非常显著。

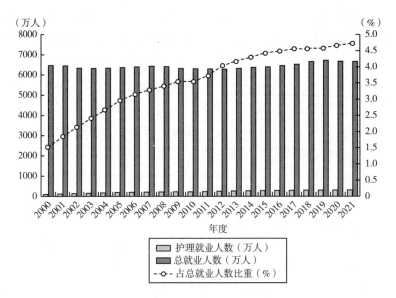

图 7.1　护理服务业就业人数及占总就业人数比重变化

资料来源：日本总务省的《劳动力调查》；日本厚生劳动省的《护理服务设施/事业所调查》（各年版）。

就业系数（劳动投入系数）是生产值为 1 亿日元时，劳动投入量和生产值的比率。就业引致系数可分为直接引致和间接引致。以表 7.7 为例，直接引致就是护理部门产出增加 1 亿日元时，增加的就业人数；间接引致则是在生产护理部门 1 亿日元产出时，引发其他部门生产增加所引致的就业增加人数。如表 7.7 所示，服务业特别是对人服务业的就业系数和就业引致系数都高于行业平均水平。护理、餐饮和商业的就业系数都很高，说明这些部门的产出增加对拉动就业非常有效。

表 7.7　　　　　护理服务业和其他行业就业创造能力的比较　　单位：人/亿日元

行业	就业系数	就业引致系数			雇佣系数	雇佣引致系数		
		总计	直接	间接		总计	直接	间接
医疗	7.952	12.636	7.952	4.683	7.204	11.295	7.204	4.091
护理	19.944	23.418	19.944	3.474	19.944	22.588	19.944	2.644
餐饮服务	19.636	28.488	19.636	8.852	16.508	22.108	16.508	5.600
商业	12.161	15.433	12.161	3.272	10.786	13.701	10.786	2.915

行业	就业系数	就业引致系数			雇佣系数	雇佣引致系数		
		总计	直接	间接		总计	直接	间接
轿车制造	1.063	9.446	1.063	8.383	1.063	8.783	1.063	7.720
钢铁	0.342	3.087	0.342	2.745	0.342	2.845	0.342	2.503
一般机械	3.687	9.228	3.687	5.541	3.531	8.551	3.531	5.021
行业平均	7.1544	12.135	6.549	5.586	6.033	9.355	4.946	4.409

资料来源：日本总务省。

在投入产出模型分析中除了就业系数、就业引致系数以外，还经常使用雇佣系数以及雇佣引致系数。日本的就业人员包含个体户（包括自由职业者）、家庭从业人员、雇佣人员（包括公司高管）。雇佣人员是指公司高管和雇佣劳动者（正式雇员、临时雇员以及按日雇佣雇员）。生产 1 单位时所投入的雇佣人数称为雇佣系数，用投入产出表中《雇佣表》的人数除以《投入表》中的国内生产值计算获得。雇佣引致系数也分直接引致系数和间接引致系数，其概念与就业引致系数相同。

7.2.2　行业部门就业创造效应比较

2022 年度日本就业总数是 6723 万人，其中被雇佣人数是 6041 万人，占总就业人数的 89.9%。护理服务业的从业人员基本是被雇佣的，两类系数之间并没有显著差异。此外，护理的雇佣系数在日本 184 个行业小分类之中最高，说明护理服务业对雇佣的促进作用非常显著，发展护理服务业有利于创造雇佣岗位。因此，根据表 7.7 的数据可以推断，资本密集型、技术密集型行业的就业创造能力较低，护理服务等服务性行业具有较强的就业创造能力。

7.2.3　护理服务业的实际就业创造效应

根据日本厚生劳动省护理服务业相关统计数据，可计算护理服务业支出增加 1 亿日元时实际创造的就业人数（见表 7.8）。投入产出表中统计的是护理服务生产过程中实际投入的劳动数量,表中涉及的护理从业人数与投入产出表中的护理就业人数统计方式略有区别,不可简单比较。就计算结果而言,护理服务业的单位投入维持着较高的就业创造能力,并没有大的波动。说明护理服务的投入特性并没有因为技术进步发生明显改变,很难通过增加资本投入来替代劳动投入。因此,日本的经验数据表明,增加政府在护理方面投入能够稳定地创造就业岗位。

表 7.8   每投入 1 亿日元创造就业人数   单位:人/亿日元

项目	2000 年	2005 年	2011 年	2015 年
劳动投入系数	26.997	29.375	28.433	29.043

注:劳动投入系数=护理从业人数÷护理服务总费用。

资料来源:日本厚生劳动省的《护理保险事业状况报告(年报)》(各年版)、《护理服务设施/事业所调查》(各年版)。

7.3   护理服务业对经济的波及效应分析

7.3.1   经济波及效应

经济波及效应是指某个行业的新增需求在增加该行业生产的同时,也会引致其他部门的生产。并且,在生产活动中各个行业会支付就业人员的工资,又会产生新的消费需求。这类需求进一步促进其他行业的产出。以此类推,一次新增需求对行业、家庭带来的直接、间接的影响被称为经济波及效应。当某一部门需求增加后,通过中间投入对其他部门生产的波及效应分析是投入产业表主要分析手段之一。这种分析一般借助于投入产出模型(以下称为"I-O模型")。

在投入产出模型分析中,如果仅用里昂惕夫乘数(生产乘数)推算,容易忽略凯恩斯乘数追加波及效应。即,生产增加导致收入增加,进而促进消费增加,又进一步促使生产、收入增加。特别是护理服务业这类工资报酬占投入比率高的行业部门,仅使用一般I-O模型进行测算,容易出现对经济波及效应过小的评估。若想尽可能把握增加护理服务业支出对经济波及效应的大小,就必须同时测算两者的乘数效应。因此,本章测算经济波及效应时使用宫泽健一（Miyazawa，1972，1976）提出的消费需求内生化模型进行测算。该模型能够同时反映里昂惕夫乘数效应和凯恩斯乘数效应，一般称为扩大波及效应分析。经济波及效应如图7.2所示。

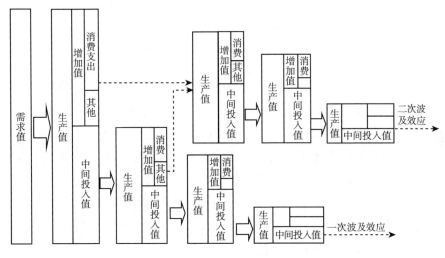

图7.2　经济波及效应

7.3.2　逆矩阵系数、影响力系数和感应度系数

表7.9中的逆矩阵系数即里昂惕夫乘数，在逆矩阵系数表[1]中的各个列项的数值表示某行业新增1单位最终需求，引发其他行业直接、间接的生产量，列项之和就是新增1单位最终需求的生产波及效应的大小。用该行业的列项之和除以全部列项之和的平均值，就是该行业新增1单位最终需求对全行业的生产产生波及效应强弱的相对影响力指标，称为影响力系数。计算公式为：各行业影响力系数 = 逆矩阵系数表中的各列之和 ÷ 全部列项之和的平均值。一般服务相关行业的影响力系数较小，而钢铁、运输机械等行业的影响力系数较高，这些行业都具有对全行业较高的生产波及效应。

---

　　①　日本的《投入产出表》每5年制定一次。在日本总务省公布的投入产出表相关数据中有《逆矩阵系数表》，即各个行业部门的"里昂惕夫乘数"。反应该行业部门新增1单位生产对经济的拉动效应。具体请参见日本总务省统计局官网，https：//www.e-stat.go.jp/stat。

表 7.9　　　　　各行业的逆矩阵系数、影响力系数和感应度系数

项目	医疗	护理	餐饮服务	商业	轿车制造	粗钢	一般机械	行业平均
逆矩阵系数	1.731	1.417	1.963	1.506	3.026	2.170	2.190	1.939
影响力系数	0.894	0.731	1.014	0.777	1.563	1.120	1.131	1.000
感应度系数	0.533	0.516	0.547	5.231	0.516	2.813	0.830	1.000

资料来源：日本总务省。

此外，逆矩阵系数表中的各个行项部门表示表头各行部门最终需求新增 1 单位时，行项部门直接和间接所需的供给量。用该行项之和除以全体行之和平均值的比率值，就表示各个列项的部门各自新增 1 单位最终需求时，某一行项部门由此而受到的需求感应程度，也就是需要该部门为其他部门生产而提供的产出量。该指标被称为感应度系数，计算公式为：各部门感应度系数 = 逆矩阵系数表中的各行项之和 ÷ 全体行项之和的平均值。一般而言，生产性服务、商业、钢铁等的感应度系数较高，这些行业都具有为各行业提供原材料和服务的行业特征，换而言之，容易受到全行业的景气度的影响。

7.3.3　消费需求内生化的宫泽模型

在基本 I－O 模型中，消费需求是作为外生变量处理的，而宫泽模型通过将消费需求内生化，并在 I－O 模型中融入收入生成和分配过程。在生产过程中创造的增加值，可根据消费函数决定新增收入中有多少转化为消费需求。因此，宫泽模型中增加值部门和消费需求部门都作为内生部门对待，模型中的最终需求分为消费需求 f_c 和其他最终需求 f 两部分。模型的基本方程如式（7.1）所示。

$$X = AX + F$$
$$= AX + f_c + f \qquad (7.1)$$

式中，X 为产出；A 为投入系数矩阵；AX 表示中间投入；F 为最终需求，由最终消费需求 f_c 和其他最终需求 f 两部分构成。

各个产品（劳务）的消费函数（矩阵表示）可以用式（7.2）表示。即：

$$f_c = CVX \tag{7.2}$$

式中，C 为消费系数矩阵（由工资和所得收入构成），V 为增加值系数矩阵（针对工资和所得收入）。

将式（7.2）代入式（7.1），得：

$$X = AX + CVX + f \tag{7.3}$$

式（7.3）可以分解为：

$$
\begin{aligned}
X &= [I - A - CV]^{-1}f &\qquad(\text{i})\\
&= B[I - CVB]^{-1}f &\qquad(\text{ii})\\
&= B[I + CKVB]f &\qquad(\text{iii})
\end{aligned}
\tag{7.4}
$$

式中，I 为单位矩阵，B 为逆矩阵系数，$B = [I - A]^{-1}$，$K = [I - L]^{-1}$，$L = VBC$。

式（7.4）中，式（i）也可以从式（7.3）直接求得，宫泽健一（Miyazawa，1972）称之为扩大逆矩阵乘数（enlarged inverse matrix multiplier），式（ii）中的 $(I - CVB)^{-1}$ 被称为部分结合逆矩阵（subjoined inverse），式（iii）中的 KVB 为多部门收入乘数矩阵（multi－sector income multiplier as a matrix）。

式（7.4）就是消费需求内生化后，给定最终需求时能够得到的均衡产出量，在宫泽体系中明确地嵌入了收入生成效应。$L = VBC$ 表示当收入增加 1 单位时，引起消费支出增加所引致的生产增加的收入效应。收入效应会进一步引致消费需求，创造收入。这种情况下的收入创造效应的极限值可以用式（7.5）表示。

$$
\begin{aligned}
K &= (I - L)^{-1}\\
&= I + L + L^2 + \cdots\\
&= \sum_{n=1}^{\infty} L^n
\end{aligned}
\tag{7.5}
$$

从以上推导可知，当作为外生变量最终需求给定时，收入生成过程如式（7.6）所示可以进行要因分解。

$$
\begin{aligned}
Y &= (I - L)^{-1}VBf\\
&= KVBf
\end{aligned}
\tag{7.6}
$$

将式（7.4）和式（7.6）整合成式（7.7），就能同时决定均衡产出量和均衡收入。式（7.7）一般被称为相互关联收入乘数矩阵（interrelational income multiplier as a matrix）。

$$\begin{bmatrix} X \\ Y \end{bmatrix} = \begin{bmatrix} B(I + CKVB) \\ KVB \end{bmatrix} f \tag{7.7}$$

如果进一步加入既定收入 g，就可以得到一般的产出—收入同时决定方程式（7.8）。

$$\begin{bmatrix} X \\ Y \end{bmatrix} = \begin{bmatrix} A & C \\ V & 0 \end{bmatrix} \begin{bmatrix} X \\ Y \end{bmatrix} + \begin{bmatrix} f \\ g \end{bmatrix} \tag{7.8}$$

将式（7.8）求解可以得到式（7.9）。这就是一般形式的宫泽模型。

$$\begin{bmatrix} X \\ Y \end{bmatrix} = \begin{bmatrix} I - A & -C \\ -V & I \end{bmatrix}^{-1} \begin{bmatrix} f \\ g \end{bmatrix}$$

$$= \begin{bmatrix} B(I + CKVB) & BCK \\ KVB & K \end{bmatrix} \begin{bmatrix} f \\ g \end{bmatrix} \tag{7.9}$$

基本 I–O 模型反映了因外生需求引致的波及效应，可以通过里昂惕夫乘数求得；宫泽模型则在基本模型的基础上导入相互关联收入乘数，形成新的体系，弥补了基本模型无法反映收入生成过程的不足，通过明确收入生成过程既可以反映决定产量的乘数过程，又可以扩展到收入决定（产量）层面。当然，宫泽提出的收入乘数概念和凯恩斯乘数是共通概念。凯恩斯乘数反映的是消费支出和收入之间存在宏观函数关系，消费的商品（劳务）构成即使不同，并不影响收入乘数的值。然而，宫泽模型能够明确反映消费的商品（劳务）构成发生变化对产出量的影响迥然不同。这是宫泽模型的收入乘数和凯恩斯乘数相异之处（仁平耕一，2007）。

宫泽模型不仅为分析波及效应提供理论依据，还为分析扩大波及效应构建了分析手段。特别是中间投入率低的服务性行业，如果仅考虑里昂惕夫乘数波及效应则存在过小评价，采用宫泽模型就能包含生产增加导致收入增加而引致的消费支出增加所产生的波及效应，更能体现服务业的投入结构特征，明示扩大波及效应的大小。护理服务业的投入结构特征是高增加值投入，并且护理员工的劳动报酬占据增加值的80%以上，采用宫泽模型测算的波及效应远大于基本Ⅰ-Ｏ模型拉动效应。本章将参考宫泽模型，使用日本总务省公布的投入产出表数据对护理服务业的经济波及效应进行测算。

7.3.4 测算结果与分析

7.3.4.1 测算说明

本书根据日本总务省统计局公布的《平成27年（2015）投入产出表》中的行业大分类（37个部门）以及护理（行业中分类107个部门）数据，对各行业新增最终需求1单位时，产生的经济波及效应进行测算。里昂惕夫乘数如前面所述，是指Ⅰ-Ｏ模型中的逆矩阵系数，表示为了满足某行业新增1单位最终需求，直接或间接生产效应的大小，数值越大表示该行业的新增需求对经济的拉动效应越显著。用该数值乘以行业需求金额就能得到该行业的最终需求对经济的一般拉动效应。表7.10中的"扩大效应"是指根据宫泽的消费内生化模型测算的扩大波及效应。

表7.10   各行业波及效应的测算结果

部门	自给率	劳动者报酬系数	里昂惕夫乘数	扩大效应
农林渔业	0.8198	0.1159	1.4698	2.0571
矿业	0.0381	0.2052	0.0658	0.0793
食品饮料	0.8283	0.1310	1.6277	2.3821
纤维制品	0.3631	0.2538	0.6081	0.8399
纸浆、纸、木制品	0.8157	0.1659	1.6316	2.5222
化学制品	0.7371	0.0892	1.4244	1.8652
石油、煤炭制品	0.8212	0.0116	0.9676	1.0290
塑料、橡胶制品	0.8552	0.2251	1.6631	2.7531
陶瓷、土石制品	0.8790	0.2244	1.4756	2.3928
钢铁	0.9579	0.0600	2.3677	3.0819
非铁金属	0.6370	0.1009	1.1298	1.4451
金属制品	0.8973	0.2870	1.8118	3.1464
普通机械	0.8216	0.2291	1.5974	2.5810
产业用机械	0.8351	0.2387	1.5879	2.6185

续表

部门	自给率	劳动者报酬系数	里昂惕夫乘数	扩大效应
业务用机械	0.6981	0.2020	1.2763	1.9314
电子部件	0.6187	0.2036	1.1269	1.6600
电气器械	0.6768	0.1936	1.2910	1.9233
信息通信器具	0.3736	0.1914	0.6863	0.9176
运输机械	0.8894	0.1285	2.2077	3.4148
其他制造工业制品	0.7271	0.2563	1.3164	2.1655
建筑	1.0000	0.3495	1.8365	3.8909
电力、煤气、热供应	0.9999	0.0787	1.4998	1.9741
自来水	0.9997	0.1435	1.7978	2.8637
废品处理	0.9999	0.4803	1.5188	3.6024
商业	0.9979	0.3898	1.4535	3.0458
金融、保险	0.9601	0.3121	1.4366	2.7095
不动产	1.0000	0.0579	1.2307	1.4791
运输、邮政	0.9297	0.2833	1.5774	2.8649
信息通信	0.9549	0.2101	1.6738	2.8926
公务	1.0000	0.3604	1.4436	2.9422
教育、科研	0.9545	0.5081	1.3498	3.2410
医疗、福祉	0.9999	0.5057	1.5600	3.8551
护理	1.0000	0.6354	1.3591	3.8879
无法分类的会员制组织	0.9716	0.4967	1.5411	3.8068
企业服务	0.9499	0.3442	1.5066	2.9863
个人服务	0.9766	0.2694	1.6804	3.0590
事务用品	1.0000	0.0000	2.4938	3.9031
其他	0.9893	0.0127	1.8551	2.6168

注：表中行业为日本行业大分类（37 个部门），其中护理为日本行业中分类（107 个部门），价格为 2015 年当年价格。劳动者报酬系数是指该行业新增 1 单位生产中劳动者工资收入所占比重。表中扩大波及效应数值为笔者测算，扩大效应测算到 3 次波及效应。此外，在测算扩大波及效应时所用收入为可支配收入，因边际消费倾向获取困难，用平均消费倾向替代边际消费倾向。

资料来源：日本总务省的《平成 27 年（2015）投入产出表》。

本测算的基础模型采用的是"进口竞争模型"，各个行业部门自给率的大小对最终的波及效应会产生一定影响。例如，某行业的自给率为 50%，当该行业新增 1 单位最终需求时，为了满足该项需求，所发生的生产需求的一部分需要通过进口满足（需求流出），这就降低了国内的实际生产值。简而言之，自给率越低意味着国内的经济波及效应越小。此外，服务业属于典型的内需部门，特别是对人服务的生产与消费同时性的特征非常显著，这些部门生产与消费主要依赖于国内需求。因此，行业结构以及行业属性也将对波及效应产生一定的影响。

7.3.4.2　结果简析

根据表 7.10 的测算结果，钢铁、运输机械等制造业的里昂惕夫乘数较大，原材料或零部件进口依存度高的制造行业和服务业的乘数具有较低的倾向。如前面所述，服务业有显著的生产消费同时性特征，其上下游产业链较短，因此经济拉动效应较低。然而，服务业特别是对人服务业中，劳动者报酬占投入比重较高，例如医疗和福祉为 50.6%，护理服务业是 63.5%，如果考虑增加 1 单位需求导致就业人员工资收入增加，进而促进消费增加，再进而促进生产的效应，可以发现其经济波及效应将会大幅提高。

如表 7.10 所示，日本行业大分类医疗和福祉（包括护理服务）扩大经济效应为 3.8551，其中护理服务也达到 3.8879。该乘数表示新增 1 亿日元的护理需求，最终产生的经济拉动效应为 3.8879 亿日元，远高于里昂惕夫乘数效应的 1.3591 亿日元。这是因为护理服务业属于典型的劳动密集型对人服务业，具有外生需求少，劳动成本在生产值中占比高的特性，即生产增加对收入增加的促进效用大，因此消费支出部分对经济的拉动效应较为显著。

通过测算结果比较，护理服务业的扩大经济效应较为显著。换言之，完善护理服务体系，增加政府部门的护理支付，不仅有利于促进护理需求增加，对经济也有较高的促进效应。此外，在就业困难时期，发展劳动密集型的护理服务业有利于大幅增加就业，又能满足日益增加的护理需求，维系社会的和谐发展。

7.4　总　　结

日本《护理保险法》的制定与实施，加速推进了护理需求向社会化消费转变。其结果促进了护理服务业的快速发展，既满足老年护理需求，又促进了就业。护理行业从业人数从 2000 年的 98 万人增加到 2021 年的 315.4 万人，占总就业人口比率从 1.5% 上升到 4.7%，说明发展护理服务业对促进就业非常有效。在国民经济中的地位也获得显著提升。另外，从投入层面，2015 年护理服务业中间投入率只有 22.8%，增加 1 单位护理服务最终需求产生的里昂惕夫乘数效应只有 1.3591 倍，低于全行业平均的水平（1.82 倍）；但是其增加值投入占总投入的 77.2%，劳动者报酬达到增加值的 82.3%，远高于其他行业部门。结合这些结构特征，根据宫泽消费内生化模型的测算结果表明，护理服务业最终需求的增加对经济的拉动效应非常显著，达到 3.8879 倍，大幅高于里昂惕夫乘数效应。

以上分析结论表明，护理服务业由于生产与消费的同时性，该行业完全是国内生产国内消费，不存在需求溢出国外，发展护理服务业对稳经济促就业具有一定的功效。结合护理服务业高就业引致系数的特性，说明通过完善政府部门对护理服务体系的投入有利于拉动就业增加。然而，根据上述分析，护理服务业属于典型的劳动密集型行业，劳动报酬占增加值的比重处于上升趋势，说明护理服务这类对人服务的工作很难通过技术进步或资本深化提高劳动生产率。在促进护理服务业发展的同时，对其低劳动生产率属性有必要给予重视。

第8章 日本护理制度的可持续性分析

　　2023 年是日本护理保险制度实施的第 23 年，在此期间，日本人口结构发生了巨大变化。从 2011 年开始日本社会进入死亡人数大于出生人数阶段，人口处于自然减少状态。然而，正如前文所述，65 岁及以上人口从 2000 年的 2204.1 万人增加到 2022 年的 3623.6 万人，高龄化率达到 29%，其间上升 11.7 个百分点；其中 75 岁及以上高龄老年人口为 1936.4 万人，占总人口比重是 15.5%。日本总务省统计局的资料显示，在此期间，劳动年龄人口（15~64 岁）减少 1207.2 万人，比重从 67.9% 下降至 59.4%。在人口结构急剧恶化，特别是在持续加剧的老年人高龄化背景下，护理服务业面临着严峻的劳动力不足问题；同时社保方式的护理财政存在着巨大资金压力，在维持现有服务水平的前提下，必须增加公费投入和提高保险费，这必然加剧财政压力和参保人负担。因此，日本护理保险制度的可持续性面临着巨大挑战。

　　在此严峻的背景下，为了适应经济、社会以及人口结构的变化，日本护理保险制度在实施以来已经历过数次修订。改革的总体方向是：从设施护理向居家护理回归，责任负担由中央向地方转移，护理利用人的护理费用负担以及保险费从最初的"应益负担"转向"应能负担"，通过总量控制等手段抑制护理需求。然而这些改革或政策只是将问题向后推延或仅是缓和了问题的紧迫性，并不能从根本上解决日本护理保险制度的可持续性问题。

　　基于上述社会经济背景和问题意识，本章首先对日本护理保险制度实施以来社会经济以及人口结构等变化状况进行简单梳理，进而分析日本护理保险制度面临的问题；其次，分析历次护理法保险制度改革的背景及要点内容；最后，分析护理保险制度的可持续性问题。

8.1　护理保险实施后的经济和人口状况

人口与经济增长有着密切的联系，又相互影响。在某个阶段人口的增加会促进经济增长，而经济增长的结果又会抑制人口增长，这是在发达国家的发展历程中观察到的经验事实。在经济学理论上，劳动力的减少可以通过增加资本、技术进步来弥补，从而实现一定的经济增长。然而事实究竟如何并无定论。

20 世纪 90 年代初期日本泡沫经济崩溃后，经济进入资产负债表收缩性衰退，经济增长长期处于低迷状态，工资增长停滞，一直处于通缩的阴影下。长期处于这样的经济环境，企业和家庭对未来经济产生负面预期，这种负面预期具有自我强化特征。对于家庭部门而言，对未来的负面预期不仅影响当下的经济行为（如消费、购房等），还会影响婚姻、生育等行为决策。终身不婚、晚婚或减少生育数量等行为决策在不久的将来又以劳动年龄人口减少、加速人口老龄化的形式对经济增长产生一定的反噬作用。同样负面预期会导致企业投资行为变得更加谨慎，资本更新放缓或资本积累减少，必然影响潜在经济增长率。如此反复，经济与社会进入一种螺旋式恶性循环状态。在此过程中，负面预期的自我确认，进一步恶化负面影响，形成一种自我强化趋势，一旦形成很难逆转。

8.1.1　经济状况

如图 8.1 所示，2000 年之后日本的经济增长并没有摆脱泡沫经济崩溃后的停滞状况，2000～2022 年度，名义 GDP 只增加了 4%，人均 GDP 仅增加了 5.4%。虽然，实际 GDP 增长幅度（13.1%）远高于名义 GDP，但是这主要是商品与服务价格持续性下跌的结果。经济增长停滞带来的影响是多方面的，并且又相互交织、彼此反馈影响。

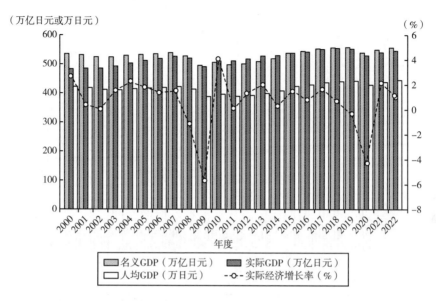

（万亿日元或万日元）

图 8.1　2000～2022 年度 GDP 规模、人均 GDP 及经济增长率

资料来源：IMF – World Economic Outlook Databases（2023 年 4 月版）。

第一，名义经济增长率的停滞导致日本财政收支持续恶化，政府累积债务余额不断增加。一方面，在经济增长停滞状况下，除非采取增税手段，否则政府的税收很难大幅增加；另一方面，随着老龄化的加剧，社会保障相关的支出不可避免地大幅度增加，这些支出具有一定的刚性，想大幅削减必然面临较高政治壁垒。① 结果日本政府债务余额由 2000 年度的 726.1万亿日元增加到 2022 年度的 1454.6 万亿日元，政府债务余额占 GDP 的比重从 135.6% 上升至 261.3%，是所有发达国家中债务占 GDP 比重最高的国家（见图 8.2）。并且，这种状况并没有明显改善迹象，2023 年度日本政府一般预算收入的国债依存度达到 31.1%，也就是说一般预算收入的 30% 以上是通过发行国债来弥补税收不足。此外，在 2023 年度一般预算支出中，国债费用支出为 25.3 万亿日元，占预算支出的 22.1%。② 如果日本名义经

---

① 在 2000～2022 年度，除 2009 年 9 月～2012 年 12 月为日本民主党执政之外，其余皆为日本自民党执政。在日本老年人选举投票率高，而且是自民党的大票田，是维持执政党地位的重要支撑。大幅削减老年人相关的社会保障支出必然面临非常大的政治阻力。

② https：//www. nippon. com/ja/japan – data/h01546。

济增长率不能大幅改善,在现行的税收和社会保障体系下,无法扭转日本
政府债务进一步恶化的趋势。

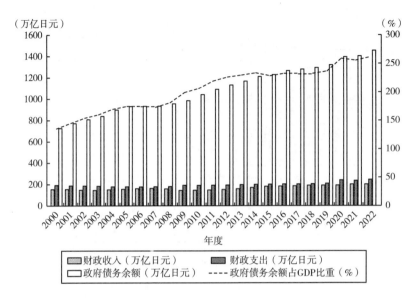

图 8.2　2000~2022 年度日本的财政收支及政府债务状况

注:财政收入(包括中央、地方、社会保障基金)包括税收和税收外收入,政府债务(包括中央、地方、社会保障基金)包含公债和借款。

资料来源:IMF – World Economic Outlook Databases (2023 年 4 月版)。

第二,经济增长长期低迷,导致非正式雇佣大幅增加。经济增长停滞对企业而言意味着国内市场规模已经饱和,难以进一步扩大国内市场需求。依托国内需求的企业不得不采取通过降低生产成本等方式来提高竞争力。其中最有效的手段之一就是大量雇佣非正式员工,减少正式员工的雇佣,达到削减人工成本的目的。并且,在经济不景气时解雇非正式员工相对容易,成本较低。2000~2022 年度,日本总就业人数从 6446 万人略微增加到 6723 万人,雇佣人数从 4903 万人增加到 5689 万人,各增加了 4.3% 和 16%;其中正式雇佣人数却减少了 42 万人,说明非正式雇佣大量增加,统计数据显示,非正式雇佣人数从 1273 万人增加到 2101 万人,增加了 65%,非正式雇佣率从 26% 上升至 36.9%(见图 8.3)。

正式雇佣和非正式雇佣之间存在巨大的收入差距。即使在同一个企业从事同样岗位的工作内容,正式雇佣和非正式雇佣在工作的稳定性、工资

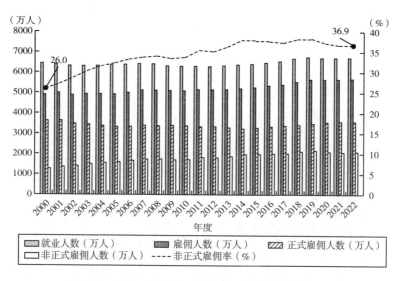

图8.3 2000~2022年度日本劳动市场的结构变化

注：雇佣人数中不包括公司高管、董事等。

资料来源：日本总务省的《统计记录的平成变迁》《劳动力调查》。

收入、福利待遇等方面差距巨大。日本厚生劳动省《工资结构基本统计调查（2020年度）》的数据显示，假设男女同是本科毕业后在同一企业工作，男性正式雇佣者职业生涯的工资收入（23~59岁的工资之和，下同）是27990万日元，男性非正式雇佣是15990万日元；女性正式雇佣是24080万日元，女性非正式雇佣为12410万日元。不管是男性还是女性，正式雇佣和非正式雇佣的收入差距非常显著。因此，非正式雇佣的大幅增加意味着收入差距的扩大和一部分家庭收入的减少。

第三，经济增长长期低迷导致日本工薪家庭的工资收入增长缓慢。根据日本总务省统计局《家庭调查》的统计数据，2人以上工薪家庭的每月平均工资收入（名义值）在1997年度达到峰值（55.9万日元）之后，家庭工资收入增长乏力，工资收入一直处于趋势性减少状态。近几年随着日本经济景气度的改善以及劳动年龄人口减少，劳动力供给不足以及双职工家庭增加等诸多因素的影响，工薪家庭的工资收入有所增加，2022年度的月平均名义工资收入为56.4万日元，略高于1997年。相比2000年度的水平（52.8万日元）仅增加了6.8%（见图8.4）。不可否认，影响家庭工资收入的因素是多维度的，劳动者工资增长率长期处于低水平，近年劳动力市场处于卖方市场并没有导致劳动工资大幅上升，说明非正式雇佣大量的增加一定程度抑制了工资增长幅度（山本勋、黑田祥子，2016；加藤凉，2017；太田聪一，2017；有田伸，2017；尾崎达哉、玄田有史，2019）。

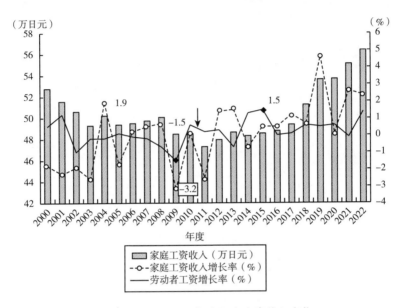

图 8.4 2000～2022 年度日本家庭收入变化

注：家庭工资收入为 2 人以上工薪家庭的每月工资收入。

资料来源：日本总务省统计局的《家庭调查》；日本厚生劳动省的《工资结构基本统计调查》。

　　第四，家庭消费支出长期处于趋势性减少状态。家庭工资收入增长长期停滞，必然影响家庭的消费行为。2000 年度 2 人以上家庭的月平均消费支出是 31.7 万日元，2022 年度为 29.1 万日元，减少了 2.6 万日元，降幅为 8.3%，截至 2022 年度这种趋势并没有改善迹象。此外，新冠疫情也对家庭消费支出产生一定负面影响，2022 年度消费支出的增加主要是疫情的缓和改善了消费场景以及物价大幅上涨导致支出增加（见图 8.5）。在家庭消费支出总额减少的情形中，家具等耐用品以及服装服饰等方面支出大幅减少，而医疗保健、交通、通信的消费支出大幅增加。这种消费结构的变化反映出人口结构变化以及社会结构变化带来的影响，即消费的服务化进一步推进经济服务化的进程。

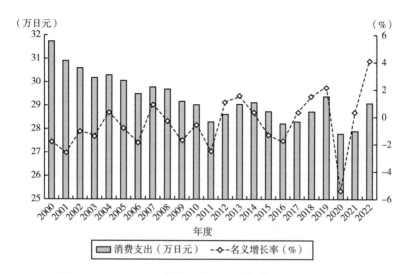

图 8.5　2000 ~ 2022 年度 2 人以上家庭平均消费支出变化

资料来源：日本总务省统计局的《家庭调查》（2 人以上家庭）。

第五，消费者物价指数长期处于通缩边缘。在工薪家庭工资收入增长停滞的背景下，家庭消费支出也出现持续减少。在消费需求持续不振的状况下，依赖内需的企业不得不采用各种价格竞争手段求生存，这种影响在消费者物价指数（CPI）上有比较显著的反应。根据"月例经济报告"对通缩的表述变化，可以将 1989 ~ 2018 年度的日本划分为三个时期：1989 ~ 2000 年度泡沫经济崩溃物价上升率逐步降低时期，称为"通缩前期"；2001 ~ 2012 年度物价处于持续下降时期，称为"通缩时期"；2013 年度之后物价转向缓慢上升状态，称为"迈向脱通缩时期"。2000 年度之后的物价变化趋势如图 8.6 所示，特别是耐用品的价格长期处于下跌趋势，是造成物价低迷的主要原因。

上述经济现象并不是孤立存在的，而是相互影响、交织融为一体，并且相互反馈。例如，经济增长长期处于停滞状态，工薪家庭收入很难增加，必然改变大家对将来经济状况和收入的预期，预期的改变会影响家庭现在的消费决策，家庭的消费行动会越发保守、谨慎，会尽力减少不必要的支出。家庭消费行为的改变又会波及企业的营销，企业为了在激烈的竞争环境下生存下来，降低成本提高竞争力、开拓市场需求是必然的手段；在日本原有的雇佣制度下劳动成本属于固定成本，此类固定成本流动化的转变也就意味着增加非正式员工雇佣，同时减少正式员工雇佣，加速劳动力雇

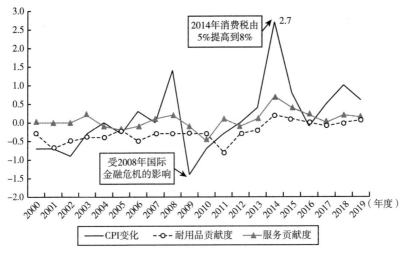

图 8.6　2000～2019 年度消费者物价指数的变化

资料来源：日本总务省统计局的《消费者价格指数》。

佣的非正规化，其结果又会导致家庭收入减少。此外，因为需求饱和，企业只能通过竞争相互蚕食竞争对手的市场份额，价格竞争往往不可避免，这又可能导致企业营业收入下降、利润减少，最终员工工资很难增加。同时，这样的竞争行为又会加强物价下跌预期，从而改变消费者的消费预期，容易引起消费者延期消费，进一步恶化通缩状况，形成工资收入、物价螺旋式下降的恶性循环。

　　上述趋势在自我强化过程中，会反馈于经济从而降低经济增长率，经济会进入螺旋式下降的通缩状态。如果再加上人口减少影响，消费者对未来的经济预期将进一步恶化，一旦进入预期的自我强化状态就很难改变，这就是现在日本经济的真实写照。对长期经济预期的恶化不仅影响经济本身，还涉及社会群体的生涯规划、结婚生育等诸多方面，对人口结构及人口规模产生重大影响，并引发各类社会问题，会加剧少子高龄化程度。而这些结果在中长期会降低潜在经济增长率，经济增长的长期停滞，又进一步影响人口结构。

8.1.2　人口状况

　　如上所述的经济状况的恶化，不仅影响人们的消费行为，还会对家庭以及结婚生育等社会行为产生重大影响。如表 8.1 所示，结婚年龄阶段的各个年龄层男女未婚率出现大幅上升趋势。根据 2020 年的日本《国力调查》数据，男性生涯未婚率是 28.3%，女性是 17.8%（50 岁时的数值）。虽然，影响男女结婚的因素是多样的，但是众多研究结果表明，经济不景气造成雇佣流动化、收入减少等带来的生活不稳定是影响结婚的重要因素之一（前田正子，2018）。日本厚生劳动省针对 15～39 岁人口实施的《关于年青人意识调查》结果显示，经济原因是男性未婚的主要理由。

表 8.1			20～39 岁男女未婚率的变化				单位：%
年度	男性				女性		
	20～24 岁	25～29 岁	30～34 岁	35～39 岁	20～24 岁	25～29 岁	30～34 岁	35～39 岁
2000	92.9	69.4	42.9	26.2	88.0	54.0	26.6	13.9
2005	93.5	71.4	47.1	31.2	88.7	59.1	32.0	18.7
2010	94.0	71.8	47.3	35.6	89.6	60.3	34.5	23.1
2015	95.0	72.7	47.1	35.0	91.4	61.3	34.6	23.9
2020	95.7	76.4	51.8	38.5	93.0	65.8	38.5	26.2

资料来源：日本总务省统计局的《国力调查》；日本厚生劳动省的《人口动态调查》。

　　未婚率上升的同时，男女初婚年龄持续推迟，晚婚化越发突出。男性初婚年龄从 2000 年的平均 28.8 岁上升至 2021 年的 31 岁，女性从 27 岁上升到 29.5 岁。随着晚婚化的加剧，女性的"晚育化"越发突出，女性生育第一子女的年龄由 2000 年的 28 岁推迟至 2021 年的 30.9 岁。根据 2014 年的《少子化社会对策白皮书》数据，1980 年女性生育第三子女的平均年龄是 30.6 岁。这说明现在生育第一子女的年龄，在 41 年前已经生育第三子，"晚育化"的结果必然影响总和生育率。

　　男性、女性生涯未婚率的上升以及晚婚晚育，使得 2000 年之后新生儿人数呈波动性下降趋势，从 119.4 万人减少到 2022 年的 77 万人（见图 8.7）。总和生育率在 2005 年创历史新低后开始反弹，由于 15～49 岁育龄女性人数从 2000 年的 2878.4 万人减少到 2021 年的 2344 万人（减少 18.6%），因此出生人数减少趋势很难扭转。① 2008 年因出生人数减少，死亡人数增加，日本

---

　　①　资料来自日本国立社会保障与人口问题研究所的《人口统计资料集》（2003 年度、2023 年度）。育龄女性（15～49 岁）人数仅为日本人，不包含住在日本的外国人。2000 年和 2021 年包括住在日本的外国人在内的育龄女性人数分别是 2927.6 万人和 2430 万人。

总人口首次经历了人口自然减少（机械减少），2010 年之后进入持续减少状态。日本总务省资料显示，2022 年 10 月 1 日，日本总人口规模为 12495 万人，虽然与 2000 年的总人口规模相比仅减少了 197.9 万人，但是人口结构发生了巨大变化（见图 8.8）。

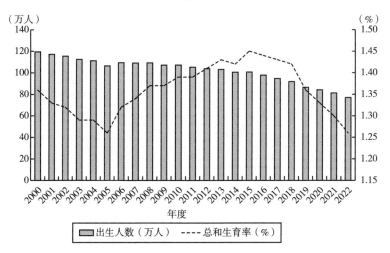

图 8.7　2000～2022 年度日本总和生育率和出生人数

资料来源：日本厚生劳动省的《人口动态调查》。

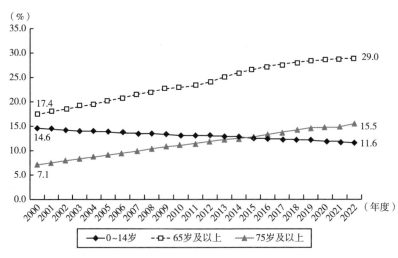

图 8.8　2000～2022 年度日本少儿人口和老年人口占总人口比率

注：人口数据为每年 10 月 1 日的数值。

资料来源：日本总务省的《人口推测》。

少子化加速了老龄化的进程，如图8.8所示，2000~2022年度，65岁及以上人口占总人口比率上升了11.6个百分点，其中75岁及以上人口占比上升了1倍多。平均寿命增长导致高龄老年人口（75岁及以上人口）大规模增加，说明老年人口内部结构也发生显著变化。0~14岁的少儿人口占总人口比重处于缓慢的下降趋势。此外，新生儿人数的减少就意味着15年之后劳动年龄人口的减少。2000~2022年度的劳动年龄人口（15~64岁人口）减少了1217万人，减少幅度达到14.1%。劳动年龄人口占总人口比重从68.1%下降至59.4%（见图8.9）。

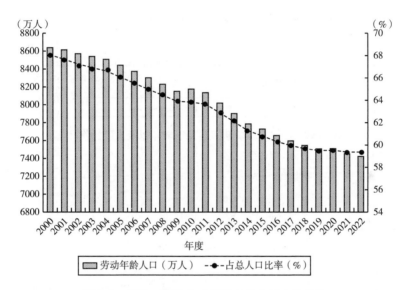

图8.9 2000~2022年度劳动年龄人口变化趋势

注：劳动年龄人口数据为每年10月1日的数值。

资料来源：日本总务省的《人口推测》。

劳动年龄人口的减少以及65岁及以上老年人口大幅增加的效应完全抵消了少儿人口减少效应，导致人口抚养比大幅上升（见图8.10）。老年抚养比的大幅上升，加重了社会保障负担。联合国人口所用25~64岁人口总数除以65岁及以上人口数量得到"潜在抚养率"指标来衡量一个国家工薪阶层的抚养负担，如图8.11所示，2022年度的日本为1.72，在OECD成员国中社会抚养负担最重。根据日本社会保障与人口问题研究所公布的《日本未来人口推测（2017年4月）》预测结果，日本65岁及以上人口预计 2042 年达到峰值，在此期间少子化推测趋势很难改变，在平均寿命增长的叠加效应下，潜在抚养率大幅下降趋势无法扭转。

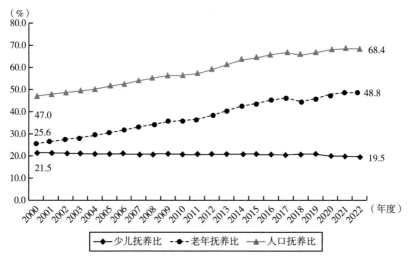

图 8.10　2000～2022 年度少儿、老年以及人口抚养比

注：人口数据为每年 10 月 1 日的数值。

资料来源：日本总务省的《人口推测》。

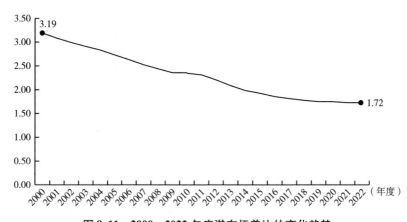

图 8.11　2000～2022 年度潜在抚养比的变化趋势

资料来源：日本总务省的《人口推测》。

河合雅司（2018）指出日本人口的减少分为两个阶段：第一阶段为少子化导致的劳动年龄人口减少和老年人口增加同时存在，总人口减少处于一个缓慢过程，这个过程大约延续到 2042 年左右；第二阶段从 2043 年开始，劳动年龄人口和老年人口进入同时减少状态，人口总规模将快速减少。少子老龄化不仅对经济，而且对行政服务以及居民生活等方面面产生重大影响。现在日本处于人口减少的第一阶段，老年人口的大幅增加意味着养老医疗等社会保障负担的增加，而少子化导致的劳动年龄人口减少则表示支撑社会保障系统的主体在削弱。

8.1.3　社会保障负担

人口老龄化必然会增加年金、医疗、福祉等各方面的社会保障支出。如表 8.2 所示，老年人相关给付费总额 2000～2021 年度增加了 56.8%，占名义 GDP 的比重上升至 15.2%。2021 年度社会保障给付费的 60.1% 用于 65 岁及以上老年人，在老年人相关给付费中政府的财政投入占比超过 40%，已成为政府沉重的负担。基于 2021 年 65 岁及以上人口占日本总人口比重（28.9%）和社会保障给付比重的差异，说明各种社会福祉政策在向老年人倾斜。这主要源于人口老龄化进程中老年选民人口大幅增加，并且老年人的投票积极性要大幅高于年轻人，老年人的政治或政策诉求通过选票数量容易获得实现，结果政府推行的政策越来越有利于老年人，这也一定程度上加剧少子老龄化。

表 8.2　　　　　　　　　　老年人相关给付费的变化

年度	老年人相关给付费（万亿日元）					总额占社会保障给付费比重（%）	总额占GDP比重（%）
	年金保险给付费	老年医疗给付费	老年人福祉服务给付费	老年人雇佣保障给付费	总额		
2000	39.17	10.35	3.57	0.11	53.20	67.9	10.1
2005	45.21	10.67	5.96	0.13	61.97	69.7	11.8
2010	51.76	11.67	7.51	0.15	71.09	67.5	14.2
2015	54.08	13.98	9.51	0.17	77.14	66.6	14.3
2020	56.30	15.25	11.42	0.18	83.15	62.9	15.5
2021	56.31	15.73	11.21	0.18	83.43	60.1	15.2

注：①2020 年度和 2021 年度老年人相关给付费总额分别是 83.15 万亿日元和 83.43 万亿日元，占 GDP 比重大幅变动的原因是新冠疫情对经济增长产生了较大冲击（2020 年名义增长率为 -3.5%）。②2021 年度老年人相关给付费总额相对 2020 年度（83.15 万亿日元）略有增加，占社会保障给付比率下降的主要因素是针对新冠疫情相关社会保障费用大幅支出增加。③表中数据为年度数据，从当年 4 月至下年 3 月。

资料来源：日本国立社会保障与人口问题研究所。

政府的负担实际上就是国民的负担。政府是一个不产生任何利润的行政组织，其运营成本通过征税或发行债券筹集资金来解决。结果还是以各种租税的形式向国民征收，最终负担还是由每一个国民来承担，只是在此过程中发生了强制性收入再分配。社会保障支出就是一种典型的收入再分配，主要是工薪阶层向老年群体的收入再分配，即现在的社会保障负担主要是由工薪阶层承受。老年人口增加，劳动年龄人口减少必然导致工薪阶层负担增加。如图 8.12 所示，2000 年之后日本国民负担率整体呈波动上升趋势，在人口结构恶化的背景下，这一趋势还将延续。

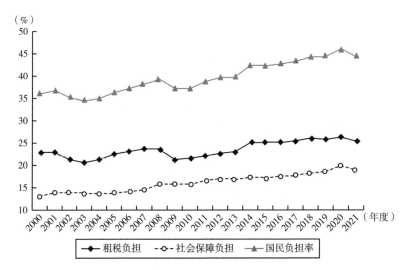

图 8.12　2000～2021 年度租税负担和社会保障负担与国民收入的比例

注：国民负担 = 租税负担 + 社会保障负担。

资料来源：日本财务省的《令和 3 年度的国民负担率》。

8.2　《护理保险法》修订和护理报酬改定

8.2.1　《护理保险法》主要修订内容

日本《护理保险法》原则上规定 5 年修订一次，实施至今已经经历了 6 次大规模修订。修订时间依次是 2005 年（2006 年 4 月 1 日执行，下同）、

2008 年（2009 年）、2011 年（2012 年）、2014 年（2015 年）、2017 年（2018 年，部分在 2017 年度实施）、2020 年（2021 年实施），并没有古板地按照 5 年修订一次的原则，而是根据社会经济的发展趋势以及现有法律所面临的问题，保持护理保险制度可持续性的前提下采用灵活方式进行适时修订。《护理保险法》修订的最大动机还是在经济增长缓慢、财政收支急剧恶化、老龄化加剧的经济社会背景下，研究如何抑制护理费用快速增加，以维持护理保险制度的可持续发展。

8.2.1.1　2005 年的修订

2005 年《护理保险法》修订是护理保险制度实施以来的初次修改。当时是以"保证护理保险制度的可持续性""构建开朗、充满活力的超高龄社会""社会保障的综合化"作为基本视角，对《护理保险法》进行了必要的修订。本次修订最大的变更点是护理体系向预防重视型体系转变，以及护理保险设施给付改革。

（1）护理体系向预防重视型体系转变。当时，护理/支援认定实施的是 6 个等级区分，即支援、护理Ⅰ、护理Ⅱ、护理Ⅲ、护理Ⅳ和护理Ⅴ。本次修订将"支援"划归为"支援Ⅰ"，"护理Ⅰ"再细分为"支援Ⅱ"和"护理Ⅰ"，整合为 7 个等级区分。将属于护理Ⅰ～护理Ⅴ的给付归类为"护理给付"，支付对象是支援Ⅰ～支援Ⅱ的给付设定为"预防给付"。新设"地区综合性支援中心"负责对需要支援对象的管理。对于未达到需要护理/支援状态的被保险人，通过市町村主导的"地区支援事业"提供必要的预防管理服务。

（2）护理保险设施给付改革。在本次《护理保险法》修订之前，入住护理保险设施（护理老人福祉设施、护理老人保健设施和护理疗养型医疗设施）的护理服务利用人的餐费、居住费用（床位费）属于保险给付对象，这导致和居家护理服务利用人之间负担不公平的现象，对此社会反响比较强烈。修改之后，餐费、居住费用原则上全额由护理服务利用者本人负担，为了减轻利用人的负担，根据家庭收入水平设定费用负担限额，为此增加了"补充给付"。餐费、居住费用的减免部分通过"补充给付"进行支付。

此外，本次《护理保险法》的修订还包括：创立地区密切型服务；护理服务信息公布的义务化；根据负担能力对第 1 号被保险人的保险费进行详细设定；等等。并将"痴呆"用语改为"认知症"。

本次修订的内容中，护理保险设施给付改革相关内容从 2005 年 10 月开始实施，其余 2006 年 4 月开始实施。

8.2.1.2 2008 年的修订

2008 年《护理保险法》修订主要是防止护理服务供应商的欺诈行为和优化护理事业运营的相关内容。供应商必须完善并维护遵守法律法规等业务管理制度，并作为供应商的尽责义务；增加了监管部门突击检查经营法人总部等的权利。此外，还修改了针对欺诈经营者逃避处罚的对策。

1. 完善业务管理体制

为了确保履行遵法义务，将完善业务管理体制作为供应商的尽责义务，防止取消指定等欺诈行为发生，同时发挥保护护理服务利用人和优化护理事业运营的作用。根据供应商规模规定相应义务。小规模供应商需设置法务担当，中等规模供应商还需制定遵法手册，大规模供应商在此基础上还需实施遵法监察。根据供应商经营所在地和规模必须向相关部门备案。

2. 增设进入供应商总部等突击检查权力

在原《护理保险法》中，相关部门无权对供应商总部进行突击检查，无法核定是否存在组织性参与欺诈行为。修订后：（1）增设突击检查权。国家、都道府县、市町村有权对于怀疑有组织性进行欺诈行为的供应商总部进行突击检查。（2）增设改正劝告或责令权力。对于业务管理体制存在问题的情形，国家、都道府县、市町村有权对供应商实施改正劝告或责令。

3. 强化违规供应商逃避处罚的对策

在原《护理保险法》下，供应商即使发生欺诈行为，在审查期间也可以通过申请注销经营或将业务在同一法人集团内部转让的手段逃避处罚。针对上述问题，本次修订后：（1）事业所歇业登记由事后登记制变更为事前登记制。并且，将在突击检查期间进行歇业登记申请的场合，增加为取消指定/更新资格的原因。（2）对于受到取消指定的供应商将自身业务转让给有密切关联方的行为，新设取消指定/更新资格的条款。

4. 修改取消指定/更新资格原因事项

在维持连坐制体制的同时，地方政府在确认是否存在有组织性参与欺诈行为之后，判断是否同意指定或更新。对于跨行政区域经营的供应商，国家、都道府县、市町村在完全共享信息和紧密协作的基础上采取措施。

5. 完善确保服务对策

因为经常发生服务供应商在歇业退出经营时，不能为原有的服务利用人确保稳定的服务供给，导致服务利用人处于不利状况。本次修订后：（1）明确供应商歇业时有确保服务稳定供应的义务；（2）如供应商无法履行确保服务稳定供应义务时，将作为发布警告或命令的追加事项；（3）行政机构根据需要对供应商采取的措施进行支援。

本次修订内容从2009年5月1日开始实施。

8.2.1.3 2011 年的修订

2011年《护理保险法》修订的主要目的是通过提供医疗、护理、预防、居住、生活支援，实现高龄群体在原本已习惯居住的地区能够继续生活，核心内容就是构建"地区综合性护理体系"。该体系的具体定义是"为了确保生活上的安全、安心、健康，医疗、护理、预防、福祉服务等生活支援服务能够在日常生活圈内精确提供的地区体制"。地区范围为护理覆盖区域，30分钟内能够达到的地理地域，具体而言接近中学学区程度的规模。简而言之，增加居住地区的医疗福祉功能，实现本地生产满足本地需求。

构成"地区综合性护理体系"的核心内容主要有6条：（1）强化医疗和护理合作等；（2）确保护理人才和提升服务质量；（3）推进高龄老人住房适老化修建等；（4）认知症对策的推进；（5）以保险人（市町村）为中心推进特色服务内容；（6）抑制保险费的上涨。

针对"强化医疗和护理合作"，增设了复合型服务（看护小规模多功能型居家护理）。通过组合日托护理、短期入住护理、户访护理、访问看护，与地区保持密切联系，在家庭氛围中实现护理和看护一体化服务体系。服务费实行月定额制，医疗服务和护理服务由同一供应商提供，根据利用人的需求可以增加应对弹性。对于"确保护理人才和提升服务质量"，将"劳动基准法等违反人"加入护理服务事业所在事业所指定时的失格要件和取消要件之中；改善护理行业的工作环境，减少"拥有护理资格证的人脱离护理职业";另外,又增设了护理福祉士和受过一定培训的护理员工提供"吸痰"服务等内容。

本次修订主要内容从 2012 年 4 月 1 日开始实施。

8.2.1.4　2014 年的修订

2014 年《护理保险法》修订的主要内容有 6 点:(1)护理预防给付中的护理预防户访护理、护理预防日托护理划归于综合事业;(2)部分护理预防给付划归地区支援事业;(3)护理老人福祉设施的利用对象必须是在家生活困难的中重度护理认定人;(4)符合一定收入标准以上的护理利用人的本人负担部分提高到 20%;(5)低收入的设施利用人的餐费、居住费用的减轻措施条件需增加资产等材料证明;(6)改善护理从业人员的待遇。

入住护理老人福祉设施利用护理服务的条件,从护理 I 等级提高到护理Ⅲ等级,说明设施服务功能重心转向针对在家生活困难的需要护理群体。对于符合一定收入标准以上的护理利用人,本人负担从 10% 提高到 20% 的原则是以 65 岁及以上老年人中收入分布属于前 20% 作为基准。具体条件就是一年全部课税收入金额在 160 万日元以上(单身仅有养老金收入的情况是 280 万日元以上)的护理利用人。同时又增加了扩大减轻低收入群体保险费的措施,实施对象是一年"养老金收入 80 万日元以下"的群体。

申请"低收入设施利用人餐费、居住费用"补充给付条件中附加了资产条款要求,对于拥有存款等金融资产的申请对象人,单身者超过 1000 万日元以上、夫妇 2000 万日元以上人员不属于申请对象,同时增加了"非课税养老金收入作为决定给付金额参考条件"的内容。

护理预防给付中的护理预防户访护理、护理预防日托护理划归于综合事业也是本次保险法修订的要点。综合事业是各个市町村为主体展开运营的护理预防事业。服务对象是获得支援以下认定的群体,以市町村为中心,充实具有地方特色的护理预防服务,构建地区内相互支撑体制为目标。提供的户访服务和日托服务的利用方式相同,只是服务的提供主体除护理事业法人之外,非营利组织团体、志愿者团体、民间企业等也可以提供服务。综合事业本身属于护理保险制度内的事业,运营财源基本由护理保险支出维持。综合事业与护理给付相比最大的区别是对运营方市町村设定了给付上限额度,超过上限额度部分由各个市町村自行解决。

本次修订内容从 2015 年 4 月开始实施。

8.2.1.5　2017 年的修订

2017 年《护理保险法》修订的主要内容可划分为两大类：一是深化推进地区综合性护理体系，二是确保护理保险制度的可持续性。

1. 强化保险人针对自立支援和防止重度化的功能

本次修改强化了市町村作为保险人，分析推进地区管理课题，根据各个老年人自身能力，实现其能够生活自理的保险人功能。中央政府根据响应、改善程度向地方政府给予一定金额的补贴。若想获得相应政府补贴还需满足下列条件：（1）制订护理保险事业/支援计划时，必须对国家提供的数据进行分析；（2）制订护理保险事业/支援计划时，必须明确记载实施护理预防、防止重度化等内容和目标；（3）制定都道府县对市町村支援的规定内容；（4）公布并报告在护理保险事业/支援计划中设定目标的达成状况；（5）将财政激励动机等内容制度化，强化保险人功能。

此外，通过制定相关法规强化保险人的执行权限，以加强对护理服务供给量的控制。并根据社会变化，推出与认知症患者共生型社会规划的"认知症推进综合战略"，在尊重患者意见的基础上，努力实现在原来居住习惯地区能够继续维持生活的目标。

2. 新设"护理医疗院"护理保险设施（2018 年 4 月实施）

"护理医疗院"是具备长期疗养型医疗和日常生活护理服务一体化的护理保险设施。它满足长期增加的医疗护理需求，替代现行的"护理疗养型病床"，能够接纳、应对需要日常医疗处置的重度护理利用人。

3. 导入护理保险和残疾人福祉相互融合的"共生型服务"（2018 年 4 月实施）

享受残疾人福祉服务的满 65 岁残疾人必须优先转向护理保险服务，在调转过程中会发生本人负担增加、更换供应商、原先服务无法继续利用等问题。"共生型服务"的设立可以提供护理保险和残疾人福祉一体化服务，利用人可以在同一供应商接收服务。

4. 针对高收入老年人的护理服务费本人负担提高至 30%（2018 年 8 月实施）

从 2018 年 8 月开始，对于高收入老年人在利用护理服务时，本人负担由原来的20%提高至30%。单身老人家庭年课税收入340万日元以上（仅有养老金收入的情况是344万日元以上），老年夫妇家庭年收入为463万日元以上作为基准。

5. 提高高额护理服务费的本人负担上限额度（2017年8月实施）

从2017年8月开始，为维持护理保险制度和保障护理保险服务费用负担的公平性，针对中等收入家庭，提升高额护理服务费的负担上限额度。每月负担上限由37200日元提高到44400日元。

6. 对第2号被保险人的护理保险费实行总收入比例制

第2号被保险人（40~64岁）的保险费是以全国为基准，计算出被保险人保险费金额，再由保险人根据被保险人数缴纳相应的保险费。例如，现在执行的第8期（2021~2023年度）护理保险事业计划期间，第2号被保险人负担护理保险给付费的27%，用护理给付费27%的金额除以第2号被保险人数，得到第2号被保险人人均保险金额。这种方式是按第2号被保险人的人数来均分，并没有考虑到各医疗保险人（协会健保、健保组合、共济组合、国保等）之间的收入差距问题。

为了减轻各保险人之间的收入与保险负担的不平衡，从2017年8月开始阶段性实施护理保险费总收入比例制度，即总收入越高对应的保险费越高，以调节各个保险人之间的负担差距。为了缓和护理保险费总收入比例制度实施导致一部分被保险人保险费负担的增加，在实施初期先按总收入的50%执行，2019年按75%执行，2020年开始全面执行。第2号被保险人护理保险费总报酬比例制实施结果显示，负担增加的人数约1300万人，主要是大企业员工和公务员等，同时约1700万人的中小企业员工的保险负担获得减轻。

本次修订内容部分从2017年度开始实施，主要部分从2018年度开始执行。

8.2.1.6 2020年的修订

2020年《护理保险法》修订主要以实现地区共生社会为目标，积极应对社区居民复杂化、多元化服务需求，从构建综合型提供体制的视角，支持市町村构建综合型支援体制，推进符合地方特征认知症政策实施以及完善护理服务提供体系，促进医疗护理基础数据库建设，强化推进确保护理人才及业务效率化的措施，设置社会福祉协同推进法人制度所需措施。由此可以推测，随着人口老龄化的加剧，以家庭为单位无法支撑老年人服务需求，必须联合整个地区社会作为支撑。本次修订内容之中直接与老年人和服务供应商相关的内容主要有以下6点。

1. 提高高额护理服务费

本次修订中根据服务利用人负担能力调整了减免金额和负担上限额度。调整前和调整后的负担状况如表8.3所示。此外，修改了低收入者在护理保险设施（护理老人福祉设施、护理老人保健设施、护理医疗院、护理疗养病床）的餐饮费负担额度，提高了有一定额度收入和存款的利用对象的负担金额。

表8.3　　　　　　　　　　　　家庭收入与月负担额度　　　　　　　　　单位：日元/家

调整前		调整后	
利用人收入情况	家庭负担月额上限	利用人收入情况	家庭负担月额上限
年所得约为383万日元以上	44400	年所得约为1160万日元以上	140100
家庭全员为非市町村居民税课税对象	24600	年所得为770万~1160万日元	93000
享受低保待遇对象等	15000	年所得383万~770万日元	44400
		家庭全员为非市町村居民税课税对象	24600
		享受低保待遇对象等	15000

资料来源：日本厚生劳动省。

2. 强化地区综合护理服务体系

随着"8050家庭"（80岁以上父母与50岁以上的子女组成的家庭）增加出现的"8050"问题，以及同时提供育儿和护理的"双重护理"等复杂且复合型问题的增加，原有"老人""儿童""生活困难"的单独咨询应对窗口很难处理相应问题。因此，由国家拨款推进各个市町村顺利构建综合型支援体制，设置综合咨询窗口集中解决这些问题。

3. 确保和提高护理人员的素质

强化推进确保护理人才及护理业务效率化的措施。国家和地方政府决定全面协作、系统性且计划性地推进稳定提高护理人员素质和留住高素质护理人员的政策措施。

4. 优化福祉器具租赁价格

为了优化福祉器具租赁价格，按每 3 个月一次的频率公布新商品的全国平均租赁价格，并设定了最高上限租赁价格。

5. 创设"社会福祉协同推进法人"

新设"社会福祉协同推进法人"法人形态，促进福祉服务提供者之间相互协作。简而言之，多个社会福祉法人可作为一个集团成立法人。

6. 完善护理保险事业计划的规定

今后在制订护理保险计划之时必须完善以下两条规定：（1）在制订护理保险事业计划时，必须根据该地区人口结构预测数据作为参考依据；（2）收费养老院和配套服务型老年人住宅的设置状况必须在护理保险事业计划中记载。通过上述规定，强化都道府县与市町村的信息共享，把握收费养老院设置信息，推进完善护理基础设施建设。

本次修订后的《护理保险法》从 2021 年 4 月开始实施。

8.2.2　对《护理保险法》修订的评价

日本《护理保险法》2000～2022 年总计进行了 6 次修订，在第一次修订之后，平均每 3 年修订一次。这样的修订频率在一定程度上反映了人口老龄化进展程度超过预期。在此背景下，随着时间的推移护理保险制度在一定时间和可预期的将来必然面临一些问题，通过及时修订使之能够反映当下社会经济现状和趋势，使依据制度提供的护理服务更能接近现实社会需求，提高供给与需求的匹配度，及时解决制度运营中出现的问题，对完善制度、保障制度的稳定运营具有积极效应。

纵观日本护理保险制度实施以来的修订内容可以发现，制度改革的大方向就是在如何减轻国家财政负担的前提下，维持护理制度平稳运营。例如，2005 年的《护理保险法》修订就是强调从设施护理回归到居家护理，2011 年改革核心问题是护理责任和权限由国家向地方移交，强化地方政府在护理制度运营中的作用。2014 年、2017 年和 2020 年的修订都不同程度增加了部分护理利用人和被保险人的负担。保险制度改革的最终结果就是维持护理保险制度运营的成本负担由国家向地方、向被保险人，进而向护理服务利用人转移。这是在日本政府财政严重恶化、人口结构严重扭曲下不得已而实施的策略。在此趋势下，如果不能通过转移负担获得必要的护理制度运营费用，就只能大幅度抑制护理需求、抑制护理费用规模的膨胀。在可预见的将来，强化护理认定、降低护理利用率可能成为改革的要点。

8.2.3 护理报酬改定

护理报酬（服务价格）属于公定价格，受政府部门管制。护理报酬制定过程比较复杂，主要参考全行业资本的综合收益率以及从护理服务提供可持续性的视角制定。一般以 3 年为一期，再根据具体的经济形势和护理事业以及护理财政的状况实施改定。例如，护理需求增加状况、护理员工供需状况、服务内容的多样化，以及物价、社会平均工资水平的变化状况都属于考虑范畴。历次改定的整体幅度如表 8.4 所示，其中 2014 年护理报酬提高 0.63% 的改定，是对冲消费税从 5% 提高到 8% 造成的成本增加，实际护理报酬改定进行了 7 次。2021 年护理报酬改定上调 0.7% 中，有 0.05% 是作为新冠疫情预防特别措施费，截至 2021 年 9 月。

表8.4 历次护理报酬改定幅度 单位:%

项目	2003 年	2006 年	2009 年	2012 年	2014 年	2015 年	2018 年	2021 年
护理报酬改定率	-2.30	-2.40	3.00	1.20	0.63	-2.27	0.54	0.70

资料来源：日本厚生劳动省。

实际上对于不同服务类型每次改定的幅度都有所差异。这是对护理需求与供给的一种引导调节手段，特别是通过护理报酬的调整从供给层面引导供给方向的转变，实现供需平衡。根据表 8.5 可以得出，护理报酬改定取向是重点配合护理政策推进方向，对政府需要推行或正在实施的政策，通过改定护理报酬来引导资源的合理配置。在日本护理保险制度下提供的护理服务类别繁多，即使平均护理报酬改定结果是上调，但是有些护理服务报酬是被下调的。例如，在 2018 年度护理报酬改定中，将护理服务平均收支差 4% 作为基准，高于该收支差的要下调。属于居家护理服务的户访护理和日托护理的收支差分别是 5.5% 和 6.3%，高于平均值，2018 年度护理报酬改定时被下调。这是考虑各类服务之间的收支平衡性，避免服务资源向某个特定服务过于集中，发生供给过剩的状况。

表 8.5 护理报酬改定变更点及重点改定方向

改定时期	主要变更点及重点改定方向	改定幅度
2003 年	重视居家服务、自立支援;对户访护理等居家服务平均提高 0.1%;推进设施服务报酬适当化,平均下调 4%	整体平均: -2.3%; 居家服务: -0.1%; 设施服务: -4%
2006 年	提高户访护理、看护等服务对象为中重度护理利用人的护理报酬,降低服务对象是轻度护理利用人的护理报酬	整体平均: -2.4%; 居家服务: -1%; 设施服务: -4%
2009 年	确保护理从业人才和待遇改善;根据护理从业人员工作经验实施护理报酬加算	整体平均: 3%; 居家服务: 1.7%; 设施服务: 1.3%
2012 年	创设护理员工待遇改善加算,强化居家护理;针对从设施护理回归居家护理和 24 小时对应服务进行报酬加算	整体平均: 1.2%; 居家服务: 1%; 设施服务: 0.2%
2015 年	护理服务评价的规范化,降低高利润率护理服务的报酬;对为确保护理人才制订待遇改善计划的事业所进行加算	整体平均: -2.7%; 居家服务: -1.42%; 设施服务: -0.85%
2018 年	推进地区综合性护理系统;有效促进自立支援,防止护理重度化,提供高质量护理服务;确保多样性人才,提升劳动生产率;通过实施护理服务适当化、重点化,维持制度的稳定性和可持续性	整体平均: 0.54%
2021 年	提高高额护理服务费个人负担上限金额;推进强化地区综合护理服务体系,确保和提高护理人员的素质,继续维持或新增相应合规服务的加算;优化福祉器具租赁价格,设置上限租赁价格	整体平均: 0.7%

资料来源: 日本厚生劳动省。

8.2.4 对护理报酬改定的评价

日本护理报酬会根据具体经济形势、社会状况、行业问题和护理制度本身的财政形势等进行改定。最为核心的部分是和《护理保险法》修订内容的联动,反映政府的政策意图,引导资源进行合理分配,从而达到护理资源的优化配置。这是作为准市场的护理服务市场调节需求和供给过程中不可或缺的手段。在历次护理报酬改定中,主要变更点及重点改定方向都体现了当时政策要点和问题的解决方向。

然而，护理报酬属于公定价格，基本三年一次的价格改定无法及时反映护理服务市场的供需状况以及劳动成本的变化。特别是劳动市场处于卖方市场时，护理报酬无法及时调整，在现有工资水平下易导致员工招聘困难，现在面临的护理员工不足问题就是典型的实例。并且过于僵硬的护理报酬体系不利于提升劳动生产率。例如，护理服务业平均收支差作为对各类服务报酬调节的重要依据，在 2018 年度护理报酬改定中户访护理和日托护理的收支差高于平均值被下调。此种做法容易导致越是努力提高劳动生产率，增加盈利，护理报酬就越有可能被下调的窘境，必然会削弱护理法人努力提高生产率的动机。

8.3 日本护理保险制度的可持续问题

8.3.1 可持续问题分析的重点

日本护理保险制度的制定与实施是为了应对人口老龄化带来的护理需求增加，以及家庭结构变化导致以家庭为单位的护理服务生产提供功能弱化。因此，护理服务需求供给的社会化是日本社会结构变化的必然结果。《护理保险法》的制定实施从制度层面确立了护理服务的社会化生产供给，采用社会保险方式保障了一定的护理需求，拓展了护理服务业发展空间，维护了增长的持续性。并且护理报酬采取全国统一的"单位"制，保障护理服务质量在日本全国各地都能达到一定水准。因此，在人口结构持续恶化的背景下，能否长期维持护理服务供给的稳定性和持续性，以及维持一定服务质量水平，就是日本护理保险制度可持续性的内涵和必要条件。

解决护理供给的稳定性和持续性问题，首先是解决护理保险制度运营财政的可持续性，确保稳定的护理财源。因为护理财源决定护理给付，没有稳定的护理给付，护理法人无法提供稳定的护理服务。护理财源由公费投入和保险费收入构成，该问题的本质就是解决政府公费投入来源和保险费收入，以及应对护理给付增加的问题。其次，护理服务属于劳动密集型的对人服务，生产提供过程中需要投入大量劳动力，必须在劳动力人口大幅减少的预期中确保大量劳动力，应对日益增加的护理服务需求，维持护理服务供给的稳定性。护理给付财源和劳动力之间又存在密切的关联，需要充裕的财源支撑才能大幅提高劳动工资，吸引劳动力进入护理行业，解决护理员工不足的问题。因此，解决护理财源和护理员工供给问题，是护理保险制度可持续性问题的核心。

8.3.2 护理财源问题

8.3.2.1 政府公费投入部分

根据《护理保险法》的规定，原则上护理给付的 50% 由政府公费投入。然而，为了减轻低收入家庭的护理保险费负担，部分被保险人的保险费是由政府财政负担的。例如，2023 年度的护理财源预算案中，日本中央政府对第 2 号被保险人的保险费补贴金额是 0.26 万亿日元，如果加上对低收入第 1 号被保险人的保险费补助 0.16 万亿日元，政府的实际公费负担大幅超过 50%。政府对护理保险的公费投入财源来自政府预算，税收是最重要的组成部分。当然通过发行政府债券筹集资金也是一种选择，如前文所述，日本政府债务余额截至 2022 年度末达到 1454.6 万亿日元，是当年 GDP 的 2.61 倍，是发达国家中债务恶化最严重的国家。继续过度依赖发行债券筹集资金，造成政府债务负担过重，最终会影响经济稳定。此外，随着日本国内储蓄率的下降（日本内阁府公布的资料显示，2023 年第一季度为 5%），债券发行成本将会上升，债券发行的可持续性也存在重大疑问。因此，增加税收来确保财源是最重要的手段。对此有两种途径可以增加税收，一是提高名义经济增长率，实现税收的自然增加；二是通过增税方式增加税收。

1. 日本经济增长以及财政收支的预测

图 8.13 是日本内阁府于 2023 年 5 月 24 日经济财政咨询会议提出的经济增长预测数据。该数据显示，日本经济的潜在经济增长率处于趋势性下降状态，名义经济增长率从 2024 年度开始将低于 2%，在 2028 年度之后达到充分就业状态。此外，该预测数据还显示，2024 年度之后消费者物价每年上升幅

度低于1%，在0.6%左右波动。实现上述预测经济增长率必须满足以下的前提条件：（1）全要素生产率（TFP）每年提高0.6%（采用1951年之后日本国内第16次经济周期2012年11月至2020年5月的平均值）；（2）劳动参与率的上升，如25~44岁女性劳动参与率逐步从2021年度的81%提高至2032年度的91%左右，65~69岁男性劳动参与率从2021年度的63%上升至65%，65~69岁女性劳动参与率从42%上升至47%；（3）2032年度之前增加接纳34.5万外国劳动力；（4）2024年度之后世界经济增长率设定为2.3%~2.5%波动；原油价格设定为77.5美元/桶。然而，在劳动年龄人口大幅减少的背景下，实现假设（1）和（2），达到预期经济增长目标并非易事。

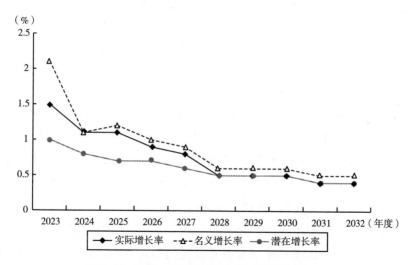

图8.13 2023~2032年度日本经济增长率预测

资料来源：日本内阁府的《关于中长期经济财政的预测》。

在上述预测的经济增长率前提下，2023~2032年度的财政收支状况如表8.6所示。虽然，在达成预测经济增长目标的情况下，税收会有所增加，但是财政支出的增加大于收入的增加，最终财政赤字额持续扩大。在财政支出中，国债费和社会保障相关费用大幅增加。国债费主要是国债付息和续借费用等。社会保障相关费用是指政府通过公共财政对医疗、养老金、护理等社会保障方面的投入，占财政基本支出的比率从2023年度的41.2%上升到2032年度的45.3%，对应的老龄化率是31.2%。

表 8.6 　　　　　　　　　　2023～2032 年度日本财政收支预测结果 　　　　　单位：万亿日元

年度	财政收入	财政收入细分项		财政支出	财政基本支出	财政基本支出细分项			国债费	收支差额
		税收	其他收入			社会保障	地方转移支付	其他		
2023	78.8	69.4	9.3	114.4	89.5	36.9	16.4	35.8	25.3	−35.6
2024	77.7	69.7	7.9	110.9	86.3	37.5	17.2	31.2	25.0	−33.2
2025	79.3	71.3	8.0	112.6	87.7	38.1	17.7	31.3	25.5	−33.3
2026	80.0	72.0	8.0	112.5	87.0	38.5	17.9	30.2	25.9	−32.5
2027	81.3	72.7	8.6	113.8	87.8	39.0	18.1	30.3	26.3	−32.5
2028	81.8	73.1	8.7	114.7	88.4	39.5	17.9	30.5	26.7	−32.9
2029	82.3	73.5	8.8	115.8	89.1	40.0	18.0	30.7	27.1	−33.5
2030	82.7	73.9	8.8	117.0	89.8	40.4	18.1	30.9	27.6	−34.3
2031	83.2	74.3	8.9	118.5	90.5	40.8	18.2	31.0	28.3	−35.1
2032	83.6	74.6	9.0	119.8	91.2	41.3	18.3	31.2	29.0	−36.2

资料来源：日本内阁府的《关于中长期经济财政的预测》。

　　根据日本厚生劳动省预测数据，2025 年度护理给付总额将增加到 15.3 万亿日元。按照财政负担 50% 计算，政府财政支出将增加 2.3 万亿日元。用于护理保险方面的支出占当年度社会保障相关支出的 20.1%。人口的预测精度要远高于经济增长预测，将来护理保险的公费投入大幅增加是非常确定的，而经济增长率是否能达到预期增长率不容乐观。即使经济增长达到上述增长目标，还必须大规模增加财政赤字才能维持对应的财政支出水平。

　　对于上述的经济增长率以及财政收支的预测数据，最大的疑问是：在总人口减少，劳动年龄人口大幅减少以及少子老龄化进一步恶化的情形下如何实现上述预测目标？可行性有多大？首先，日本总人口将从 2023 年度的 12441 万人减少到 2032 年度的 11877 万人，人口持续减少意味着总需求的减少，对于一些企业而言必须加大力度开拓国外市场，极有可能导致企业将主要投资转移到国外。其中劳动年龄人口将从 7386 万人下降到 6971 万人，投资与劳动年龄人口的减少则表示潜在生产、供给能力的下降，其结果就是潜在经济增长率的下降。其次，劳动年龄人口大幅减少会造成劳动力供给不足，容易发生中小企业由于人手不足而倒闭，导致生产供给能力的下降（经济增长率下降）。根据东京商工调研的调查数据，2022 年日本全国有 140 家企业由于人手不足倒闭（比 2021 年增加 26.1%）最后，日本央行已经持续多年采用非常规货币宽松手段，达成 2% 通货膨胀率目标。虽然，2022 年通货膨胀率达到 2.5%，但这主要是由于俄乌冲突、日元汇率下跌以及疫情等特殊因素导致的物价上涨造成进口成本上升引致的通货膨胀，并非内生性需求拉动通货膨胀。如果不能有效形成工资上涨—物价上升的螺旋式上升，现有通货膨胀状态是否能持续很值得推敲。今后日本总人口将进入快速减少阶段，在这种状况下很难改变消费者对经济增长的心理预期，因此实现每年 0.6% 的通货膨胀率具有较高的不确定性。

虽然技术进步、加大资本投入可以代替部分劳动力，减缓劳动力不足的压力，促进经济增长，但是日本最近几十年的经济增长结果表明此路径并不理想。此外，以服务业为主的第三产业占日本 GDP 的 70% 以上，经济服务化现象说明很多行业很难通过资本替代劳动。根据日本经济研究所的推测数据，2015 年的全行业部门实际净资本存量是 2010 年的 0.996 倍。说明企业在日本国内的投资主要是维持生产能力的重置投资，绝对资本存量没有增加。没有大规模投资，则内嵌于设备之内的物化技术很难得到提升并实现技术进步。因此，实现日本政府部门对经济增长以及税收等的预测目标具有较高的挑战性；促进经济增长，实现税收的自然增加具有较高的不确定性。

2. 采用增税方式增加税收

日本政府新增国债发行额从 1970 年的 7.3 万亿日元增加到 2023 年的 35.6 万亿日元。2022 年度日本政府的国债余额达到 1029 万亿日元，国民人均债务为 859 万日元（按 2022 年汇率约合人民币 54.8 万元）。政府债务占 GDP 的比重是世界发达国家中最高的。此外，老年人口的增加导致年金、医疗、护理等社会保障费用持续增加，国家预算中用于社会保障的支出从 1990 年的 11.5 万亿日元增加到 2023 年的 36.9 万亿日元。而社会保险费收入增长处于停滞状态，为了保证社会保险制度的正常运营，通过增加税收维持必要的支出成为必然选择。

针对所得税和法人税增税会增加特定对象的税收负担，并且受经济波动影响较大，一般消费税增税成为增税的首选对象。这是因为在经济成熟国家消费支出相对比较稳定，消费税受经济和人口结构变化的影响较小，消费税的税收比较稳定。而且，增税导致的负担增加不会集中在某个特定阶层，相对比较公平，因此消费税的中立性特征较为明显，是具有一定财源筹集能力的税种。

2012年，日本政府提出《社会保障和税收一体化改革》，分阶段将消费税从当时的5%提高至8%，再提升至10%。消费税增收获得的14万亿日元税收全部用于充实和稳定社会保障，以及实现财政健全化。充实社会保障主要是指增加社会保障四大经费（年金、医疗、护理、育儿）方面的支出。在2015年政府资料中明确规定了消费税增加的14万亿日元税收中，3.2万亿日元用于基础养老金给付；2.8万亿日元用于充实社会保障四大经费；7.3万亿日元用来偿还国债，减轻下一代的负担；剩下的0.8万亿日元作为因消费税增收而导致的各种经费支出增加。[①]

本次提高消费税的最大理由是充实社会保障，然而最终用于社会保障的仅为2.8万亿日元，其中用于医疗、护理的是1.5万亿日元，无法解决社会保障支出大幅增加的问题，因此不久的将来再次增税不可避免。日本的消费税率和瑞典（25%）、挪威（25%）、意大利（22%）、英国（20%）、法国（20%）、德国（19%）等相比，还有一定的增税空间。最大的区别是这些国家的人口老龄化程度要低于日本，并且人口还处于缓慢的增长状态（意大利除外）。人口处于持续减少状态中的日本，消费税增收的空间究竟有多大，具有非常大的不确定性。而且，提高消费税对经济产生的负面影响，必然会影响到其他方面的税收。

8.3.2.2 护理保险的保险费收入

日本护理费用包括护理给付和利用者本人负担部分。护理给付从护理保险财政支付，护理保险财政的财源原则上由保险费50%和公费50%构成。保险费由第1号和第2号被保险人根据三年一度制订的护理保险事业计划期间，按照人口比例来决定两者的保险费比例。例如第1期护理保险事业计划中，第1号被保险人的保险费占总财源的17%，第2号被保险人占33%。随着老龄化的加剧，第1号被保险人人数大幅增加，到第8期（2021～2023年度）护理保险事业计划期间，两者所占比例分别为23%和27%。护理保险制度实施以来，护理需求大幅增加的结果导致保险给付从

---

① 因四舍五入导致4个分项之和不等于14。

2000 年度的 3.2 万亿日元增加到 2021 年度的 10.4 万亿日元；保险给付持续增加也导致被保险人负担的护理保险费从 1.4 万亿日元增加到 5.4 万亿日元。保险费上升必然增加各个被保险人的经济负担。

日本厚生劳动省的数据显示，2000~2023 年度，第 1 号被保险人每月的保险费从 2911 日元上升到 6014 日元，上涨幅度为 106.6%；第 2 号被保险人月保险费从 2075 日元，上涨到 6216 日元（预估值），上涨了 199.6%，健康保险协会的平均护理保险费率由当初的 1.09% 上升至 1.82%。1947~1949 年婴儿潮出生世代将在 2025 年全部进入高龄老年人（75 岁及以上）行列。2023 年 3 月低龄老年人（65~74 岁）的护理认定率约为 4.3%，而高龄老年人（75 岁及以上）的认定率是 31.3%，两者相差 7.3 倍。因此 2025 年后对护理服务需求将会大幅增加。根据日本厚生劳动省的预测，2025 年的保险给付预计 15.3 万亿日元，2040 年达到 25.8 万亿日元；第 1 号被保险人的保险费按照 2018 年的工资水准换算，将分别上涨到每月 7200 日元和 9200 日元；工薪阶层的第 2 号被保险人的护理保险费率也将分别上升至 2% 和 2.6%，加上医疗保险费之后总和将超过月工资的 12%。

根据日本总务省统计局《家庭调查报告》的数据，2022 年度高龄无业夫妻家庭（夫妇 2 人都是 65 岁及以上）月实际收入为 246237 日元（其中养老金是 220418 日元），家庭实际支出是 268508 日元（消费支出 236696 日元；税、社会保险费等 31812 日元），平均每月家庭赤字为 22271 日元，只能动用过去的储蓄来填补不足。按照 2022 年高龄无业夫妻家庭的月收入水平，2025 年护理保险费将达到家庭月收入的 5.8%。[①] 此外，65 岁及以上老年人除了缴纳护理保险费，还要缴纳医疗保险费，如果拥有住房、土地等资产的必须交纳固定资产税等。这些对于只有养老金收入来源的老年人家庭而言，将是沉重的负担。[②]

如果护理保险运营财政维持政府公费投入 50% 和保险费 50% 的比例不变，2025 年度和 2040 年度的保险费收入各为 7.65 万亿日元、12.9 万亿日

---

① 日本医疗保险费按照家庭为单位缴纳，护理保险费以个人为单位缴纳。因此，2025 年预测的高龄夫妇家庭的平均月护理保险费是 7200×2＝14400 日元，除以 2022 年家庭月收入得到护理保险费占家庭收入的比率。

② 例如，2023 年 65 岁及以上无业夫妇家庭，若以全国月平均护理保险费为基准，该家庭每月缴纳的护理保险费为 12028 日元（2×6014 日元）。

元。根据上文的每月保险费金额可以推算出第 1 号被保险人保险费总额是
31770 亿日元和 43283 亿日元，第 2 号被保险人保险费总额为 44730 亿日元
和 85717 亿日元，40 ~ 64 岁工薪阶层的负担将大幅增加。

现在所分析的保险费收入的增加是一种被动变化，是在维持护理保险制
度现状的前提下伴随保险给付增加而增加的。根据上述分析，采用大幅提高
第 1 号或第 2 号被保险人的保险费率增加保险费收入，改善护理运营财政不
太现实。首先，对于老年人家庭而言，现有保险费已是沉重负担，在此基础
上进一步大幅增加负担，必然招致强力反对，对于日本政府而言不是明智之
举。其次，提高第 2 号被保险人的保险费率，也很难实现。因为，对第 2 号
被保险人使用护理保险的规定较为严格，只有那些所患疾病为年龄增加导致
的，需要接收护理的 16 类病因才有资格申请护理，所以对于大多数第 2 号被
保险人而言，护理保险费只是一种向老年群体强制性的收入再分配。

如表 8.7 所示，护理保险制度实施以来，第 2 号被保险人的年度保险
给付金额大幅低于缴纳的保险费总额。截至 2021 年度，向第 1 号被保险人
进行的收入再分配金额达到 45 万亿日元。在现有制度下，这种强制性收入
再分配还将持续扩大。因此，仅针对 40 ~ 64 岁第 2 号被保险人大幅提高保
险费不太现实。加藤久和（2014）、铃木亘（2017）主张将第 2 号被保险
人的年龄降低到 30 岁，通过扩大保险费缴纳基数，缓解保险费负担。这个
提案如能实施，首先要修改《护理保险法》，重新设定第 2 号被保险人的参
保年龄，必然会引起广泛的社会争议。其次，30 ~ 39 岁年龄群体的育儿、
教育负担较重，如果再增加护理保险费很难获得社会理解，达成社会共识
难度较大。而且，2022 年日本的新生儿约 77 万人，创 1899 年有统计以来
的最少纪录，总和生育率下降到 1.26，少子化问题越发严重，降低第 2 号
被保险人的参保年龄下限显然不利于解决少子化问题。笔者认为解决护理
保险费的根本性问题是解决护理保险费在第 1 号和第 2 号保险人之间发生
的强制性收入再分配。

表 8.7　　　　　　　　　第 2 号被保险人保险费及收入再分配　　　　　单位：亿日元

年度	第 2 号被保险人保险费	第 2 号被保险人保险给付	收入再分配额
2000	12489	783	11706
2001	13889	1086	12803

续表

年度	第2号被保险人保险费	第2号被保险人保险给付	收入再分配额
2002	13141	1247	11894
2003	15062	1391	13671
2004	17942	1547	16395
2005	20180	1606	18574
2006	20464	1583	18881
2007	20222	1635	18587
2008	19113	1649	17464
2009	19518	1693	17825
2010	21218	1758	19460
2011	22841	1831	21010
2012	23940	1842	22098
2013	25324	1794	23530
2014	26591	1720	24871
2015	25699	1667	24032
2016	26219	1625	24594
2017	27233	1597	25636
2018	27019	1565	25454
2019	27896	1577	26319
2020	28728	1581	27147
2021	29289	1612	27677

注：数据为年度数据（每年4月~下年3月）。

资料来源：日本厚生劳动省的《护理保险事业状况报告（年报）》（各年版）、《关于第2号被保险人护理保险费负担》。

8.3.3 护理劳动力不足问题

8.3.3.1 劳动力供给趋势

2022年日本的平均失业率降到2.55%，全行业的有效求人倍率为1.28倍，护理的有效求人倍率为3.68倍，其中户访护理员为14.75倍。劳动力不足、招聘难已经成为普遍现象，护理服务业更是重灾区。如第4章护理服务业就业特征中分析的，护理服务业具有工作强度大、工资低、离职率高等特征；并且护理有效求人倍率和全国平均失业率之间强负相关。护理服务招聘难问题不仅有自身存在的问题，还面临着劳动年龄人口大幅减少导致的劳动力供给不足的人口问题。

严重的少子化导致将来劳动年龄人口持续减少，2020～2065年，日本15～64岁人口总数将减少2877万人，减少幅度达到38.8%（见表8.8），今后日本将面临严重的劳动力不足问题。理论上劳动年龄人口大幅减少不一定意味着就业人数也大幅减少，可以通过提高65岁及以上人口的劳动参与率促进就业人数的增加。

表8.8   日本未来人口变化趋势

年度	人口（万人）				占总人口比重（%）		
	总人口	0～14岁	15～64岁	65岁及以上	0～14岁	15～64岁	65岁及以上
2020	12533	1508	7406	3619	12	59.1	28.9
2025	12254	1407	7170	3677	11.5	58.5	30.0
2030	11913	1321	6875	3716	11.1	57.7	31.2
2035	11522	1246	6494	3782	10.8	56.4	32.8
2040	11092	1194	5978	3921	10.8	53.9	35.3
2045	10642	1138	5585	3919	10.7	52.5	36.8
2050	10192	1077	5275	3841	10.6	51.8	37.7
2055	9744	1012	5028	3704	10.4	51.6	38.0
2060	9284	951	4793	3540	10.2	51.6	38.1
2065	8808	898	4529	3381	10.2	51.4	38.4

资料来源：日本国立社会保障与人口问题研究所的《日本未来人口长期推测（2017年）》。

促进女性进入劳动市场，提高女性的劳动参与率，是一种较为合适的选项。众多研究表明日本女性不同年龄阶段就业率具有显著的M形特征。图8.14中1998年女性不同年龄阶段就业率还有明显的M形特征，形成这种特征的主要原因是女性在结婚后的生育、育儿期间暂时离开职场，在25～39岁的就业率较低，育儿期结束后又重新返回劳动市场，就业率随之上升，这个过程正好和英文字母M相近，一般称为M形特征。可是，2018年时点女性25～54岁的就业率波动很小，M形特征几乎消失，说明大多女性在结婚后的生育期间并没有离开劳动市场。

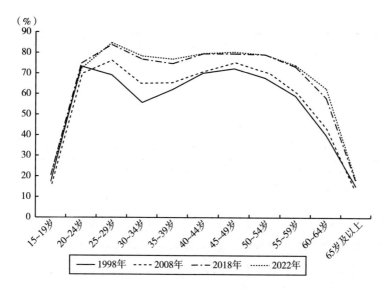

图8.14　日本女性各年龄组就业率

资料来源：日本总务省统计局的《劳动力调查（基本统计）》。

与其他发达国家相比，2021年日本15～29岁女性的劳动参与率处于较高水平，30～59岁女性的劳动参与率和其他发达国家相比并无显著差异，60岁及以上女性的劳动参与率已经普遍高于其他发达国家，说明现在日本成年女性的劳动参与率已经非常高，特别是65岁及以上劳动参与率尤为突出（见表8.9）。在此背景下，大幅提高女性劳动参与率比较难，即使提高65岁及以上老年人劳动参与率，但是高龄劳动者不一定适合护理服务业。

表8.9　　　　　　**2021年女性各年龄组劳动参与率的国际比较**　　　　单位：%

年龄组	日本	美国	加拿大	英国	德国	法国	意大利	西班牙	韩国	澳大利亚
15～19岁	20.1	36.6	51.0	39.4	26.0	14.9	4.4	12.1	9.5	57.8
20～24岁	76.0	68.6	75.0	72.1	69.2	62.1	35.6	50.7	51.2	79.3
25～29岁	86.9	76.8	84.1	84.1	80.9	82.8	61.3	83.4	75.5	80.7
30～34岁	79.4	75.6	83.9	82.4	81.3	83.4	66.3	84.6	68.6	78.9
35～39岁	77.7	74.0	82.9	83.4	82.3	82.3	68.6	84.9	59.3	80.0
40～44岁	80.1	75.3	84.7	84.4	84.6	85.8	69.8	85.8	63.2	81.2
45～49岁	81.2	76.2	84.7	82.8	85.4	85.4	69.5	82.6	67.9	82.7

续表

年龄组	日本	美国	加拿大	英国	德国	法国	意大利	西班牙	韩国	澳大利亚
50～54 岁	80.0	73.9	83.1	80.4	83.9	84.2	66.2	77.4	68.8	78.8
55～59 岁	74.7	66.8	72.0	72.3	79.4	77.5	57.6	68.7	62.9	71.3
60～64 岁	62.2	51.7	51.2	50.9	58.5	37.4	33.8	46.6	51.4	53.8
65 岁及以上	18.4	15.2	9.8	8.1	5.4	2.9	2.9	2.5	28.6	11.0
15～64 岁	73.3	68.2	75.6	74.7	74.6	70.0	55.4	70.8	59.9	75.1

注：美国、西班牙的 15～19 岁劳动参与率数据为 16～19 岁数据。

资料来源：日本总务省统计局的《劳动力调查（基本统计）》；OECD。

如表 8.8 所示，今后在 15～64 岁劳动年龄人口大幅减少的背景下，增加劳动力供给的手段非常有限。即使采用一定的政策手段促进了劳动力供给，新增劳动力是否愿意从事护理服务业还存在较大不确定性。

8.3.3.2 护理行业劳动力需求

日本厚生劳动省预计，2025 年护理劳动力的总需求将达到 406 万人，占该年就业总数（6353 万人）的 6.4%，2040 年为 505 万人，占就业人数（5654 万人）的 8.9%。日本国立社会保障与人口问题研究所 2017 年的日本人口长期预测数据显示，65 岁及以上人口在 2042 年将达到峰值。高龄人口达到峰值并不意味着护理需求也同时达到峰值，因为平均寿命增长，护理需求峰值将会滞后。

在劳动年龄人口大幅减少的背景下，通过提升劳动力参与率增加劳动力供给解决护理劳动力不足问题不容乐观。即使劳动力参与率上升了，也无法保证增加的这一部分劳动力一定能进入护理劳动市场。日本厚生劳动省已经推测出，2025 年护理员工缺口约为 34 万人，国内劳动力市场已很难提供足够的劳动力。接收国外护理员工是解决日本国内护理员工不足的一种有效手段，"新增'特定技能（护理）'在留资格，预计在 5 年内接纳不超过 6 万人的外国劳动力"的措施能否满足护理行业劳动力需求，填补供给缺口还有待确认。

诚然，提高护理服务业的工资待遇，促进该行业工资水平大幅高于全国平均水平，肯定有利于吸引其他行业的劳动力向护理服务业转移。可是，2021 年护理服务业的平均人工成本支出已占护理法人平均事业收入的64.3%，在现有护理报酬水平下很难进一步提高工资待遇。当然通过大幅提高护理报酬可以解决工资待遇问题，其结果必须要增加政府公费投入和被保险人保险费负担。日本政府的财政和债务状况在所有发达国家中是最差的，这种状况今后也很难改变。现在，护理保险运营财政的50%以上属于公费投入，基于财政问题政府也很难大幅增加护理的公费投入。

如上所述，护理员工招聘难、用工不足不仅是护理行业自身工资低、工作环境差造成的，社会人口结构的变化也在很大程度上制约了劳动力的供给数量。根据日本经济产业省公布的日本劳动力市场长期预测数据，2030年所有行业劳动力不足总人数为644万人。尽管机器人技术的发展可以解决部分劳动力问题，但是服务业行业的劳动力不足无法彻底解决。[①] 在此大背景下，如何解决在护理需求大幅增加，而劳动年龄人口大幅减少的状况下，确保足够的护理员工数量，维持稳定的护理供给，是日本护理保险制度实施以来面临的重大课题。

8.4　对策建议

笔者认为维持日本护理服务可持续发展必须从需求和供给层面进行必要的改革，同时修订《护理保险法》，扩大护理保险费缴费基数，确保护理运营财政的稳定性。

8.4.1　控制护理需求总量

在护理供给资源有限的前提下，应对资源进行重点配置。将有限的护理资源向重度需护理患者倾斜，维持护理保险制度的社会保障作用。同时导入民间保险激励机制，即：针对需护理度得到改善，且护理利用频率有效减少的被保险人，降低下一年度的护理保险费。

---

① 资料来自PERSOL综合研究所和日本中央大学共同研究成果《未来劳动市场推测2030》。

8.4.2　促进护理供给

（1）增加资本投入替代人员配置。现在日本劳动力不足问题不仅是护理行业，而且是大多数服务行业所面临的共同问题。因此，应加大政策倾斜，加速推进数字技术在护理服务业的应用场景，增加护理机器人投入代替部分劳动力的政策补贴，彻底推行无纸化办公，减少护理员工的不必要事务负担。政府在加大对护理法人设备投资给予资金支持的同时，应鼓励促进护理相关行业的研发投入。

（2）加大护理行业接收外国劳动力力度。上述分析表明，在不实施大规模接收外国劳动力的前提下，很难彻底解决劳动力不足问题。因此，必须加大护理服务业接纳外国劳动力的政策力度。公布长期引进外国劳动力数量指引，明确每年引进劳动力数量。为了确保劳动力质量和护理服务质量，由政府委托第三方对引进的外国劳动力进行一定期间的语言和工作内容集中培训，费用由政府和接受企业各负担50%。同时，强化劳动环境监督，加大对企业不正当行为的处罚力度，维护外国劳动者合法权益。强化激励机制，通过一定考核标准，简化优秀外国护理员工获得永住权的途径。

（3）增加混合护理范围。缓和对混合护理的规制，增加"护理保险服务 + 护理保险适用范围外的配套护理服务"，缓和对保险外护理服务的价格管制，提高价格弹性，扩大护理法人增加营业收入的渠道，以改善员工待遇，维护护理员工的稳定性，保障护理供给。

8.4.3　修改《护理保险法》，扩大保险费征收范围

现行的保险费缴纳方式实际上就是第 2 号被保险人向第 1 号被保险人强制性收入再分配，单纯地扩大保险费征收范围很难获得社会共识。因此，笔者建议：首先，修改《护理保险法》，将缴纳年限下调至 30 岁，导入个人账户制度，本人缴纳的护理保险费全部存入指定个人账户，对于低收入阶层通过政府转移支付充实个人账户。其次，本人缴纳的护理保险费若未使用或有余额，允许该账户由直系亲属继承，免除各类税费。最后，对于

第2号被保险人，企业和政府负担的护理保险费部分由全国统筹，设立"护理互助基金"，专门用于高额护理费减免，减轻护理利用人的费用负担。

8.4.4　导入现金给付方式，提高家庭护理功能

修订《护理保险法》，在"实物给付"的基础上增加"现金给付"条款。根据家庭状况，当事人可选择"现金给付"或者"实物给付"任一方式。"现金给付"金额按照该护理等级的平均利用金额设定。这样既能保障提供护理服务家庭成员的收入来源，增强家庭护理功能，也能抑制护理费用的增加和减轻护理员工不足的压力。

第9章　日本长期护理保险制度的评估及启发

　　日本护理保险制度的制定与实施，确立了长期护理由社会整体承担，减少了因家人需要护理而离职的人数；以社会保险形式通过共济互助来承担护理成本，增强了社会的一体感，对维系深度老龄化社会的和谐发展具有重大意义。该制度采用社会保险方式，确保了护理保险服务所需财源，对促进制度稳定运营发挥出重要作用；同时明确规定了保险人和被保险人之间权利和义务关系，为护理服务利用人提供了多样的选择机会。在护理服务提供方面，该制度放宽准入规则，允许营利法人进入护理保险服务事业，实现了供给主体的多元化，实际上就是导入市场竞争机制，通过竞争有利于促进护理服务质量的提升。

　　截至 2023 年 3 月，日本护理保险制度已经实施了 23 年，在此期间维持了相对平稳运营，说明制度本身对积极应对人口老龄化发挥了应有的作用。然而，随着人口老龄化加剧，以及老年人高龄化进展、劳动年龄人口大幅减少等因素的叠加作用下，该制度也面临护理财源压力、存在护理劳动力不足等问题，制度的可持续性面临着诸多挑战。本章首先对日本护理保险制度的基本思路、特征以及存在的问题进行简要评价；其次，基于经济视角对该制度实施带来的经济效应作简要评估；最后，从完善中国护理服务体系的角度提出借鉴建议。

9.1　对日本护理保险制度的简要评价

9.1.1　日本护理保险制度的基本思路

日本护理保险制度的基本思路有以下三点。

第一，自立支援：护理并不局限对于需要护理的老年人进行各种照护，最终目标是通过护理支援老年人自立生活，以实现脱离护理为目的。

第二，以利用者为本：与之前的老人福祉、老人医疗不同之处在于，利用者本人可以选择保险医疗服务、福祉服务的提供主体，接收各类服务。

第三，采用社会保险方式：以社会保险方式明确规定了保险人提供的给付和护理保险服务利用人的负担关系。

依据上述思想，护理保险制度的实施使服务利用人能够自由选择护理服务内容和提供护理服务的供应商，可以根据实际情况综合使用医疗服务和福祉服务。该制度允许公共团体、民营企业、社会福祉法人、非营利法人等主体参与护理保险服务事业，促进了护理服务供应商的多元化。在护理保险制度实施初期，不管家庭收入多寡，接收护理保险服务的利用者本人负担的一律按照使用费用的 10% 征收。随着护理财源压力增加，日本护理保险制度大的方针开始重视"护理预防"和"居家护理"。

9.1.2　日本护理保险制度的特征

日本《护理保险法》是在快速的人口老龄化、家庭人口规模减少、护理需求社会化的大背景下制定的。该法律在制定过程中参考了德国的《护理保险法》，采用的是实物给付制度，而不是现金给付。即，政府使用护理预算为需护理人员向第三方购买护理服务，由第三方向护理利用人提供服务，再以给付形式向第三方支付利用者本人负担以外的护理费用。该法律的推出与实施推动了日本护理服务业的发展，加速促进潜在护理需求向实际需求的转化。通过世代之间负担护理费用，强化了两者之间的连带关系。在实施过程中充分体现出作为社会保障制度的共济互助原则。根据日本《护理保险法》构建的护理保险制度是一个高度系统化的体系。为了适应社会经济发展和人口结构的变化趋势，日本《护理保险法》也经历了多次修改。在充实保险内容的同时，也导致日本护理保险体系过度的庞大化和复杂化。

日本护理保险制度具有以下特征。

第一，原则上采用实物给付。护理保险制度中的保险给付主要是采用实物给付，提供护理服务的供应商向第三方机构申请服务对价（保险给付）。不采用现金直接给付给护理利用人，在一定程度上可以规避道德风险，保障需要护理人能够充分利用到对应的护理服务。

第二，服务价格体系采用全国统一的"单位"制。护理保险制度中的护理服务价格称为护理报酬，采用"单位"制，以"单位"为基准进行计算，每"单位"的基本单价根据 8 级地区划分设定为 10 ~ 11.4 日元。为了维持各类护理服务在全国范围内保持一定质量水准，同一服务在全国范围内实行统一的单位数，对各类服务都设定相应代码，并明确标明单位数，用该单位数再乘以相应单价，就能得到该服务的服务报酬金额。

第三，护理保险制度中被保险人的义务和权利并不对等。被保险人有缴纳保险费的义务，并不表示被保险人都能享有利用护理服务的权利，仅表示被保险人具备申请利用服务的资格。只有被保险人通过护理认定之后，才能享受护理保险提供的护理服务，并且能够享受的服务范围受到护理认定等级限制。① 这也是护理保险与医疗保险的最大区别之处。

第四，从"应益负担"向"应能负担"过渡。日本护理保险实施初期原则上利用人负担护理费用的10%。由于护理财政的压力，从 2015 年8 月和 2018 年 8 月开始，高收入家庭本人负担提高至 20% 和 30%。这意味着护理费用的个人负担从最初的根据服务利用人受益多少确定负担金额的"应益负担"，逐步转变为根据利用人支付能力确定负担金额的"应能负担"。

第五，导入市场竞争原理。允许民间营利法人参与护理保险设施以外的护理事业，提供各类护理服务，通过竞争促进护理服务质量的提高和实现护理服务供给的多元化。即使在护理报酬为公定价格的准市场环境下，

---

① 当然，消费者有不经护理资格认证利用护理服务的权利，只是利用护理费用需由本人全额负担。

竞争原理也能发挥出一定的作用（田荣富、励利，2019；儿山正史，2016；等等）。

第六，法制化，明文化。每三年制订一次护理保险事业计划和护理报酬改定的可视化、透明化程度高，形成较为明确的预期，既有利于护理服务业参与各方进行业务规划，也有利于促进护理相关产业发展与规范。

第七，地方行政单位主导护理保险服务的具体规划。根据地方实际现状制订符合地方人口结构、切实满足老年人护理需求的计划，有利于护理保险制度的运营。然而也存在因地方政府财政的差距导致各个地区之间老年人保险费负担的差异，发生控制护理服务需求总量的倾向，出现护理服务利用的地区之间的差距，影响保险制度本身的稳定性。

第八，根据社会潮流适时修订。适应社会人口结构变化及经济变化趋势，护理保险事业计划每三年制订一次，保险人在该计划中必须根据要求做远景规划。同时由日本厚生劳动省主导对护理报酬进行必要的改定。此外，《护理保险法》制定当初，设定为五年修订一次，实际上根据具体的社会经济情况做了几次大的修订，并没有古板地根据五年修订一次的原则。相关制度内容的适时修订能够及时反映社会经济的动向。

第九，日本护理保险制度具有强制性收入再分配特征。第 2 号被保险人利用护理服务受到较大限制，属于 16 类病因才有资格申请护理服务。因此，对于大多数第 2 号被保险人而言，护理保险费只是一种向老年人群体强制性的收入再分配。截至 2021 年，向第 1 号被保险人进行的收入再分配金额达到 45 万亿日元。今后在现行制度下，媒介护理保险制度进行的代际之间强制性收入再分配还将持续扩大。

9.1.3　日本护理保险制度存在的主要问题

任何一种社会保障制度都很难十全十美，日本护理保险制度也不例外。护理保险制度实施至今已有 23 年，为了适应社会经济和人口结构的变化，护理保险制度也做了相应的修改和调整，然而有些问题仅仅依靠修改、调整并不能最终得以解决。护理保险制度实施伊始，有些问题就一直存在，并随着人口老龄化的加剧进一步恶化。

9.1.3.1 护理保险制度的可持续发展问题

1. 护理保险制度的财源问题

日本护理保险制度运营财源由护理保险费收入和财政投入构成，各占保险给付的50%。保险费采用的是现收现付统筹分配方式，原则上本年度的收入要维持该年度的运营支出。日本护理保险制度具有用短期的保险方式来维持长期保险制度的运营特征，随着人口结构的变化必然导致被保险人的保险费负担越来越重。并且，日本护理保险制度带有较强的收入再分配功能，护理保险费的增加必然加剧受益人与负担者之间的不公平。另外，2022年日本政府债务余额为GDP的2.61倍，在发达国家中最高。2023年的政府预算规模为114.4万亿日元，其中税收是69.4万亿日元，占比为64.7%，其余35.3%通过发行国债来填补。并且严重的老龄化也造成医疗、养老、护理等公共社会保障费支出的快速增加，2021年日本的社会保障给付支出达到138.7万亿日元，为该年GDP的25.2%；与65岁及以上老年人相关的年金、医疗、护理等社会保障给付费，占整体支出的60.1%。[①]就日本的财政状况而言，进一步提高财政投入比例非常困难，如何确保护理保险财源已成为护理保险制度可持续发展的首要问题。

2. 劳动力不足问题

随着劳动年龄人口减少和老年人口大幅增加，日本护理服务业一直存在劳动力不足的问题。1947～1949年婴儿潮出生世代将在2025年全部进入高龄老年人（75岁及以上）行列，高龄老年人（75岁及以上）护理认定率是低龄老年人（65～74岁）护理认定率的7.3倍（2023年3月数据），预期护理服务需求将大幅增加，届时护理劳动力不足更加突出，被业界称为护理保险制度的"2025年问题"。2021年7月9日，日本厚生劳动省公布了"根据第8期护理保险事业计划护理员工的必要人数"，2025年护理员工总需求量为245万人，供给缺口达到34万人，每年必须新增5.3万人护理人才供给，才能填补护理员工不足的缺口。2022年护理员工的平均有效求人倍率为3.68，因此要确保护理员工人数非常困难。在劳动年龄人口持续减少、老年人口持续增加的背景下，护理员工不足问题将长期存在，

---

① 资料来自日本国立社会保障与人口问题研究所的《2021年度社会保障费用统计》。

并成为影响护理保险制度正常运营的重要因素。

9.1.3.2　准市场的问题

日本护理保险服务市场是一种准市场，护理服务价格并非由护理服务市场的需求和供给决定，是受政府监管的公定价格。护理服务价格原则上每三年改定一次，因此在改定后的三年内护理服务价格是固定不变的。这种价格体系不能及时反映护理服务市场的需求和供给状况，在价格固定期间内很难通过价格调整来调节护理服务的供给和需求。而且，护理服务业属于劳动密集型行业，投入成本主要是人工成本，占护理事业收入的64.3%（2021年度数值）以上。服务价格固定三年，不能及时反映劳动力市场的供求变化，在劳动市场为卖方市场的情况下，护理服务业法人很难雇佣到足够的护理员工。如果大幅提高工资，必然导致投入成本增加，会影响护理服务业法人经营的稳定性和持续性。

此外，在准市场制度下，必然导致护理服务提供主体存在规模过小现象。2022年日本（财）介护劳动安定中的调查数据显示，员工人数9人以下的护理事业所占护理事业所总数的34.2%，19人以下的超过65%。虽然众多小规模护理服务提供主体的存在，在一定程度上刺激了竞争的激烈化，有利于促进服务质量提升，但是相关研究结论并不支持这类竞争对服务质量提升的正面效应。因为规模过小，很难增加ICT相关投资，无法享受规模经济效应和规模扩大过程中的协作效应，不利于劳动生产效率提升的负面效应越发显著。小规模供应商大量存在，容易导致护理服务业陷入一种低劳动生产率、低工资、高离职率、用工困难的恶性循环状态。

9.1.3.3　低劳动生产率、低工资问题

在护理服务报酬的公定价格制度下，护理服务质量的好坏无法在价格上体现出来，依靠差异化服务很难提高劳动生产率。并且，护理服务报酬采用的是时间定额制（固定时间制），根据提供的服务按时间和投入劳动力多少来规定服务单位数，不利于提高劳动生产率。另外，护理服务是属于劳动密集型的对人服务，通过资本深化来提高劳动生产率相对较难。根据笔者的测算，2021年护理保险服务业的平均劳动生产率只有全行业平均值（791万日元）的54.7%。根据经验数据，劳动生产率和工资之间存在较强

的正相关。低劳动生产率导致低工资，而低工资是护理员工高离职率的重要因素，又会影响护理服务业员工的稳定性，最终又会导致护理员工不足，进入一种恶性循环状态。

此外，护理服务业在日本经济行业部门中属于成长性部门，2000~2021年，护理服务业的年均增长率为5.6%。然而，劳动生产率大幅低于全行业平均水平，护理服务业规模扩大实际上是一种要素资源的逆向配置。这种资源的逆向配置伴随着护理行业规模的扩大必然对宏观经济产生负面影响。

9.1.3.4 护理服务过度利用的道德风险问题

营利法人进入护理服务业，一定程度上促进了护理服务业的竞争，但也产生一些护理服务过度利用的道德风险问题。例如，在"收费老人院"经营主体中，营利法人占80%以上。根据日本现有法律规定，"收费老人院"不能直接向入住人员提供护理服务，入住老年人如需护理服务必须和外部护理服务提供法人签订利用合同，由签约企业提供符合利用人护理等级的服务。营利法人为了增加营业收入，在"收费老人院"附近开设提供日托护理保险服务等内容的护理设施，针对入住"收费老人院"有资格利用护理保险服务的老年人提供护理服务。这本来是一种多元化经营的手段，既为入住老人提供方便，也可以增加"收费老人院"的收入，对稳定经营有一定的作用。然而，一些营利法人，通过设定较低的初期入住费和床位费等方式提高设施的入住率，采用各种手段让入住者的护理利用额度接近法律规定的上限金额，过度利用护理服务，达到增加营业收入的目的。这种方式隐蔽性较高，合理利用和过度使用护理保险如何识别存在一定难度，因此监管成本较高，取缔较为困难。

9.1.3.5 保险人规模过小问题

根据日本《护理保险法》规定，护理保险的保险人原则上为市町村的地方行政单位。《第8期护理保险事业计划》（2021~2023年度）中记载的保险人数量为1571家。其中町村总计985家，占全部保险人数的62.7%，这些保险人的人口规模普遍偏小。例如，东京都青之岛村的人口仅有170人，是规模最小的护理保险保险人，该村的《第8期护理保险事业计划》

中的标准保险费为全国最高，达到 9800 日元/月。全国加权平均保险费为
6014 日元/月，最低为 3300 日元/月，最高和最低之间相差约 3 倍。一般而
言，地方町村行政单位的人口规模较小，财政实力相对较弱；且老年人口
比例普遍较高，老年人高龄化比较严重。在这种状况下，各个保险人的财
政状况因保险地区的人口结构存在较大差异，出现同一护理保险制度下同
等收入状况下保险费存在较大差异，导致保险费负担的不公平现象。而且，
保险人规模偏小，也容易影响护理保险运营的稳定性。

9.1.3.6　制度的复杂化和过于专业化问题

《护理保险法》历经几次修订，的确对完善、充实护理保险制度有积极
作用，同时也导致该制度的复杂化。例如，截至 2023 年 11 月，护理服务
代码数为 21884 个，在护理服务报酬精算和请求给付时必须有专业人员负
责，而且工作量大。[①] 并且，护理员工在提供服务之后必须进行大量书面记
录，这也增加了与直接护理无关的工作量。此外，为了改善员工待遇和提
高服务质量的激励措施，给予一些护理服务在原有价格基础上的加算比率，
这加剧了护理服务报酬计算的复杂化。护理保险制度本身的复杂化、过于
专业化、庞大化，最终直接导致各类事务成本增加。

9.2　日本护理保险制度的经济效应评估

9.2.1　制度运营的直接成本

表 9.1 中护理保险直接成本是指维持护理保险正常运营所需费用。
在日本，由第 1 号和第 2 号被保险人缴纳的保险费以及各级政府的财政
投入构成，不包括护理服务利用本人所支付的金额。2000～2021 年，护
理保险制度累计运营成本是 1622390 亿日元，其中各级财政直接负担

---

① 例如，护理服务代码是 111111 的服务，前面的 11 表示服务种类为居家护理服务中的户访服务，
最后 4 个 1111 表示服务项目，即身体护理 1（1 日 20 分钟以上 30 分钟未满），对应的单位数是 250 单位。
服务代码 111211 则表示居家护理的户访服务中身体护理 2（1 日 30 分钟以上 1 小时以内），对应的单位数
是 396 单位。不同的服务代码表示不同服务内容或服务时间不同，各自对应不同单位数。

796771 亿日元，第 1 号和第 2 号被保险人各负担 341602 亿日元和 484017
亿日元。① 各级政府财政收入主要来自各类税收，作为第 2 号被保险人的
工薪阶层是主要的纳税对象，因此护理给付的成本主要是由第 2 号被保
险人负担的。

表 9.1 　　　　　　　　　　**护理保险的直接成本** 　　　　　　单位：亿日元

年度	护理财政总收入				保险给付
	护理保险费收入（亿日元）			财政投入	
	小计	第 1 号	第 2 号		
2000	14435	1946	12489	17992	32427
2001	19854	5965	13889	21289	41143
2002	21170	8029	13141	25406	46576
2003	24407	9345	15062	26583	50990
2004	27460	9518	17942	28134	55594
2005	29949	9769	20180	27994	57943
2006	33018	12554	20464	25725	58743
2007	33359	13137	20222	28241	61600
2008	32611	13498	19113	31574	64185
2009	33334	13816	19518	35387	68721
2010	35156	13938	21218	37380	72536
2011	36871	14030	22841	39427	76298
2012	41351	17411	23940	39932	81283
2013	43465	18141	25324	41656	85121
2014	45417	18826	26591	43588	89005
2015	47000	21301	25699	43976	90976
2016	48085	21866	26219	44205	92290
2017	49662	22429	27233	44781	94443
2018	51279	24260	27019	44987	96266

---

　① 护理制度直接运营成本中不包括行政单位等的事务费用。

年度	护理财政总收入				保险给付
	护理保险费收入（亿日元）			财政投入	
	小计	第 1 号	第 2 号		
2019	51845	23949	27896	47777	99622
2020	52295	23567	28728	50016	102311
2021	53596	24307	29289	50721	104317
总计	825619	341602	484017	796771	1622390

注：表中数据为年度数据（每年 4 月~下年 3 月），财政投入用保险给付减去保险费收入得到。因为保险费收入中已包含一部分政府对保险费补贴等，因此在本表中两者比例不为 50%。

资料来源：日本厚生劳动省的《护理保险事业状况报告（年报）》（各年版）、《关于第 2 号被保险人护理保险费负担》。

9.2.2　护理保险实施效应

护理保险实施带来的收益包括以下三个方面：第一，护理保险实施促进护理行业发展，扩大就业增加相应的工资收入。第二，减少潜在"护理离职"人数的经济效应。第三，护理保险实施减少了"社会性住院"，节约了医疗资源。

9.2.2.1　促进护理行业的发展

日本护理保险的制定与实施，为护理支付提供一定保障。运用财政投入和保险费相结合的方式，强化了可持续性预期。在叠加老年人口增加效应下，促进了护理需求的快速增加。以政府为交易对象具有一定的稳定性，并且存在确定的增长性，以及护理行业进入壁垒较低有利于开展跨界经营，这些因素的有机结合加速了护理供给的多元化，满足日益增加的护理需求。在上述有利条件的共同作用下，护理行业获得快速发展。日本厚生劳动省的数据显示，2000~2021 年度，护理服务业的规模从 3.6 万亿日元增加到 11.3 万亿日元，年均增长 5.6%。行业从业人员从 98 万人增加到 315.4 万人，增长 221.8%。同期，总就业人数从 6446 万人增加到 6667 万人，总计增加 221 万人，增幅仅为 3.4%，说明护理服务业的就业创造效应非常显著。

由此可见，护理保险的实施对护理行业而言是一个里程碑。有效释放了潜在性护理需求，推动护理需求的社会化，提高了护理行业在国民经济中的地位。护理服务是典型的对人服务，属于劳动密集型服务业，这一特征说明该行业对就业的贡献度远大于对经济增长的促进作用。而且，护理服务业的需求属于刚性需求，相对比较稳定，受经济波动的影响较小，在经济不景气时又能成为稳定就业的"自动稳定器"。

日本护理保险制度实施以来，护理服务行业自身发展以及对其他部门的经济波及效应如表9.2所示。如前文所述，护理服务业是劳动密集型服务行业，人工成本是最大的费用支出，劳动者报酬占护理服务总费用比率非常高，结合消费内生化模型计算的护理行业经济波及效应非常显著。以2021年为例，护理服务总费用支出112838亿日元，最终创造438703亿日元的生产额，护理以外其他行业部门的劳动者工资收入新增42848亿日元。通过具体数据分析护理保险制度实施结果，对有效促进护理服务业的发展，创造就业岗位，增加工资收入发挥出一定的积极效应。

表9.2　　　　　　　　护理服务业的直接效应和波及效应　　　　单位：亿日元

年度	直接		总波及效应		(2) - (1)
	护理总费用	劳动报酬（1）	经济波及效应	劳动报酬（2）	
2001	45919	26763	178528	47537	20773
2002	51929	30266	201895	53758	23492
2003	56891	33158	221187	58895	25737
2004	62025	36150	241147	64210	28060
2005	63957	37277	248658	66210	28934
2006	63615	37077	247329	65856	28779
2007	66719	38886	259397	69069	30183
2008	69497	41222	270197	71432	30210
2009	74306	44075	288894	76375	32300
2010	78204	46387	304049	80381	33994
2011	82253	48789	319791	84543	35754
2012	87570	51942	340463	90008	38066

续表

年度	直接		总波及效应		(2)-(1)
	护理总费用	劳动报酬（1）	经济波及效应	劳动报酬（2）	
2013	91734	54412	356653	94288	39876
2014	95887	60927	372799	97338	36411
2015	98326	62476	382282	99814	37337
2016	99903	63478	388413	101415	37936
2017	102188	64930	397297	103734	38804
2018	104319	66284	405582	105897	39613
2019	107812	68504	419162	109443	40940
2020	110542	70238	429776	112215	41976
2021	112838	71697	438703	114545	42848

注：护理的经济波及效应＝护理波及系数×护理服务总费用，2001～2007年度的劳动报酬（1）和（2）各使用2005年投入产出表中的护理和全行业平均的劳动报酬投入系数乘以护理服务总费用和经济波及效应，2008～2013年度使用2011年投入产出表数据，2014～2021年度使用2015年投入产出表数据计算得到。

资料来源：日本厚生劳动省；经济波及效应和劳动报酬为笔者测算值。

9.2.2.2　降低潜在"护理离职"人数的经济效应

如第1章所述，日本人口结构快速老龄化的同时，家庭规模也日益小规模化。长期由家庭成员承担的养老护理无法延续，导致因为家人需要护理而被迫辞去现有工作的现象称为"护理离职"，成为社会性问题。这也是日本政府寄予长期护理保险制度的实施，减少护理离职人数的政策目标之一。

如图9.1所示，除去2007年护理离职人数达到14.5万人之外，其余年份相对比较稳定，在10万人左右波动。就实际离职人数而言，护理保险制度的实施并没有达到减少护理离职绝对人数的政策预期。然而，如果考虑人口老龄化的加剧等结构性因素，则"护理离职率"，即护理离职人数占护理认定人数比率，处于趋势性下降状态（见图9.2）。这意味着该制度实施之后，虽然护理离职实际人数没有大幅减少，但是对人口结构、家庭规模核心化产生的潜在护理离职具有一定的抑制作用。

（万人）

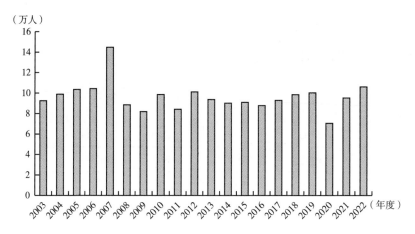

图 9.1　护理离职人数

注：各年的数据统计期间是上年 10 月～本年 9 月。

资料来源：日本总务省 2007 年度、2012 年度、2017 年度和 2022 年度的《就业结构基本调查》；日本厚生劳动省的《雇用动向调查》。

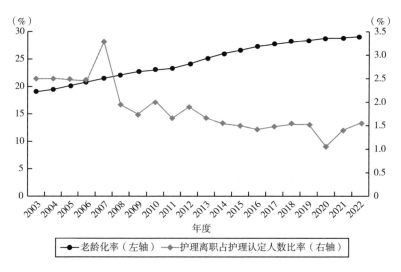

图 9.2　护理离职人数占护理认定人数比率的变化趋势

资料来源：日本社会保障与人口问题研究所的《人口统计资料集》；日本总务省 2007 年度、2012 年度、2017 年度和 2022 年度的《就业结构基本调查》；日本厚生劳动省的《雇用动向调查》。

　　假设以 2003 年的护理离职人数为基准值，运用日本经济产业省推测 2017 年"护理离职"造成的经济损失规模（增加值损失），测算 2004～2022 年度导入护理保险制度之后对抑制护理离职的经济效应规模。测算结果如表9.3所示。在此期间，因护理离职导致经济增加值损失达到70782.4亿日元，其中工资收入损失为49537.2亿日元，说明护理离职造成的直接经济损失非常可观。

表9.3　　　　　护理离职经济损失和抑制护理离职的经济效应　　　　单位：亿日元

年度	护理离职导致的损失		减少护理离职的经济效应
	增加值损失	工资损失	
2004	3500. 3	2520. 2	− 15. 5
2005	3832. 9	2694. 6	38. 6
2006	3999. 8	2819. 9	76. 8
2007	4106. 5	2841. 7	− 1356. 4
2008	5684. 6	3945. 1	920. 9
2009	3227. 8	2411. 2	1289. 3
2010	2987. 1	2231. 4	879. 7
2011	3746. 7	2686. 4	1604. 0
2012	3155. 5	2294. 0	1211. 5
2013	3809. 8	2754. 5	1854. 2
2014	3673. 2	2552. 9	2229. 5
2015	3572. 0	2457. 5	2462. 2
2016	3673. 1	2479. 3	2698. 3
2017	3538. 7	2392. 1	2622. 2
2018	3800. 4	2531. 1	2585. 4
2019	4043. 6	2680. 9	2532. 2
2020	3979. 5	2730. 0	3685. 4
2021	2686. 4	1920. 8	2924. 2
2022	3764. 5	2593. 7	2597. 4
总计	70782. 4	49537. 2	30840. 1

注：此处的经济损失为增加值损失。计算公式为：经济损失 = 离职人数 × 平均工资 × $\frac{1}{劳动分配率}$，劳动分配率 = 人工成本 ÷（人工成本 + 营业纯利润 + 利息支出或折扣费 + 租税 + 动产或不动产租赁费）× 100%。

资料来源：日本总务省 2007 年度、2012 年度、2017 年度和 2022 年度的《就业结构基本调查》，日本厚生劳动省的《雇用动向调查》，日本财务省的《法人企业统计调查》，日本产业经济省的推测资料。

如表9.3的"减少护理离职的经济效应"列所示，在护理保险制度导入初期，对潜在性护理离职的抑制效应并不显著，但随着老龄化的加剧，逐步发挥出减少潜在性护理离职的效应。根据本章的测算结果，截至2022年，护理保险实施后对抑制护理离职的经济效应达30840.1亿日元。说明护理保险制度的实施在某种程度上，对护理离职产生一定的抑制作用。然而，距离日本政府提出的"零护理离职"的政策目标相差较大。今后，日本的少子老龄化会进一步加剧，劳动年龄人口减少趋势依然严峻，如何发挥护理保险的功能减少护理离职非常重要。

9.2.2.3 "社会性住院"的抑制效应

导入护理保险减少社会性住院的效应究竟有多大？畑农锐矢（2004）将连续住院日期超过6个月的情形定义为社会性住院，利用日本厚生劳动省的《患者调查》数据对1999年和2002年的社会性住院人数和费用进行推测。推测结果显示，社会性住院人数从1999年的22.1万人减少到2002年的21.5万人（-2.7%），累计住院日数从97780日减少到92206日（-5.7%），累计住院费用从12466亿日元缩小到10914亿日元（-12.4%），费用减少幅度较为显著。

岸田研作（2016）使用《患者调查》和《社会诊疗行为分类调查》等全国统计数据对社会性住院进行了推测。测算结果如表9.4所示，护理保险实施初期社会性住院人数略增，2002年之后进入减少状态。表明随着护理保险制度的实施，国民对护理社会化认知的变化，护理保险逐步发挥出减少社会性住院的功能。尽管畑农锐矢（2004）和岸田研作（2016）推测结果存在一定差距，但是护理保险实施之后对减少社会性住院的作用是无法否定的。

表9.4　　　　护理保险实施前后社会性住院人数和住院费用的变化

项目	1996年度	1999年度	2002年度	2005年度	2008年度
住院人数（万人）	12.4	14.4	15.8	14.2	10.2
住院费用（亿日元）	4228	5659	6684	5999	3911

注：表中社会性住院是指65岁及以上老年人连续住院期间超过6个月的推测数据。
资料来源：岸田研作（2016）。

此外，笔者认为，如果仅考虑实际具体住院人数和社会性住院费用的变化，容易发生过少评估导入护理保险对减少社会性住院的经济效应，应该从多个视角进行评估。例如，从该制度实施之后对减少潜在性社会性住院需求层面作相应的评估，这样更能体现护理保险制度实施对减少社会性住院的实际效应。如前文所述，2000 年之后日本人口结构加速恶化，体现在 75 岁及以上老年人口持续增加，截至 2022 年 10 月人数增加了 115%，占总人口比率达到 15.5%。高龄老年人口的大幅增加，必然会增加医疗服务需求，潜在社会性住院需求亦会增加。如果考虑人口结构持续恶化这一因素，护理保险制度对减少社会性住院的效应是非常显著的。图 9.3 是假设在没有实施护理保险的情形下，社会性住院需求人数的推测结果。当然，图 9.3 中的数值只是作为一种参考数据，对比实际社会性住院人数的下降趋势，也能说明护理保险对分流社会性住院患者，优化医疗资源配置具有一定积极效应。

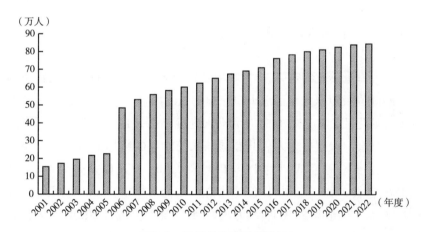

图 9.3　社会性住院需求推测

注：（1）以岸田研作（2016）推测的 1999 年和 2002 年社会性住院人数的平均值为基准值；
（2）取 2000~2002 年重度护理认定（要护理等级Ⅲ~等级Ⅴ）的护理服务利用人数的平均值；
（3）假设以（2）除以（1）的值为社会性住院需求率保持不变，再用该数值乘以重度护理认定的护理利用人数（潜在的社会性住院对象）推测社会性住院需求人数。要护理等级Ⅲ以上是入住"特养"设施的前提条件，将护理等级Ⅲ以上人员作为社会性住院潜在性对象具有一定的合理性。

资料来源：日本厚生劳动省。

上述分析表明，护理保险的实施有效抑制了社会性住院需求。通过各类护理设施提供护理服务，分流社会性住院患者，在一定程度上提高了医疗资源的利用效率，节约了不必要的医疗费用支出。这是在人口深度老龄化，应对慢性病、老年病的长期疗养护理需求导向下，采用长期护理方式分担部分非医疗性需求，维持医疗体系健全性的必要措施。

当然，护理保险的实施对个体的影响是多维度的。就各个需要护理的家庭而言，该制度在一定程度上减轻了家庭成员长时间护理的强度（铃木亘，2017；菅万里、梶谷真也，2014；Tamiya et al.，2011），能够在一定程度上缓解需要护理家庭的就业抑制效应（Shimizutani et al.，2008），有利于部分高学历居家护理人员进入劳动市场增加劳动供给（Tamiya et al.，2011；Sugawara & Nakamura.，2014），这些效应在诸多研究中得到了证实。

9.3 中国人口老龄化现状及趋势

9.3.1 中国人口老龄化概况

根据人口老龄化的定义，当65岁及以上老年人口占总人口的比重超过7%（或60岁及以上人口占总人口比率超过10%）时，表示这个国家或地区进入老龄化社会，达到14%时为进入老龄社会，超过21%则表示进入深度老龄化社会。根据中华人民共和国国家统计局的数据显示，2021年我国60岁及以上人口占总人口的18.9%，其中，65岁及以上人口占14.2%。依据上述定义，我国已处于老龄社会。截至2022年末，我国总人口为141175万人，比上年末减少85万人。65岁及以上人口20978万人，同比增加922万人，占总人口的14.9%，比上年上升约0.7个百分点；60岁及以上人口28004万人，同比增加922万人，占总人口比重19.8%；全年出生人口956万人，比上一年减少106万人，减少幅度达到10%；出生率为6.77‰，比2021年下降0.75个千分点。在少子化的背景下，人口老龄化程度继续加深。

如图9.4所示，中国65岁及以上老年人口在2000年超过7%之后，2022年达到14.9%，老龄人口比重逐步上升，老龄化趋势非常明显（年龄结构）。人口老龄化是社会经济发展和医疗技术发达的必然结果。平均寿命的增长本应是值得庆幸的，然而问题在于人口老龄化的速度。2000年中国

65 岁及以上老年人口为 8821 万人，2022 年达到 20978 万人，比 2000 年增加了 137.8%，最近几年老年人口的增加进入加速趋势。而且，65 岁及以上人口的增长率也远高于人口自然增长率。例如，2001 年的老年人口增长率为 2.73%，总人口的自然增长率是 0.695%，2022 年则是 4.6% 和 -0.06%。人口自然增长率呈下降趋势，老年人口进入高速增长状态，必然加剧人口老龄化进程。我国从人口老龄化社会（2000 年）到跨入老龄社会仅用了 21 年，而日本用了 25 年，说明我国人口老龄化速度快于日本。基于 65 岁及以上人口增加趋势以及少子化趋势判断，我国极有可能在 2031 年左右老龄化率超过 21%，跨入超老龄化社会。

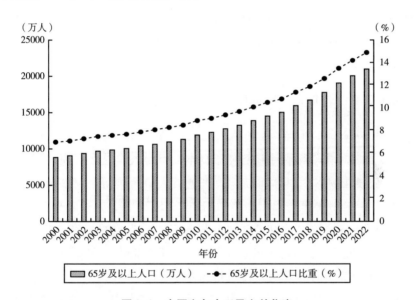

图 9.4　中国老年人口及老龄化率

资料来源：中华人民共和国国家统计局。

与此相对应，我国国家统计局公布的资料显示，自 2012 年起，劳动年龄人口的数量和比重连续 11 年出现双降。《中华人民共和国 2022 年国民经济和社会发展统计公报》显示，2022 年末，我国劳动年龄人口（16～59 岁人口）为 87556 万人，相比 2021 年减少 666 万人，占总人口比重的 62%，同比下降 0.5 个百分点。2018 年末我国就业人员总量也首次出现下降，说明在老年人口比重上升的状况下，劳动年龄人口负担日益加剧，将对经济发展和社会保障带来严峻挑战。

9.3.2　中国人口老龄化特征

现在人口老龄化是众多国家面临的难题，根据联合国人口所发布的《2022 年世界人口展望》，2022 年 7 月世界上 65 岁及以上人口占总人口比重达到 9.8%，说明全世界已进入老龄化社会。然而，各个国家的人口老龄化过程存在较大差异。虽然，瑞典、法国等发达国家率先进入老龄化社会，但是其老龄化的进程非常缓慢，社会的适应期间较长。像日本、韩国和中国等东亚国家和地区，进入老龄化社会较晚，可是老龄化的进程非常急剧，对社会的冲击非常大。特别是中国在长达 30 年人口生育政策的干预下，对人口总量及结构产生重大影响。以下简要对我国人口老龄化主要特征进行归纳总结。

9.3.2.1　老年人口数量庞大，增长速度快

截至 2022 年，日本是世界上老龄化最严重的国家，老龄化率为 29.0%。虽然中国老龄化率还远低于日本，但是人口基数规模大以及 20 世纪 60 年代婴儿潮出生群体将陆续迈进老龄人口行列等因素影响，导致 65 岁及以上人口数量剧增，2022 年约是日本的 5.78 倍，超过表 9.5 中所列举其他国家的总和。若以 2000 年的 65 岁及以上人口总数为 100，2022 年则为 237.8，在短短 22 年期间老年人口总量增加了 1 倍多（见图 9.5）。如果以老龄化率达到 7% 时的老年人口数量为基准，65 岁及以上人口总量倍增所用年数日本是 20 年，中国仅用 19 年，说明中国老年人口的增长速度非常快。此外，随着 20 世纪 60、70 年代出生人口进入老年行列，今后老年人口数量还会大幅持续增加。

表 9.5　　　　　2022 年主要国家老年人口数量及比重

国家	总人口（万人）	65 岁及以上人口（万人）	占总人口比重（%）
日本	12617	3627	29.0
意大利	5904	1420	24.1
德国	8337	1869	22.4
法国	6463	1400	21.7

续表

国家	总人口（万人）	65 岁及以上人口（万人）	占总人口比重（%）
英国	6751	1294	19.2
加拿大	3845	732	19.0
美国	33829	5794	17.1
俄罗斯	14471	2286	15.8
韩国	5182	906	17.5
中国	141175	20978	14.9

注：中国为 2022 年末的数据，日本数据截至 2022 年 9 月 15 日，其余国家的数据截至 2022 年 7 月 1 日。

资料来源：中华人民共和国国家统计局；日本总务省；联合国发布《2022 年世界人口展望》。

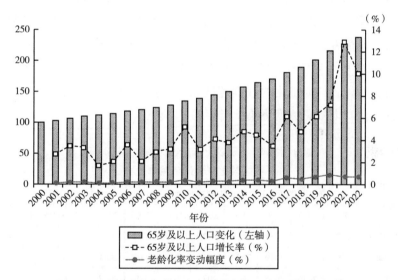

图 9.5　中国 65 岁及以上人口规模变化及老龄化率增长率

注：图中以 2000 年的 65 岁及以上人口总数为 100 单位。

资料来源：相关年份的《中国统计年鉴》。

9.3.2.2　老龄化进程速度快

2022 年我国老龄化率为 14.9%，比上一年上升 0.7 个百分点，如图 9.4 所示，近年有明显加速趋势。联合国人口所公布的资料显示，以各个国家人口老龄化率到达 7% 的时期为基准，各国人口老龄化率到达 14.9% 左右时所用年数存在较大差异，其中法国为 130 年，即使老龄化最严重的日本也用了 25 年，只有韩国快于中国，说明我国人口老龄化速度之快非常罕见。表9.6 所示的是世界主要国家人口老龄化率到达一定水平所需年数（或预期年数）。从中可以发现东亚国家的人口老龄化速度明显快于欧美诸国。例如法国在 1864 年 65 岁及以上人口达到总人口的 7%，老龄化率超过 14% 是 1979 年，所用时间是 115 年；表中预计 2021 年人口老龄化率超过 21%，即老龄化率从 14% 到 21% 用时是 42 年，虽然用时大幅缩短，但是相对于东亚国家而言仍然非常长。又如，根据联合国（2017 年）的预测数据，中国在 2000 年人口老龄化率超过 7%，在 2025 年超过 14%，历时 25 年，预计在 2036 年超过 21%，仅用 36 年就走完了法国用 157 年所走的历程。实际上中国人口老龄化率倍增（7%→14%）所用年数小于预测值，在 2021 年达到了 14.2%，人口老龄化速度快于日本。在此状况下，如果政府不积极鼓励生育，出生人口数量大幅减少趋势很难扭转，老龄化率从 14% 上升到 21% 所用年数极有可能大幅少于联合国人口所公布的预测数据。由此可见，中国人口老龄化的进程速度在世界范围内都是罕见的。在可预期的未来，人口老龄化速度将快于当年的日本。

**表 9.6　　　　　部分国家 65 岁及以上人口占比预计到达时间
和老龄化率倍增所用年数**

国家	65 岁及以上人口各比重到达的时间（年份）								倍增所用年数（年）	
	7%	10%	14%	15%	20%	21%	25%	30%	7%→14%	10%→20%
韩国	2000	2009	2018	2019	2026	2027	2032	2039	18	17
新加坡	1999	2013	2019	2020	2026	2028	2033	2041	20	13
中国	2000	2016	2025	2027	2034	2036	2046	2057	25	18
日本	1970	1985	1994	1996	2005	2007	2013	2025	24	20
希腊	1960	1970	1993	1996	2016	2020	2030	2039	33	46
芬兰	1956	1973	1994	2001	2015	2017	2030	2094	38	42
德国	1932	1952	1972	1976	2008	2015	2027	2040	40	56
保加利亚	1952	1972	1993	1995	2015	2018	2038	2055	41	43
罗马尼亚	1961	1978	2002	2004	2023	2031	2040	2089	41	45
奥地利	1929	1945	1971	1977	2021	2024	2031	2048	42	76
葡萄牙	1950	1972	1992	1995	2014	2016	2026	2037	42	42
西班牙	1947	1973	1992	1995	2019	2022	2029	2037	45	46

续表

国家	65 岁及以上人口各比重到达的时间（年份）								倍增所用年数（年）	
	7%	10%	14%	15%	20%	21%	25%	30%	7%→14%	10%→20%
波兰	1966	1977	2012	2014	2023	2024	2038	2048	46	46
英国	1929	1946	1975	1981	2025	2028	2048	2097	46	79
比利时	1925	1946	1975	1991	2023	2026	2038	—	50	77
俄罗斯	1967	1979	2017	2019	2041	2047	—	—	50	62
丹麦	1925	1957	1978	1985	2019	2024	2058	—	53	62
瑞士	1931	1958	1986	1998	2023	2026	2034	2080	55	65
意大利	1927	1964	1988	1991	2008	2012	2024	2033	61	44
荷兰	1940	1970	2004	2009	2021	2023	2032	2079	64	51
加拿大	1945	1984	2010	2013	2024	2026	2041	2095	65	40
美国	1942	1970	2014	2016	2029	2034	2070	—	72	59
澳大利亚	1939	1984	2012	2016	2034	2039	2072	—	73	50
瑞典	1887	1948	1972	1975	2018	2025	2055	—	85	70
挪威	1885	1954	1977	1982	2030	2033	2061	—	92	76
法国	1864	1943	1979	1995	2018	2021	2035	2095	115	75

注：实际上中国在 2021 年人口老龄化率就达到了 14.2%，比预测值缩短 4 年，因此进入超老龄化社会时点极有可能大幅提前。1950 年以前数据是以已知年度数据为基准进行间接推测得到的数值。"—"表示截至 2050 年没有到达该数值。老龄化率倍增所用年数是指从 7% 到 14%，或者从 10% 到 20% 所需时间。表中各国按照老龄化率 7%→14% 倍增所用年数从少到多顺序排列。

资料来源：中国数据来自联合国的《世界人口展望 2017》（中等预测）数据。日本数据为总务省统计局的《国力调查报告》和国立社会保障与人口问题研究所《日本未来人口推测（2017 年推测）》的"出生中等（死亡中等）的预测数据"。其他国家 1950 年以前的数据来自联合国（UN，1956）和联合国发布的《人口统计年鉴》，1950 年以后的数据来自联合国的《世界人口展望 2017》（中等预测）。

9.3.2.3　人口结构变化显著，高龄老人大幅增加

按照少儿人口（0～14 岁）、劳动年龄人口（15～64 岁）、老年人口（65 岁及以上）的分类方式，根据表 9.7 中 2010 年和 2020 年两个时点比较可知，总人口的增加主要是 65 岁及以上人口大幅增加所致。在这两个时点中，老年人口结构也出现较大变化。首先，在此期间女性 65 岁及以上人口增加总量以及增加幅度都超过男性。如果考虑中国男女人口比差异这一因素，女性老年人的增幅要高于实际数值。其次，65 岁及以上所有年龄组的

女性人数多于男性，这与日本等国的趋势相同，主要是女性平均寿命高于男性导致的。最后，85 岁及以上高龄老年人口总量大幅增加，男女各自增幅都高于 65 岁及以上人口增幅，表明老年人口中的年龄结构出现较大变化，随着平均预期寿命增长，老年人口的高龄化趋势将越发显著。

表9.7　　　　　　　　　　总人口及老年人口的年龄结构

区分	合计	0~14 岁	15~64 岁	65 岁及以上	70 岁及以上	75 岁及以上	80 岁及以上	85 岁及以上	90 岁及以上
2020 年：									
人数（万人）	140978	25338	96576	19063	11663	6704	3580	1542	459
男性（万人）	72142	13459	49631	9051	5417	3001	1526	610	167
女性（万人）	68836	11879	46945	10012	6246	3703	2054	932	292
人数占比（%）	100	18.0	68.5	13.5	8.3	4.8	2.5	1.1	0.3
男性占比（%）	100	18.7	68.8	12.5	7.5	4.2	2.1	0.8	0.2
女性占比（%）	100	17.3	68.2	14.5	9.1	5.4	3.0	1.4	0.4
男女比	104.8	113.3	105.7	90.4	86.7	81.0	74.3	65.5	57.4
2010 年：									
人数（万人）	133281	22132	99256	11893	7781	4484	2099	762	198
男性（万人）	68233	11979	50533	5721	3646	2005	878	286	66
女性（万人）	65048	10153	48723	6172	4136	2479	1221	476	133
人数占比（%）	100.0	16.6	74.5	8.9	5.8	3.4	1.6	0.6	0.1
男性占比（%）	100.0	17.6	74.1	8.4	5.3	2.9	1.3	0.4	0.1
女性占比（%）	100.0	15.6	74.9	9.5	6.4	3.8	1.9	0.7	0.2
男女比	104.9	118.0	103.7	92.7	88.2	80.9	71.9	60.1	49.6

注：男女比是指女性为 100 时的数值。

资料来源：相关年份的《中国人口普查年鉴》。

以上分析表明，老年人口大幅增加是人口结构变化的主导因素。老年人口的高龄化和女性高龄群体的大幅增加，在日本等深度老龄化的国家已经是观察到的经验事实。如前所述，中国老龄化速度快于多数国家，并且随着生活医疗条件的改善，将加速老年人的高龄化趋势进程，进一步加剧老年人口结构变化。最终，这类结构性变化又会反馈于社会经济，并对此产生一定影响。

9.3.3   人口老龄化要因

人口老龄化的原因大致可分为两类，一是年龄调整死亡率的长期下降，导致65岁及以上人口增加；二是少子化的加剧，导致年轻人口减少。在这两个因素的共同作用下，加速人口老龄化进程。以下，以此为中心进行简要分析。

9.3.3.1   年龄调整死亡率的下降

一般将死亡人口除以总人口称为"粗死亡率"。如果进行长期死亡率数据比较分析，必须考虑不同年龄组人口死亡率因人口结构变化对总死亡造成的影响。一般可通过年龄调整死亡率（见图9.6）来消除年龄结构变化的影响。

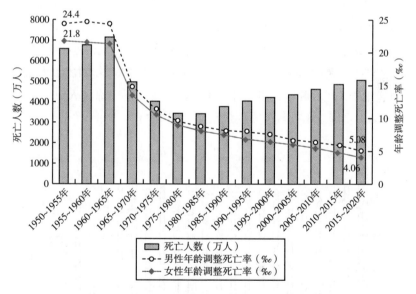

图9.6   中国每五年死亡人数和年龄调整死亡率

注：数据每年截至7月1日。由于数据的可获得性，采用5年平均数据计算。计算方法为：以2000年人口为基准人口，按每5岁区分（如0~4岁）直到95岁及以上，共分为20个年龄组，用各年龄组死亡率乘以相对应的2000年人口年龄组的人口获得假设年龄结构不变时的死亡人数，再将各年龄组死亡人数加总除以2000年的总人口，便可得到年龄调整死亡率。

资料来源：联合国的《世界人口展望2019》。

随着 65 岁及以上人口增加，实际死亡人数具有增加趋势，但是在假设年龄结构固定不变的情形下，男女年龄调整死亡率具有显著的下降趋势。年龄调整死亡率大幅下降主要是经济发展促进了生活质量提升，饮食生活及营养状况改善，以及医疗技术进步。男性年龄调整死亡率从 1950～1955 年平均 24.4‰下降到 2015～2020 年的平均 5.08‰，女性从 21.8‰下降到 4.06‰（见图 9.6）。男女年龄调整死亡率的大幅下降，说明老年人口增加，人口老龄化加速。

9.3.3.2　少子化

少子化是指出生人口绝对数量的减少导致少儿人口总数的减少以及占总人口比重的下降（见图 9.7 和图 9.8）。导致少子化的直接原因就是出生人数的减少。我国国家统计局公布的资料显示，1962～1975 年是我国第二个婴儿潮，在此期间出生人口达到 35892 万人，其中 1963 年的出生人数是 2937 万人，为历年最多。进入 80 年代后，在第二个婴儿潮出生的群体陆续进入结婚生育期，带来了出生人口的增加。然而，1980 年开始实施的独生子女政策对出生人数产生一定的影响，出生人口峰值大幅低于 1963 年的出生人数。2002年实施《中华人民共和国人口与计划生育法》（以下简称《人口与计划生育法》）之后，我国出生人数进入稳定期（见图 9.7）。

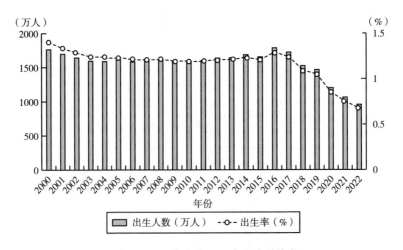

图 9.7　中国出生人口及出生率的变化

资料来源：中华人民共和国国家统计局。

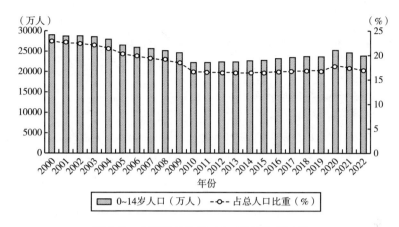

图9.8 中国少儿人口（0～14岁）及占比

资料来源：中华人民共和国国家统计局。

2013 年 11 月在《中共中央关于全面深化改革若干重大问题的决定》中提出"启动实施一方独生子女的夫妇可生育二孩的政策"；2016 年 1 月 1 日起全国范围内正式实施"全面二孩政策"。放宽生育管制对出生人数产生一定的刺激作用，2016 年和 2017 年出生人数分别是 1786 万人和 1723 万人。然而，由于新冠肺炎疫情和育龄妇女人数的减少等因素影响，2020 年出生人数减少至 1200 万人。在此背景下，2021 年 8 月 20 日，第十三届全国人大常委会第三十次会议通过了关于修改《人口与计划生育法》的决定，修改后的《人口与计划生育法》指出，国家提倡适龄婚育、优生优育，一对夫妻可以生育三个子女。

《中华人民共和国 2022 年国民经济和社会发展统计公报》显示，2022 年中国新出生人口为 956 万人，为新中国成立以来最少，比 2021 年减少 106 万人，人口出生率是 6.77‰，比 2021 年下降 0.75 个千分点。说明鼓励生育政策即使对促进二孩、三孩生育发挥一定作用也无法扭转出生人数下降的趋势。密集的鼓励生育政策出台反映出政府对人口结构快速恶化的危机感，其政策效应还有待观察。如图 9.7 和图 9.8 所示，出生人数和出生率呈现显著下降趋势后，通常刺激生育政策很难发挥作用。

综上所述，年龄调整死亡率以及少子化是导致人口老龄化的主要因素。年龄调整死亡率下降是社会经济发展、生活质量提升以及医疗水平高度化的必然结果。少子化在年轻人价值观、生育观发生变化以及育龄妇女人数大幅减少的状况下，该趋势很难逆转。因此，在上述两种因素的作用下，人口老龄化以及老年人高龄化的进程极有可能加速。

9.3.4　人口老龄化趋势

联合国公布的《世界人口展望2022》之中，中国总人口将于2022年达到142589万人（中等预测）峰值，2050年的总人口为13.13亿人，2100年减少至7.67亿人。2100年的预测人口规模与国家统计局公布的2022年末14.11亿人相比减少了45.6%。在人口总量减少的背景下，65岁及以上、75岁及以上、85岁及以上人口将持续增加，分别在2057年（4.3亿人）、2067年（2.59亿人）、2100年（1.14亿人）达到峰值。人口老龄化率在2050年超过30%，2085年到达峰值（42.2%）时，2085年我国的总人口预计是9.17亿人。人口老龄化率及老年人口结构变化趋势见图9.9。以上人口预测数据说明，在总人口减少的状况下，人口老龄化率上升以及老年人口总量增加将维持较长周期。特别是高龄老年人的大幅增加将加剧老年人口结构的恶化。在少子化和年龄调整死亡率下降的叠加效应下，老年人高龄化问题将越发突出。

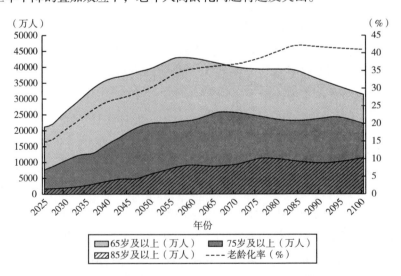

图9.9　中国人口老龄化率及老年人高龄化趋势

注：数据为每年7月1日时点的预测值。

资料来源：联合国发布的《世界人口展望2022》。

此外，根据联合国人口预测数据，我国高龄老年人的增加速度快于日本。例如，我国预计在2045年人口老龄化率为27.48%，75岁及以上人口占总人口比重是13.79%，超过人口老龄化率的50%，75岁及以上人口数量是18699万人。日本是在2018年人口老龄化率28.1%时，75岁及以上人口比重达到14.2%，说明中国老年人口高龄化进程要快于日本。根据日本的经验数据，截至2023年3月需护理认定结果显示，75岁及以上高龄老年人护理认定率（31.3%）是低龄老年人（65~74岁）的7.3倍。因此，大量高龄老年人的增加必然对医疗福祉、养老护理带来重大挑战。

9.4　日本护理保险制度对中国的借鉴

9.4.1　制定护理保险的必要性

1997年日本《护理保险法》制定、颁布时的老龄化率是15.7%（比1996年上升0.6个百分点），2000年实施时的老龄化率为17.3%（比1999年上升0.6个百分点）。根据我国国家统计局公布的人口数据，2022年末我国65岁及以上人口20978万人，占总人口的14.9%，比2021年上升约0.7个百分点。如果老龄化率以每年平均0.6个百分点的速度上升，在2024年上半年达到日本1997年的水平，约4年（2027年）到达日本2000年的水平。1962~1973年是中国历时最长的婴儿潮时期，总出生人数高达31561万人。从2027年开始将陆续进入65岁，人口结构将进一步恶化。并且，随着经济发展生活医疗水平的提高，年龄调整死亡率的下降，将进一步加剧人口结构恶化。

此外，长期执行计划生育政策的影响，导致家庭人口规模逐年减小。根据国家统计局的1%人口抽查和人口普查数据，2002年全国户均人口数是3.39人，2020年下降到2.62人，说明中国很多家庭已经不具备由家庭成员提供护理服务的功能。2022年我国总人口同比减少85万人，是否进入人口减少第一阶段，还有待事后确认。人口减少第一阶段的显著特征是总人口减少相对缓慢，在老年人口大幅增加状况下，少儿人口和劳动年龄人口出现大幅减少，人口结构急剧恶化（见表9.8）。

表 9.8　　　　　　　　　中国人口减少的第一阶段（预计）

项目	总人口	0~14 岁	15~64 岁	65 岁及以上	75 岁及以上	85 岁及以上
2022 年（万人）	142589	24592	98431	19567	6570	1460
2057 年（万人）	124088	13519	67527	43042	19990	8775
变动（万人）	−18501	−11073	−30904	23475	13420	7315
变动幅度（%）	−13.0	−45.0	−31.4	120.0	204.3	501.0

注：数据为每年 7 月 1 日时点的预测值。

资料来源：联合国发布的《世界人口展望 2022》。

　　以上数据说明，不久的将来，在中国出现日本的"老老护理"将不是个别社会现象。对于很多家庭而言，将会面临严峻的长期护理难题。因此，我国人口结构和家庭结构的状况决定老年人护理服务的社会化生产供给是必然选择。如何弥补家庭护理功能的缺失，让失能、半失能老年人能够有尊严地度过晚年，是我国亟须改善的短板。虽然，青岛、上海、宁波等城市已经示范性实施长期护理保险（简称长护险），试点地区已经扩大到 49 个城市，但是从服务涉及群体广度、提供的服务内容来看，很难应对即将到来的深度老龄化危机。必须采用全国层面的顶层设计，根据各个地区经济社会的实际情况，分层次构建护理服务体系；在制度构建过程中政府的作用至关重要。

9.4.2　如何借鉴

　　中日两国存在着较大的经济差异，中国很难采用日本式的长期护理保险方式。例如，1997 年日本护理保险制定时人均 GDP 是 3.5 万美元，2000 年实施时的人均 GDP 为 3.8 万美元。即，日本在护理保险制定实施之时，早已是经济发达国家。并且日本采用了国民皆保险制度，已经形成一套行之有效的社会保障制度。再看中国，2022 年人均 GDP 是 12800 美元，进入中等高收入国家行列；此外，沿海和内陆，以及同一省份内部都存在较大的经济差距。即便如此，日本护理保险的框架、理念以及一些核心内容，护理保险制度在运行过程中的问题与解决方式等，对我国还是具有一定的借鉴意义。

此外，人口老龄化是长期趋势，构建长期护理保险制度必须具备体现公平性、共享性和可持续性。该制度可采用社保方式，明确政府、企业和居民三者之间的责任与义务，体现互助共济精神的同时，通过护理服务给付的收入再分配手段，提升低收入家庭的生活质量。强化护理服务属于基础公共服务的属性，它为符合条件的居民提供同质同量的服务，通过互助共济实现有限条件下的共享。因此，在兼顾全国经济发展以及人口结构差异的基础上，构建具有较强操作性、可持续性的长护险制度尤为迫切。基于上述视角下，结合日本护理保险制度理念、基本框架和二十几年的实践经验，本书对构建中国特色护理服务体系提出以下建议。

9.4.2.1 构建全国统一的长期护理保险制度

中国目前的护理服务试点城市主要是根据各地经济状况和人口结构等制定了相关条例。中国拥有 14.1 亿人口，国情以及各地区经济状况较为复杂，如果考虑到今后人口结构将进一步恶化，仅仅依靠地方政府很难应对。必须从国家层面进行顶层设计，在涵盖将来人口结构变化预期的基础上制定综合性的长期护理保险制度，兼顾全国经济发展以及人口结构差异，具体执行则由下级地方政府根据地区实际情况，基于长期护理保险框架下制定相应内容。由中央主导加强护理预防投入，地方主导护理服务投入，运营由各个地方政府负责。根据各个地方实情提供符合地方切实需求的服务，形成一定的长期激励机制。

（1）明确参保范围。长护险参保人为国内满 18 周岁以上的本地居民，就业人员为第 1 类参保人，无业人员为第 2 类参保人。市、县、区为长护险的第一运营责任主体。

（2）确定筹资标准。明确政府、个人以及企业三者之间责任与义务，护理总费用由三者分担，比例分别为 20%、40%、40%。就业人员保费负担采用工资比例制从 0.1% 开始逐年提升，上限为人口老龄化率到达 35% 时的 2%，按月由医保代征收后划转基金；无业人员的定额金额每 3 年改定一次。企业负担部分从企业负担的医保费中直接划转，同样从 0.1% 开始逐年提升，上限为人口老龄化率到达 35% 时的 2%。当人口老龄化率超过 35% 时，不足费用由政府填补。

（3）统一服务内容。国家制定长护险提供的护理服务范围、具体服务内容、服务质量要求等全国统一标准，并对外公布。国家制定服务清单目录，为各类服务项目配置代码，并设定二维码，每一服务设定一定的单位数。各省级地方政府可根据本地具体实情，增加服务内容，但是费用必须由本地政府财政负担，不得增加护理基金负担。

（4）统一评估等级。实行全国统一评估标准，可以委托第三方评估机构评估，评估有效期限以及延续评估都应实行全国统一标准，利于统一管理，减少不必要的行政成本。同时，统一评估标准有利于利用大数据分析地区间的差异，制定相应的应对措施。参保人员持续 3 个月以上处于失能状态的可申请评估审核。评估等级设定 6 个等级，中等失能 1 级和 2 级，重度失能 1~4 级。确定不同护理评估等级配置相应单位数，在全国范围内实行同一服务同一单位数。

（5）明确待遇标准。结合全国人均 GDP 制定基准护理服务给付待遇，以县级为行政单位的护理给付待遇，根据基准待遇进行上下浮动。各个护理等级设定费用上限标准，居家服务和机构服务的服务费用由长护险基金给付 75% 和 70%，其余由本人负担。超过上限标准支付费用的部分全额由本人负担。此外，护理给付根据各地实施情况可采用服务给付和现金给付两种方式。现金给付是指护理保险基金向为护理认定人提供护理劳动的家庭成员给予现金支付。考虑道德风险，政府、护理利用人和提供服务的家庭成员应签署协议，明确权利与义务，保障护理利用人权利，现金给付不应高于实物给付金额的 70%。

（6）制定基准单价。综合考虑人均 GDP、人工成本、物价水平，制定全国统一的服务基准单价。基准单价乘以该服务的单位数即为这一服务的价格。根据各地实际状况，由各省份公布以县级为行政单位的基准服务单价上下浮动区间。建议设立 11 等级，即为基准单价的 0.5、0.6、0.7、0.8、0.9、1.0、1.1、1.2、1.3、1.4、1.5 倍。各地区的等级区分由政府统一确定公布，该区分原则上每 3 年改定一次。

（7）统一服务精算。成立全国统一的长护险基金，在各省级行政单位设立护理服务精算平台。合规护理服务供应商直接与平台对接，进行护理服务给付金额的精算与核算。强化数字技术在护理服务中的应用。个人负担部分直接支付给服务提供方。

9.4.2.2　强化政府协作促进长护险制度稳定运营

（1）明确各级政府职责，增强协作。以省（自治区、直辖市）、地级市、县区市的三级行政单位设置专业部门和对应窗口构建护理服务体系。省级政府以整体设置规划为主，市级政府依据上级规划方案根据本区域的具体状况制定配套措施对下级机构进行监督管理、支援等。县级政府应为护理保险的实际运营方，结合规划有义务提供基本护理服务满足需求和维护护理保险运营稳定。

（2）强化基础数据整理与收集。在构建护理保险制度时，把握老龄化趋势和服务需求变化，并进行定期验证，这是不可或缺的。老年人口数量以及服务需求的基础数据是预测未来护理服务需求精准度的关键因素。应该强化定期收集和整理各个地区的原始数据。由省级行政机构层面构建模型对省市、县等各级区域中长期人口进行预测。把握人口总量、人口结构以及人口动态的变化趋势，了解老龄化进展速度，有利于护理基本政策的规划与制定。而且，通过对将来护理需求预测，可以预估护理费用支出，在量入而出的原则下，能够促进护理保险制度的可持续发展。

（3）制订护理服务计划与实施。由护理保险的运营主体县级政府制订每3年或5年为一期的护理服务计划。该计划应该在反映人口结构变化趋势的基础上，明确各年度应该提供服务的内容及数量，计算在年度收支平衡原则下满足基本服务需求所需费用金额；还必须规划服务供给和相应设施的整备与完善。每次计划中必须包含远景规划，对10年或20年之后护理服务需求状况进行预测，并估算护理服务总费用。同时，在收支平衡的基础上，预测保险费负担，评估保险人财政的安全性以及护理保险运营的可持续性。计划制订公布之后，在计划期间内保险人具有根据计划内容实施推进义务，上级政府有实时监管职责。

（4）增强调剂功能。设置国家、省级护理保险调剂基金。国家护理保险调剂基金以该年度护理保险预算费用金额的5%强化对经济落后地区的护理财政转移支付。省级行政单位负担护理费用中的5%加上当年护理财政预算的1%作为护理调剂基金。该基金用于减免特困户、低收入者的保险费和个人负担的护理服务费；还可用于调剂老年人口结构差异导致的护理负担差异，促进护理制度的公平性。

（5）成立护理财政稳定基金。由中央、省级、市级、县级 4 级行政机构，按一定出资比例成立"护理财政稳定基金"，并明确基金用途。该基金限用于：第一，因自然灾害或突发事件导致护理费用不足时，可动用基金给予补助，维持护理保险的正常运营；第二，计划期间内，给予出现运营透支的保险人一定额度无利息融资，维持该地区保险的正常运营，该融资必须在下一计划中通过征收保险费给予偿还，促进提高保险财政的自律性。

9.4.2.3　强化数字服务在护理制度中的应用

（1）设置全国护理服务基础数据库。设立国家和地方层面护理服务大数据库。地方层面数据库由省级或市级行政部门主导设置。该数据库应包括分地区老年人口数量，平均预期寿命，参保人数，护理认定人数，认定等级，护理服务利用内容以及利用次数、利用金额，保险给付，服务供应商总数，护理服务业就业人数，等等。地方层面数据库必须与国家护理服务基础数据库联网，实现数据共享。数据积累有利于使用人工智能分析最优护理方案，提升服务质量。同时，便于对将来护理服务需求和护理费用进行预测，有利于护理保险的中长期规划。

（2）护理信息公开平台。设置全国性护理服务信息平台。各地区的人口预测、护理服务预算、护理服务计划制订与规划等基础数据应通过信息平台给予公开，增加制度的透明性，提高信息流动性，有利于护理服务市场根据基础数据迅速反应，促进资源优化配置。定点护理服务机构、企业提供的业务内容及范围、人员配置、员工具备技能、保险外服务价格等信息应同样在信息平台给予公布，减少护理利用人和服务提供方之间因信息不对称而导致的各类风险，降低交易成本。

9.4.2.4　加大护理人才的培养供给力度，为护理服务发展提供保障

随着人口老龄化加剧，护理服务需求增加以及社会化生产供给成为一种必然趋势。满足必要的护理服务需求也是构建护理服务体系的目的之一，因此维持持续性的护理人才供给必不可少。

（1）加大对护理人才培育的力度。给予相关学校和培训机构一定的政策与资金支持，以增加高质量护理人才供给；增加老年人护理专业开设数量，合理引导应届毕业生报考；形成用人企业与学校专业部门联合人才培

养计划,确保人才岗位匹配度。

(2)多渠道促进护理人才供给。加强宣传提升护理服务业的社会形象,促进社会劳动力进入护理行业;促进人才流动,加强失业群体的培训,鼓励其进入护理行业再就业;鼓励中老年人进入护理行业。

9.4.2.5 强化技术研发与推广应用,提升护理行业劳动生产率

人口老龄化加剧以及家庭结构变化,护理服务市场化需求增加,必然促进劳动力等生产要素向护理行业配置。作为成长性部门,护理行业的劳动生产率及其增长率对全国平均劳动生产率水平影响较大,根据日本的经验,这还关系到护理保险制度的可持续发展。

(1)通过规模经济效益以及协作效应提升劳动生产率。鼓励大型企业进入护理行业促进规模化经营,利用企业资金以及资源优势促进资本投入;鼓励跨界、跨地区连锁经营实现规模效应和内部协作效应。

(2)增加研发津贴补助,鼓励企业增加护理相关设备、用品的研发投入。政策强化护理机器人、护理智能穿戴、护理辅助机械等相关领域的研究开发;促进养老护理行业相关的上下游产业链的形成,通过规模效应降低产品价格,提升相关行业竞争力。

(3)推广使用养老护理相关设备,促进护理行业的资本深化。通过对资本或设备投资减免税、设备投资津贴补助等政策手段,鼓励养老护理企业增加设备投资;鼓励企业投入使用新产品,促进护理设备制造行业产业链的形成,有利于降低设备价格促进普及率的提升,形成良性循环。

(4)强化数字技术、人工智能、物联网(IOT)在护理行业的应用,提升行业运营效率。运用大数据平台优势,结合人工智能算法,优化护理服务方案,提升服务效率;推广数字技术在护理服务业的应用,促进数字资本投入,提升护理行业的资本—劳动比例;运用大数据、物联网等数字技术开发提供新型增值服务,拓宽护理服务领域。

9.4.2.6 增进老年人健康寿命,降低护理潜在需求

日常注重身心健康的人很少使用保险,不健康的人则相反,因此易发生保险的道德风险。根据日本现有的护理保险制度,护理保险费实际上就是健康人向不健康人的一种强制性收入再分配。因此,建立正向激励制度,

增进老年人健康，减少潜在性护理需求尤其重要。

（1）增加老年人健康预防性投入，增进老年人口的健康寿命，降低潜在性护理服务需求。强化"互联网＋"技术，加强健康生活知识的教育普及，倡导健康生活；加强老年人健康饮食研究，利用 App 小程序推送健康饮食菜谱；强化老年人日常饮食中的减盐管理；增加老年人定期健康体检内容和提升检查精度。

（2）设立老人健康正向激励机制，降低护理潜在需求。设立 75 岁及以上老年人"健康奖励"制度，由护理基金出资，每年给予身体健康老人一定金额的健康奖励，促进居民日常健康防护意识；设立老年人健康活动时间储蓄制度，通过数字技术设立覆盖全国的老年人数字档案，健康锻炼时间对应一定点数，累计点数可在将来兑换服务。

9.5 总 结

首先，本章从日本护理保险制度的基本思路、日本护理保险制度的特征以及日本护理保险制度面临的主要问题等视角对日本护理保险制度进行了简要评价。日本护理制度从 2000 年 4 月实施后，迄今经历了 23 年。在护理服务社会化的背景下，通过社会整体的互助共济面对日益严峻的老龄社会，使老年人有尊严地度过晚年生活，或通过护理服务帮助老龄人重返家庭生活，日本护理保险制度发挥出极其重要的作用。该制度在实施期间历经多次改订，制度本身非常系统和完善，同时也存在过于庞大复杂和过于专业化的问题。随着日本人口结构的持续恶化，护理保险制度面临着财源不足、护理员工短缺、低劳动生产率低工资等问题。在此状况下，日本护理保险制度的可持续性存在较大挑战。

其次，本章针对日本护理保险实施之后的经济效应进行了简要评估。2000～2021 年，日本护理保险制度实施的直接累计成本是 1518073 亿日元。其中第 1 号和第 2 号被保险人各负担 317295 亿日元和 454728 亿日元，各级财政负担 746050 亿日元。各级政府财政收入主要来自各类税收，作为第 2 号被保险人的工薪阶层是主要的纳税对象，因此护理给付的成本主要是由第 2 号被保险人负担的。虽然税负的增加对消费产生挤出效应，但是这些税负又是护理保险制度的运营资金，大部分成为护理从业人员的收入，综合而言对经济的负面作用可以忽略。

此外，护理保险的实施有效促进了护理服务业的发展，护理服务是典型的对人服务，属于劳动密集型服务业，行业对就业的贡献度远大于对经济增长的促进作用。并且，护理服务业的需求属于刚性需求，受经济波动影响较小，相对比较稳定，在经济不景气时又能发挥出稳定就业的"自动稳定器"作用。根据本章的测算结果，护理保险的实施对降低潜在"护理离职"人数具有一定的经济效应，对"社会性住院"的抑制效应也较为显著。这在一定程度上实现了日本护理保险当初制定实施的目的之一。

最后，本章分析了中国人口老龄化趋势，并提出构建护理服务体系的对策建议。根据联合国人口所公布的《世界人口展望2022》的预测数据，我国总人口在 2022 年达到峰值，这种现象的背后是严重的少子老龄化。并且随着医疗技术水平不断提升，平均寿命增长等因素将进一步导致人口结构老化。在深度人口老龄化社会，养老护理是一种刚性需求。特别是在家庭规模小型化的背景下，长期护理需求的社会化是一种必然趋势。如何通过社会的互助共济，体现公平原则的基础上实现社会和谐发展，共同应对老龄社会，是当前中国亟须面对的问题。

同样受儒家传统文化深远影响的日本，在实施长期护理保险过程中积累的经验教训很值得中国借鉴。两国在经济发展上还存在巨大差异，且国情不同，中国无须完全照搬日本长期护理保险制度。然而，其基本框架与理念以及护理保险在运营中出现的问题，很值得我们深思和注意。日本人口老龄化先行于中国 20 年左右，日本过去或现在面临的问题，可能在不久的将来我国也将面对。因此，对日本长期护理保险的分析可以为我国提供一些借鉴，有利于中国构建适合国情的长期护理保险制度。

参考文献

中文

[1] 黄万丁，李珍.2016.日本护理保险制度的理念得失及其对中国的启示 [J].现代日本经济，207（3）：73-83.

[2] 宋悦，吕康银.2019.日本养老护理服务业劳动力供给分析 [J].现代日本经济，244（2）：82-94.

[3] 佐藤孝弘，高桥孝治.2015.日本护理保险法修改及其存在问题 [J].社会保障研究，（4）：74-88.

日文

[1] 阿部山徹.2022.健康寿命の延伸に向けて.JA 共济总合研究所，共济总研 [R].Report，180（4）：12-19.

[2] 岸田研作.2016.全国レベルの社会的入院の時系列的推移 [J].医疗经济研究，28（1）：3-23.

[3] 岸田研作，谷垣静子.2011.介護職員が働き続けるには何が必要か？[J].日本经济研究，（69）：1-23.

[4] 奥爱，井上俊，升井翼.2019.企業規模と賃金、労働生産性の関係に関する分析 [EB/OL].日本财务省 PRI Discussion Paper Series，（19A-08）：1-23. https://www.mof.go.jp/pri/research/makuro.htm.

[5] 白川浩道，太田聪一，加藤久和，宫泽健介，神野真敏.2009.高齢化は脅威か？ーキ鍵握る向こう10年の生産性向上ー [R].NINA 综合研究开发机构. https://www.nira.or.jp/paper/research-report/2009/091101.html.

[6] 阪本崇.2002.公共政策論の現代的課題における「ボーモルの病」の意義 [J].京都橘女子大学研究纪要，（28）：167-188.

[7] 村田修.2011.介護事業の生産性に関する一考察 [J].生活福祉研究，通卷76号，19（4）：35-47.

[8] 东祐司.2015.特集介護ロボットは老健施設を救うのか介護ロボットの普及

と促進［J］. 机关志老健,（7）：14－19.

［9］儿山正史.2004.準市場の概念［M］//日本行政学会. 年报行政研究39 治理论和行政学. 东京：ぎょうせい.

［10］儿山正史.2011.イギリスにおける準市場の優劣論：ルグランの主張と批判・応答［J］. 行政管理研究,（133）：17－31.

［11］儿山正史.2016.準市場の優劣論と社会福祉基礎構造改革論［J］. 人文社会论集（社会科学篇）,（35）：25－41.

［12］儿山正史.2017.準市場の優劣論と介護保険制度導入時の議論［J］. 人文社会科学论集,（2）：143－156.

［13］冈崎祐司.2006. 社会福祉の［準市場化］と［市場個人主義］［J］. 经济科学通信,（112）：24－30.

［14］宮泽健一.2000. 高齢化少子社会の産業連関と医療・福祉［J］. 医疗经济研究,（8）：51－65.

［15］宮泽健一.2006. 医療―介護の福祉的・財政的・産業的三潮流とその交錯［J］. 医疗经济研究,18（2）：79－93.

［16］宮本恭子.2016. 介護保険制度施行15年の総括―介護保険制度改正方向性と課題―［J］. 鸟取大学社会文化论集,（12）：15－29.

［17］河合雅司.2017. 未来の年表　人口減少日本でこれから起きること［M］. 东京：株式会社讲谈社.

［18］河合雅司.2018. 未来の年表2　人口減少日本であなたに起きること［M］. 东京：株式会社讲谈社.

［19］河合雅司.2019. 未来の地図帳　人口減少日本で各地に起きること　未来の年表［M］. 东京：株式会社讲谈社.

［20］河合雅司.2022. 未来の年表 業界大変化 瀬戸際の日本で起きること［M］. 东京：株式会社讲谈社.

［21］河合雅司, 牧野知弘.2022.2030年の東京［M］. 东京：祥传社.

［22］河野真.2005. 英国福祉国家の動態［J］. 福祉社会学研究,2：72－90.

［23］横山寿一.2008.「コムスン問題」の本質と課題［J］. 福祉广场,91（456）：9－15.

［24］花冈智惠.2009. 賃金格差と介護従事者の離職［J］. 社会保障研究,45（3）：269－286.

［25］吉田竜平.2013. 介護サービスと障害者福祉サービス市場の問題と運用の在り方：準市場の視点から［J］. 北海道医疗大学看护福祉学部学会志,9（1）：147－150.

[26] 加藤久和 . 2014. 介護保険制度の現状と課題，日本財務省綜合政策研究所《持続可能な介護に関する研究会》資料［EB/OL］. https：//www. mof. go. jp/pri/re-search/conference/fy2014/zk102_02. pdf.

[27] 加藤凉 . 2017. 非正規増加と賃金下方硬直の影響についての理論的考察，玄田有史編著 . 人手不足なのになぜ賃金が上がらないのか［M］. 东京：庆応义塾大学出版会 .

[28] 加藤美幸 . 2016. M&A による規模拡大、異業種からの参入が継続［R］. MARR（Mergers & acquisitions research report），(259)：90 - 95.

[29] 菅万理，梶谷真也 . 2014. 介護保険は家族介護者の介護時間を減少させたのか? —社会生活基本調査匿名データを用いた検証—［J］. 経済研究，65 (4)：345 - 361.

[30] 今市辽佑 . 2015. 業界再編が幕開けへ介護報酬改定が再編のトリガーを［J］. 医疗时报，(2210)：7 - 8.

[31] 金谷信子 . 2010. 準市場における非営利組織の役割と市場シェア—介護サービス市場の分析［J］. 广岛国际研究，(16)：37 - 53.

[32] 駒村康平 . 1999. 介護保険、社会福祉基礎構造改革と準市場原理［J］. 社会保障研究，35 (3)：276 - 284.

[33] 駒村康平 . 2004. 疑似市場論 . 渋谷博史，平岗公一編 . 福祉の市場化を見る眼—資本主義メカニズムとの整合性—［M］. 东京：minerva 书房 .

[34] 堀容子，神谷智子，等 . 2017.「IT・介護ロボット等の導入に関する政策」と「福祉・介護職」のマインドギャップに関する一考察［J］. 医疗・生命和伦理・社会，(14)：32 - 37.

[35] 堀田真理 . 2017. わが国における介護事業をめぐるM&A［J］. 经营论集，(90)：31 - 45.

[36] LeGrand J. 2008. 公共政策と人間：社会保障制度の準市場改革［M］. 郡司笃晃监译 . 日本埼玉：聖学院大学出版会 .

[37] LeGrand J. 2010. 準市場：もう一つの見えざる手［M］. 后房雄译 . 东京：法律文化社 .

[38] 椋野美智子，田中根太郎 . 2018. はじめての社会保障［M］. 15 版 . 东京：有斐閣 Alma 出版社 .

[39] 铃木亘 . 2010. パートタイム介護労働者の労働供給行動［J］. 社会保障研究，45 (4)：417 - 443.

[40] 铃木亘 . 2011. 介護産業が成長産業となるための条件［M］//铃木亘，八代尚宏 . 成長産業としての医療と介護 . 东京：日本经济新闻出版社 .

［41］铃木亘.2011.介護産業から他産業への転職行動の経済分析.家庭経済研究 ［J］，90：30－42.

［42］铃木亘.2015－4－6.社会保障改革の視点（上）「混合介護」で労働力確保 を特養の統治改革急げ高齢者の地方移住を促進［N］.日本経済新聞日刊，第29版面 "経済教室".

［43］铃木亘.2016－11－1.社会保障予算の論点（中）介護，積み立て方式移行 を［N］.日本経済新聞日刊，第29版面"経済教室".

［44］铃木亘.2017.介護保険施行15年の経験と展望：福祉回帰か，市場原理の 徹底か?［J］.学习院大学経済論集，54（3）：133－184.

［45］绫高德.2014.介護職員の労働生産性に関する一考察［J］.评论・社会科 学，（107）：95－116.

［46］明治安田生活福祉研究所.2014.介護保険、介護サービスの経済的分析に関 する調査研究事業報告書［M］.東京：明治安田生活福祉研究所.

［47］内匠功.2016.「介護離職ゼロ」をめざして［J］.生活福祉研究，92（8）： 48－63.

［48］PERSOL综合研究所&日本中央大学.2018.労働市場の未来推計2030［EB/OL］. https：//rc.persol-group.co.jp/news/files/future_population_2030_2.pdf.

［49］浦田仁.2013.介護サービスの経済波及効果－茨城県産業連関表を使用して－ ［J］.鲤渊研报，（29）：35－44.

［50］前田由美子.2009.医療・介護の経済波及効果と雇用創出効果－2005年産 業連関表による分析－［D/OL］.日本医师会综合政策研究机构工作论文，No.189. https：//www.jmari.med.or.jp/download/WP189.pdf.

［51］前田由美子.2013.介護保険下における営利企業の現状と課題－大手企 業の最近の決算等を踏まえて－［D/OL］.日本医师会综合政策研究机构工作论文， No.296.http：//www.jmari.med.or.jp/download/WP296.pdf.

［52］前田由美子.2017.介護サービス企業の2016年度決算［D/OL］.日本医师 会综合政策研究机构工作论文，No.388.https：//www.jmari.med.or.jp/wp-content/up-loads/2021/10/WP388.pdf.

［53］前田正子.2018.無子高齢化出生数ゼロの恐怖［M］.東京：岩波书店.

［54］仁平耕一.2007.レンチェフ体系の構造分析－拡張産業連関モデルの分解－ ［J］.敬爱大学研究論集，（71）：203－244.

［55］三原岳.2020－1－13.20年を迎えた介護保険の再考（17）医療、年金との 比較［R］.日精基础研究所（NLI Research Institute），https：//www.nli-research.co.jp/ report/detail/id＝66077? site＝nli.

［56］三原岳. 2020 - 10 - 12. 20 年を迎えた介護保険の再考（16）準市場の功罪 ［R］. 日精基础研究所（NLI Research Institute），https：//www. nli-research. co. jp/report/ detail/id = 65718？ site = nli.

［57］三原岳. 2020 - 12 - 17. 20 年を迎えた介護保険の再考（19）高齢者の住ま いとの関係［R］. 日精基础研究所（NLI Research Institute），https：//www. nli-re- search. co. jp/report/detail/id = 66375？ site = nli.

［58］三原岳. 2020 - 4 - 10. 20 年を迎えた介護保険の足取りを振り返る（下） ［R］. 日精基础研究所（NLI Research Institute），https：//www. nli-research. co. jp/files/ topics/64221_ext_18_0. pdf？ site = nli.

［59］三原岳. 2020 - 4 - 1. 20 年を迎えた介護保険の足取りを振り返る（上） ［R］. 日精基础研究所（NLI Research Institute），https：//www. nli-research. co. jp/files/ topics/64141_ext_18_0. pdf？ site = nli.

［60］三原岳. 2020 - 6 - 24. 20 年を迎えた介護保険の再考（1）時代背景を探る ［R］. 日精基础研究所（NLI Research Institute），https：//www. nli-research. co. jp/re- port/detail/id = 64773？ site = nli.

［61］三原岳. 2020 - 6 - 26. 20 年を迎えた介護保険の再考（2）要介護認定とは 何か［R］. 日精基础研究所（NLI Research Institute），https：//www. nli-research. co. jp/ report/detail/id = 64801？ site = nli.

［62］三原岳. 2020 - 6 - 29. 20 年を迎えた介護保険の再考（3）限度額とは何か ［R］. 日精基础研究所（NLI Research Institute），https：//www. nli-research. co. jp/re- port/detail/id = 64817？ site = nli.

［63］三原岳. 2020 - 7 - 16. 20 年を迎えた介護保険の再考（6）契約制度を考え る［R］. 日精基础研究所（NLI Research Institute），https：//www. nli-research. co. jp/re- port/detail/id = 64956？ site = nli.

［64］三原岳. 2020 - 7 - 22. 20 年を迎えた介護保険の再考（7）自己負担を考え る［R］. 日精基础研究所（NLI Research Institute），https：//www. nli-research. co. jp/re- port/detail/id = 65008？ site = nli.

［65］三原岳. 2020 - 9 - 16. 20 年を迎えた介護保険の再考（14）地方分権の「試 金石」［R］. 日精基础研究所（NLI Research Institute），https：//www. nli-research. co. jp/ report/detail/id = 65463？ site = nli.

［66］三原岳. 2020 - 9 - 28. 20 年を迎えた介護保険の再考（15）「第 2 の国保」に しない工夫［R］. 日精基础研究所（NLI Research Institute），https：//www. nli-re- search. co. jp/report/detail/id = 65573？ site = nli.

［67］三原岳. 2021 - 2 - 19. 20 年を迎えた介護保険の再考（21）ケアラー支援

［R］．日精基础研究所（NLI Research Institute），https：//www.nli-research.co.jp/report/detail/id＝66986？site＝nli．

［68］三原岳．2021－2－4.20年を迎えた介護保険の再考（20）人材確保問題［R］．日精基础研究所（NLI Research Institute），https：//www.nli-research.co.jp/report/detail/id＝66827？site＝nli．

［69］三原岳．2021－3－10.20年を迎えた介護保険の再考（23）制度の複雑化［R］．日精基础研究所（NLI Research Institute），https：//www.nli-research.co.jp/report/detail/id＝67166？site＝nli．

［70］三宅卓．2015.介護単体の事業者は全てM&Aの対象に地域連携の強化で参入者を阻む［R］．医疗时报，（2216）：21－23．

［71］森川正之．2016.サービス産業の生産性と労働市場［J］．日本劳动研究杂志，58（1）：16－26．

［72］山本勋，黑田祥子．2016.過去の賃下げ経験は賃金の伸縮性を高めるのか：企業パネルデータを用いた検証［D］．RIETI Discussion Paper Series 16－J－063．

［73］山田笃裕，石井加代子．2009.介護労働者の賃金決定要因と離職意向—他産業・他職種からみた介護労働者の特徴—［J］．社会保障研究，45（3）：229－248．

［74］松本清康．2015.介護保険事業の準市場における損益分岐点分析［J］．社会経営研究，（3）：23－33．

［75］太田聡一．2017.賃金が上がらないのは複合的な要因による［M］//玄田有史．人手不足なのになぜ賃金が上がらないのか．东京：庆应义塾大学出版会．

［76］田荣富，励利．2019.準市場としての介護保険サービスの需要と供給についての分析［J］．经济社会研究，60（1）：27－57．

［77］田荣富，卢虹．2019.介護業界における営利企業の実態と経済特性［J］．经济社会研究，59（4）：41－60．

［78］田荣富，王桥．2019.日本における介護サービス業の現状と労働生産性［J］．经济社会研究，59（3）：25－44．

［79］田荣富．2020.介護保険サービス賃金の上方硬直要因について［J］．经济社会研究，60（4）：19－46．

［80］畑农锐矢．2004.社会的入院の定量的把握と費用推計［J］．医疗经济研究，（15）：23－35．

［81］尾崎达哉，玄田有史．2020.賃金上昇が抑制されるメカニズム［J］．金融研究，39（4）：55－105．

［82］下野惠子．2004.訪問介護サービス事業所の労働生産性と最適規模［J］．国际地域经济研究年报，（5）：33－43．

[83] 圷洋一.2008. 福祉国家における「社会市場」と「準市場」[J]. 社会保障研究，44（1）：82－93.

[84] 小宮路雅博.2010.サービスの諸特性とサービス取引の諸課題［J］. 成城大学経済研究，(187)：149－178.

[85] 小桧山希.2010. 介護職の仕事の満足度と離職意向—介護福祉士資格とサービス類型に注目して—［J］. 社会保障研究，45（4）：444－457.

[86] 小林公司.2006. 産業別就業構造の変化とマクロの労働生産性の関係～予想される「製造業離れ」で生産性は抑制されるか? ～.瑞穂総研論集［J］，3：57－93.

[87] 小松秀和.2012. 介護の産業連関分析——全国及び四国4県について——［J］. 香川大学経済論集，84（4）：129－142.

[88] 宣賢奎.2009. 介護保険サービス事業の市場性［J］. 共栄大学研究論集，(7)：65－87.

[89] 玄田有史.2017. 人手不足なのになぜ賃金が上がらないのか［M］. 東京：庆应义塾大学出版会.

[90] 櫻井靖久.2012. 福祉産業の地域経済における役割について兵庫県の介護サービス事業を事例に［J］. 兵庫県震災紀念21世紀研究机构研究年报，(16)：1－17.

[91] 有田伸.2017. 社会学から考える非正規雇傭の低賃金とその変容［M］//玄田有史. 人手不足なのになぜ賃金が上がらないのか. 東京：庆应义塾大学出版会.

[92] 真野俊樹.2012. 社会保障と準市場の考え方［J］. 共济综合研究，(65)：96－113.

[93] 中村二朗，菅原慎矢.2016. 同居率減少という誤解—チャイルドレス高齢者の増加と介護問題—［J］. 社会保障研究，51（3・4）：355－368.

[94] 中井雅之.2017.マクロ経済からみる労働需給と賃金の関係［M］//玄田有史. 人手不足なのになぜ賃金が上がらないのか. 東京：庆应义塾大学出版会.

[95] 塚原康博.2011. 医療サービス活動における産業・雇用連関分析の展開［J］. 社会保障研究，47（2）：104－115.

[96] 周燕飞.2009. 介護施設における介護職員不足問題の経済分析［J］. 医疗和社会，19（2）：151－168.

[97] 竹内英二.2016. 介護現場におけるICTの利活用［J］. 日本政策金融公库论集，(30)：1－15.

[98] 佐橋克彦.2008. 「準市場」の介護・障害者福祉サービスへの適用［J］. 社会保障研究，44（1）：30－40.

[99] 佐野洋史，石井加代子.2011. 介護事業所の勤務条件に対する潜在的有資格者の選好［J］. 家計経済研究，(90)：43－55.

英文

［1］Baumol W. 1993. Health Care, Education and the Cost Disease: A Looming Crisis for Public Choice ［J］. Public Choice, （77）: 17 – 28.

［2］Baumol W J. 1967. Macroeconomics of Unbalanced Growth: The Anatomy of Urban Crisis ［J］. American Economic Review, 57 （3）: 4, 15 – 26.

［3］Miyazawa K. 1960. Foreign Trade Multiplier, Input-Output Analysis and the Consumption Function ［J］. Quarterly Journal of Economics, 74 （1）: 53 – 64.

［4］Miyazawa K. 1972. Input-Output Analysis and the Structure of Income Distribution ［M］. Berlin: Springer-Verlag.

［5］Miyazawa K. 1976. Input Output Analysis and the Structure of Income Distribution ［M］. Berlin: Springer-Verlag.

［6］Shimizutani S, Suzuki W and Noguchi H. 2008. The Socialization of At-home Elderly Care and Female Labor Market Participation: Micro-level Evidence from Japan ［J］. Japan and the World Economy, （20）: 82 – 96.

［7］Sugawara S, and NakamuraJ. 2014. Can formal elderly care stimulate female labor supply? The Japanese experience ［J］. Journal of the Japanese and International Economies, （34）: 98 – 115.

［8］Tamiya N. Noguchi H, Nishi A, Reish M R, Ikegami N, Hashimoto H, Shibuya K, Kawachi I, and Campbell J C. 2011. Population Ageing and Wellbeing: Lessons from Japan's Long-term Care Insurance Policy ［J］. Lancet, 378 （9797）: 1183 – 1192.

［9］UN. 1956. The Aging of Population and Its Economic and Social Implications ［J］. Population Studies, 26.

政府部门

［1］日本产业经济省. 第 1 回产业構造審議 2050 经济社会構造部会 （2018 年 9 月 21 日）［EB/OL］. https: //www. meti. go. jp/shingikai/sankoshin/2050_keizai/001. html.

［2］日本经济产业省. ~人生 100 年時代に対応した「明るい社会保障改革」の方向性~, 第 10 回新事業創造 WG 事務局説明資料② ［EB/OL］. https: //www. meti. go. jp/shingikai/mono_info_service/jisedai_health/shin_jigyo/pdf/010_03_00. pdf.

［3］日本经济产业省. 令和 3 年经济センサス - 活動調査 ［EB/OL］. https: // www. meti. go. jp/statistics/tyo/census/index. html.

［4］日本财务省. 法人企業統計調査 ［EB/OL］. https: //www. mof. go. jp/pri/reference/ssc/results/data. htm.

［5］日本厚生劳动省. 令和 4 年雇用動向調査［EB/OL］. https：//www. mhlw. go. jp/
toukei/itiran/roudou/koyou/doukou/22 - 2/index. html.

［6］日本厚生劳动省. 賃金構造基本統計調査（2017 年度）［EB/OL］. https：//
www. mhlw. go. jp/toukei/itiran/roudou/chingin/kouzou/z2017/index. html.

［7］日本厚生劳动省. 令和 4 年賃金構造基本統計調査［EB/OL］. https：//www.
mhlw. go. jp/toukei/itiran/roudou/chingin/kouzou/z2022/index. html.

［8］日本厚生劳动省. 賃金構造基本統計調査［EB/OL］. https：//www. mhlw.
go. jp/toukei/list/chinginkouzou_a. html.

［9］日本厚生劳动省. 介護保険法［EB/OL］. https：//www. mhlw. go. jp/web/t_doc?
dataId = 82998034&dataType = 0&pageNo = 1.

［10］日本厚生劳动省. 介護保険事業状況報告（各年版）［EB/OL］. https：//www.
mhlw. go. jp/topics/kaigo/toukei/joukyou. html#link01.

［11］日本厚生劳动省. 介護保険事業状況報告（月報）［EB/OL］. https：//www.
mhlw. go. jp/topics/0103/tp0329 - 1. html.

［12］日本厚生劳动省. 介護給付費等実態統計（各年版）［EB/OL］. https：//www.
mhlw. go. jp/toukei/list/45 - 1b. html.

［13］日本厚生劳动省. 介護給付費等実態統計（月報）［EB/OL］. https：//www.
mhlw. go. jp/toukei/list/45 - 1b. html.

［14］日本厚生劳动省. 介護サービス施設・事業所調査（各年版）［EB/OL］.
https：//www. mhlw. go. jp/toukei/list/24 - 22 - 2. html.

［15］日本厚生劳动省. 介護事業経営実態調査（各年版）［EB/OL］. https：//www.
mhlw. go. jp/toukei/list/78 - 23b. html#link01.

［16］日本厚生劳动省. 介護事業経営概況調査（各年版）［EB/OL］. https：//www.
mhlw. go. jp/toukei/list/153 - 1c. html#link01.

［17］日本厚生劳动省. 令和 3 年社会福祉施設等調査［EB/OL］. https：//www.
mhlw. go. jp/toukei/saikin/hw/fukushi/21/index. html.

［18］日本厚生劳动省. 介護人材の処遇改善について（参考資料），第 169 回社
保審—介護給付費分科会，参考資料 1［EB/OL］. https：//www. mhlw. go. jp/content/
12601000/000485525. pdf.

［19］日本厚生劳动省. 第 7 期介護保険事業計画に基づく介護人材の必要数につ
いて［EB/OL］. https：//www. mhlw. go. jp/stf/houdou/0000207323. html.

［20］日本厚生劳动省. 第 8 期介護保険事業計画に基づく介護人材の必要数につ
いて［EB/OL］. htttps：//www. mhlw. go. jp/stf/houdou/0000207323_00005. html.

［21］日本厚生劳动省. 若者の意識に関する調査［EB/OL］. https：//www. mhlw.

go. jp/stf/houdou/0000021856. html.

［22］日本厚生労働省. 第 2 号被保険者にかかる介護保険料について［EB/OL］. https：//www. mhlw. go. jp/topics/kaigo/osirase/jigyo/17/dl/r2_hihokensha. pdf.

［23］日本厚生労働省. 第 2 号被保険者にかかる介護保険料について［EB/OL］. https：//www. mhlw. go. jp/topics/kaigo/osirase/jigyo/17/dl/r3_hihokensha. pdf.

［24］日本厚生労働省. 完全生命表［EB/OL］. https：//www. mhlw. go. jp/toukei/saikin/hw/life/22th/index. html.

［25］日本厚生労働省. 第 23 回生命表（完全生命表）の概況［EB/OL］. https：//www. mhlw. go. jp/toukei/saikin/hw/life/23th/index. html.

［26］日本厚生労働省. 職業安定業務統計［EB/OL］. https：//www. mhlw. go. jp/toukei/list/114 – 1b. html.

［27］日本厚生労働省. 介護保険制度をめぐる状況について，社会保障審議会介護保険部会（第 75 回）資料 3［EB/OL］. https：//www. mhlw. go. jp/content/12601000/000482328. pdf.

［28］日本内閣府. 平成 26 年版少子化社会対策白書［EB/OL］. https：//www8. cao. go. jp/26pdfhonpen/26honpen. html.

［29］日本内閣府. 平成 30 年版高齢社会白書［EB/OL］. https：//www8. cao. go. jp/kourei/whitepaper/w-2018/zenbun/30pdf_index. html.

［30］日本内閣府. 令和 4 年高齢社会白書［EB/OL］. https：//www8. cao. go. jp/kourei/whitepaper/w-2022/zenbun/04pdf_index. html.

［31］日本内閣府. 国民経済計算［EB/OL］. https：//www. esri. cao. go. jp/jp/sna/data/data_list/kakuhou/files/2021/2021_kaku_top. html.

［32］日本内閣府. 経済活動別の国内総生産・要素所得［EB/OL］. http：//www. stat. go. jp/data/nihon/03. html.

［33］日本内閣府. 国内総生産デフレーター［EB/OL］. http：//www. stat. go. jp/data/nihon/04. html.

［34］日本内閣府. 中長期の経済財政に関る試算［EB/OL］. https：//www5. cao. go. jp/keizai3/econome/r2chuuchouki1. pdf. .

［35］日本内閣府. 社会保障と税の一体改革》, http：//www. cas. go. jp/jp/seisaku/syakaihosyou/.

［36］日本総務省. 産業連関表（2005、2011、2015）［EB/OL］. https：//www. meti. go. jp/statistics/tyo/entyoio/index. html.

［37］日本総務省. 平成 12 – 17 – 23 年接続産業連関表［EB/OL］. https：//www. soumu. go. jp/toukei_toukatsu/data/io/121723index. html.

［38］日本总务省．平成 27 年（2015）産業連関表［EB/OL］．https：//www. soumu. go. jp/toukei_toukatsu/data/io/2015/io15_00001. html.

［39］日本总务省．労働力調査［EB/OL］．http：//www. stat. go. jp/data/roudou/.

［40］日本总务省．就業構造基本調査（2007、2012、2017）［EB/OL］．https：//www. e-stat. go. jp/.

［41］日本总务省统计局．労働力調査［EB/OL］．https：//www. stat. go. jp/data/roudou//.

［42］日本总务省统计局．人口推計 – 2019 年（平成 31 年）4 月報 –［EB/OL］．https：//www. stat. go. jp/data/jinsui/pdf/201904. pdf.

［43］日本总务省统计局．人口推計令和 4 年 11 月 1 日現在（人口速報を基準とする確定値）［EB/OL］．https：//www. stat. go. jp/data/jinsui/2. html.

［44］日本总务省统计局．人口推計［EB/OL］．https：//www. e-stat. go. jp/stat-search/files? page = 1&layout = datalist&toukei. /

［45］日本总务省统计局．統計が語る平成のあゆみ［EB/OL］．統計 Topics No. 119，https：//www. stat. go. jp/data/topics/topi119. html.

［46］日本总务省统计局．統計からみた我が国の高齢者 –「敬老の日」にちなんで –［EB/OL］．Topics No. 132，https：//www. stat. go. jp/data/topics/pdf/topics121. pdf.

［47］日本总务省统计局．統計からみた我が国の高齢者 –「敬老の日」にちなんで –［EB/OL］．統計 Topics No. 132，https：//www. stat. go. jp/data/topics/topi1320. html.

［48］日本总务省．国勢調査［EB/OL］．https：//www. e-stat. go. jp/stat-search/database? page = 1&toukei = 00200521&result_page = 1.

［49］日本总务省统计局．家計調査報告（家計収支編）2019 年（令和元年）Ⅱ 総世帯及び単身世帯の家計収支［EB/OL］．https：//www. stat. go. jp/data/kakei/2019np/index. htm.

［50］日本总务省．家計調査報告（家計収支編）– 2022 年平均速報結果の概要 –［EB/OL］．https：//www. soumu. go. jp/menu_news/s-news/01toukei07_01000149. html.

［51］日本总务省统计局．家計調査［EB/OL］．https：//www. stat. go. jp/data/kakei/.

［52］日本总务省统计局．消費者物価指数［EB/OL］．http：//www. stat. go. jp/data/cpi/.

财团法人

［1］日本介护劳动安定中心．《介護労働実態調査》各年版［EB/OL］．http：//www. kaigo-center. or. jp/.

［2］日本劳动政策研究与研修机构．早わかり　グラフでみる長期労働統計［EB/OL］. ht-tps：//www. jil. go. jp/kokunai/statistics/timeseries/index. html.

［3］日本劳动政策研究与研修机构．労働力需給の推計—労働力需給モデル（2018 年度版）による将来推計—［EB/OL］. JILPT 资料系列 No. 209，2019 年 3 月. https：//www. jil. go. jp/institute/siryo/2019/209. html.

［4］日本劳动政策研究与研修机构．ユースフル労働統計 2022 —労働統計加工指標集—［EB/OL］. https：//www. jil. go. jp/kokunai/statistics/kako/2022/index. html.

［5］日本福祉医疗机构．介護老人保健施設の経営分析参考指標［EB/OL］. https：//www. wam. go. jp/hp/guide-keiei-keieiqa-tabid-1976/.

［6］日本福祉医疗机构．特別養護老人ホームの経営分析参考指標［EB/OL］. https：//www. wam. go. jp/hp/guide-keiei-keieiqa-tabid-1976/.

［7］日本国立社会保障与人口问题研究所．日本未来人口推測（2017 年 4 月推測）［EB/OL］. http：//www. ipss. go. jp/pp-zenkoku/j/zenkoku2017/pp_zenkoku2017. asp.

［8］日本国立社会保障与人口问题研究所．人口統計資料集（2003）［EB/OL］. http：//www. ipss. go. jp/syoushika/tohkei/Popular/Popular2003. asp？chap＝0.

［9］日本国立社会保障与人口问题研究所．人口統計資料集（2019）［EB/OL］. http：//websv. ipss. go. jp/syoushika/tohkei/Popular/Popular2019. asp？chap＝1.

［10］日本国立社会保障与人口问题研究所．社会保障費用統計（各年版）［EB/OL］. http：//websv. ipss. go. jp/site-ad/index_Japanese/security. asp.

［11］日本公正交易委员会．介護分野に関する調査報告書（2016）［EB/OL］. http：//www. jftc. go. jp/houdou/pressrelease/h28/sep/160905_1. files/03. pdf.

［12］日本生产性本部．日本の労働生産性の推移（2023 年版）［EB/OL］. https：//www. jpc-net. jp/research/rd/db/#anc-01.

［13］日本生产性本部．主要産業の労働生産性水準の推移（2023 年版）［EB/OL］. https：//www. jpc-net. jp/research/rd/db/#anc-01.